1년 1독 365일 성경통독
꿀송이 보약큐티

아프리카 노록수 선교사와 함께하는
1년 1독 365일 성경통독

꿀 송 이 보약큐티 제2권

- **초판 1쇄 인쇄** 2021년 3월 11일
- **초판 1쇄 발행** 2021년 3월 18일

- **지은이** 노록수
- **펴낸이** 조유선
- **펴낸곳** 누가출판사
- **등록번호** 제315-2013-000030호
- **등록일자** 2013. 5. 7.
- **주소** 서울특별시 공항대로 59다길 276 (염창동)
- **전화** 02-826-8802 팩스 02-6455-8805
- **이메일** sunvision1@hanmail.net

- **정가** 17,000원
- **ISBN** 979-11-85677-58-3 03230

아프리카 노록수 선교사와 함께하는
1년 1독 365일 성경통독

꿀 송 이
보약큐티

● 2권 ●
4월/5월/6월

노록수 지음

출판사

누가

주님을 사랑하는 성도라면 누구나 경건하게 살기를 열망한다. 그러나 현실은 종종 실패로 끝날 때가 많다. 경건생활의 기본 재료는 기도와 말씀이다. 성경은 기도와 말씀으로 거룩해진다고 가르친다. 말씀이 없는 기도는 중언부언하기 쉽다. 말씀과 함께하는 기도는 힘이 있고 능력이 있다.

미국의 전도자 무디는 성경을 가까이 하면 죄가 내게서 멀어지고 죄가 내게 가까이 오면 성경이 내게서 멀어진다고 하였다. 그래서 무디는 매일 어디를 가던지 새벽에 일어나 혼자 성경공부를 습관적으로 하였다고 한다.

오늘날 교회를 오래 다니면서도 1년에 성경 1독도 못하는 교인들이 부지기수다. 그래서 누구나 1년에 성경 1독을 할 수 있는 성경 안내자가 되기로 필자는 결심했다. 아프리카의 마다가스카르와 남아공을 중심으로 선교활동을 해온지도 벌써 26년이 되어간다. 선교사가 선교는 안하고 무슨 성경읽기 운동이냐고 의아해하실 분들도 계시겠지만 성경을 연구하고 성경을 가까이하는 일이 결코 선교와 무관한 것이 아니다. 내 영혼이 강건할 때 선교현장에서 능력 있는 역사가 일어나기 때문이다.

요즘은 유튜브 시대라 많은 사람들이 유튜브 보는 일에 시간을 사용한다. 그래서 필자도 유튜브 채널을 만들어 2년 전부터 매일 "노록수 선교사의 꿀송이 보약큐티"라는 콘텐츠를 올려왔다. 아무리 몸이 피곤하고 아파도 이 일은 하루도 거르지 않고 성경 묵상을 유투브에 올렸다. 그렇게 충성하도록 이끌어 주신 하나님 아버지의 은혜가 감사하다.

이 일을 섬기면서 가장 기쁘고 보람 있었던 순간은 유튜브를 통해 함께 1년 1독 성경 읽기에 구독자로 동참하면서 자신의 영혼이 너무나 은혜롭게 채워져

고맙다는 인사를 받았을 때이다. 그분들 때문에 항상 사명감이 불타오른다. 이 말세를 함께 살아가는 천국가는 순례자들에게 성경 읽기 운동을 통해 그들의 영혼이 곤핍하지 않고 심령에 생수가 촉촉히 흘러 넘치는 역사를 일으키는 데 작은 도움이라도 된다면 얼마나 감사한 일인가!

그래서 3천여 명의 열렬 유튜브 구독자들을 위해 작은 선물을 준비한 것이 바로 이 꿀송이 보약큐티 노트이다. 날마다 성경을 읽고 함께 공부하면서 그날 받은 영감이나 소감, 그리고 암송하고픈 말씀이나 자신의 기도문을 날마다 적어간다면 후일에 이 경건노트가 자신만의 독특한 주석책이 되어 성경을 이해하는 데 유용한 보물이 될 것이다.

1년치를 한 권의 책에 다 수록하기에는 분량이 너무 많아 3개월씩 4권의 책을 만들기로 했다. 한 해를 주님과 함께 (여주)동행하며 성경 속에 푹 잠겨 하루하루를 살아보자. 아멘.

저자 노록수

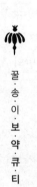

꿀·송·이·보·약·큐·티

이 책의 사용법

1. 먼저 하나님께 나의 눈을 열어 주의 기이한 법을 오늘도 깨닫게 해 달라고 기도한다.

2. 매일 이 책과 성경을 함께 지참하여 경건일기처럼 기록하는 습관을 가진다.

3. 먼저 그날의 묵상자료를 참고삼아 읽는다.

4. 유튜브 "노록수 선교사 꿀송이 보약큐티"에 나오는 그날의 말씀 나눔을 시청한다.

5. 말씀을 배우는 중 새롭게 깨달은 것이나 항상 기억하고 싶은 중요한 포인트가 있으면 이 경건노트에 기록한다.

6. 개인적으로 그날의 주어진 분량의 성경을 읽고 묵상한다.

7. 마지막으로 그날의 말씀에 근거하여 자신의 기도문을 작성해 보고 소리내어 읽으며 기도한다.

1년 1독 365일 성경통독, 꿀송이 보약큐티

왕상 19장~21장

● 묵상 자료 ●

1. 갈멜산의 엘리야

북이스라엘에 타락하고 못된 왕들이 많았지만 이세벨을 아내로 둔 아합왕이 대표적인 악한 왕이었다. 그의 우상숭배와 불신앙적 통치행위로 말미암아 북이스라엘에 3년 6개월 동안 비가 내리지 않아 온 백성들이 가뭄으로 고통받고 있었다. 그 칠흑 같은 어둠의 시대에도 엘리야 같은 귀한 하나님의 선지자가 동시대에 살고 있었다는 것이 그나마 다행이었다. 엘리야 선지자는 하나님의 지시를 받고 가뭄을 해결하려 폭군 아합 왕을 대면하였다. 아합은 엘리야 선지자를 보자 생뚱맞게도 이스라엘을 괴롭게 하는 자라고 소리쳤다. 악인들은 항상 자기가 문제의 원흉인줄을 자각하지 못하고 엉뚱하게 남에게 화살을 돌린다. 엘리야 선지자는 아합 에게 이렇게 응수했다.

내가 이스라엘을 괴롭게 한 것이 아니라 당신과 당신의 아버지의 집이 괴롭게 하였으니 이는 여호와의 명령을 버렸고 당신이 바알들을 따랐음이라 왕상 18:18

그리고 바알의 선지자 450명과 아세라 선지자 400명을 갈멜산에 모아 자신과 850:1로 대결을 벌여 누가 진짜 이스라엘의 참 신(神)인지를 밝히고 우상숭배자는 죽이자고 제안하였다. 이에 아합이 동의하여 저 유명한 850:1의 갈멜산 대첩이 시작된 것이다. 백성들도 이 싸움을 구경하려고 모여 들었다. 먼저 우상을 섬기는 선지자들이 집단으로 의식을 행하였다. 제물을 봉헌하고 몸에 피를 내면서까지 자기들의 신을 불렀으나 응답이 없었다. 이제 엘리야가 나섰다. 하나님께 제단을 쌓고 희생제물을 올리고 만군의 여호와께 부르짖어 기도할 때 하늘에서 응답의 불이 내려와 번제물과 도랑의 물까지 태워버렸다. 열광하던 백성들의 힘을 빌려 그 날 우상숭배를 선동하던 선지자들을 모두 잡아 기손 시내로 데려가 모두 죽여 버렸다. 그랬더니 3년 6개월간 닫혔던 하늘이 열리고 단비가 쏟아졌다. 우리는 엘리야의 갈멜산 승전보를 읽을 때마다 가슴이 후련해진다. 시대 시대마다 자기 사람들을 두시고 일하시는 하나님께 감사하게 된다. 갈멜산에서 쌓은 번제물을 불로써 태워버린 여호와여, 엘리야의 하나님은 나의 하나님!!!

최근 나는 보도를 통해 외작두를 타던 무당 어머니를 전도한 현대판 엘리야의 승리 같은 간증을 읽고 은혜를 받았다.

1993년 여름, 대성산 아래에서 군복무를 하고 있던 주명식 청년은 한 통의 충격적인 편지를 받는다. 어머니가 내림굿을 받고 무당이 되었다는 소식이었다. 당시 목사가 되려고 서원했던 그에게는 앞이 캄캄한 소식이었다.

그의 어머니는 철마산 굿당에서 광개토왕, 최영장군, 삼신할머니 등 열아홉 신들을 받았다. 신내림 후에 탄 작두는 외작두였다. 그것도 맨발이었다. 칼날이 두 개인 쌍작두가 아니라 외날 작두를, 그것도 버선도 신지 않고 맨발로 타는 건 그만큼 신력이 높다는 증거였다. 무당들은 철마산 굿당이 생긴 이래 맨발로 외작두를 탄 무당은 처음이라고, 큰 신들이 내렸다고 놀라워했다. 그 소식을 듣고 휴가를 일찍 얻어 이사한 집에 찾아간 그는 가슴이 콱 막혀왔다. 대문 오른쪽에 낯선 빨간색 만(卍)자 표시와 용유보살이라는 이름, 그리고 대나무 깃대에서 바람에 펄럭이는 빨간색과 흰색 깃발. 그때부터 그의 가정에서 '갈멜산의 전투'가 시작됐다.

그의 어머니는 새벽 두 시에 일어나 찬물로 목욕재계를 하고 옥상에서 동서남북 신들에게 문안인사 기도를 드리고 신당에서 기도를 시작한다. 그때쯤 그는 새벽기도회를 간다. 어머니는 신령의 이름으로 그가 어머니 뜻을 따르도록 기도하고, 그는 예수님의 이름으로 어머니의 영혼구원을 위해 기도한다.

그의 어머니는 신력이 대단했다. 굿으로 귀신 내쫓는 일에 능력이 있었다. 무속의 신들은 참 신과 거짓 신으로 구분되는데 참 신을 올바른 신명 또는 신령이라 하고 거짓 신은 허주, 허깨비, 잡신, 잡귀라고 한다. 어머니는 거짓 신을 굿으로 쫓아서 귀신이 가져다주는 정신질환이나 육체의 질병을 치료했다. 또 점괘를 보고 일이 잘 풀리도록 재수굿을 해주거나 액운을 막아주는 굿을 했다. 단골 신도가 100여 명으로 늘어날 정도로 인기가 있었다. 무형문화재로 거론되기까지 했다.

"사실 어머니가 무당이 되기 전까지 저는 무속신앙이나 영적 현상들에 대해서 무시하거나 외면했죠. 그런데 어머니 때문에 관심을 갖고 보니 이게 우상숭배의 뿌리에서 시작된 거더라고요. 할머니, 외할머니 때부터 우상숭배가 뿌리 깊었고, 그게 대물림된 겁니다. 어머니도 평생 이사하는 일부터 아버지 사업 등 모든 가정 일에 점을 치고 굿을 하는 삶을 사셨죠. 그 결과 우상에 매인 집안이 됐고 어머니가 무당이 되는 일이 벌어진 겁니다."

목사가 되려던 자신에게 어머니가 무당이 된 일이 왜 일어났는지 그 뜻을 깨닫게 됐다. 하나님은 우상숭배의 집안에서 그를 선택해서 예수님의 십자가를 믿음으로 모든 저주의 대물림을 끊어버리길 원하셨던 것이다. 어머니가 무당이 되기 전까지 말싸움 한 번 없이 순종적이었던 그는 영적 갈등과 충돌을 피할 수 없었다.

"어머니가 점도 잘 맞추고 굿도 잘해서 경제적으로 좀 집안이 괜찮아졌어요. 그러니 가족들이 다들 제가 목사 되는 걸 포기하라고 압박을 주었죠. 어머니는 교회 다니는 사람들도 점치러 온다면서 제 힘을 빼놓고요. 한번은 그 싸움이 극에 달해서 정말 무섭기까지 했어요."

그날 그의 어머니는 쇳소리가 카랑카랑한 목소리로 "내 뜻을 따르지 않으면 칼로 내 목을 콱 따서 죽어 버리겠다."라며 섬뜩한 눈빛으로 그를 쏘아봤다. 온몸에 소름이 돋았다. "엄마 뜻을 따르지 않으려면 집을 나가버리라"는 분노에 가득 찬 아버지의 고함이 잇달았다. 집안에 아무도 그의 편이 없었다. 어머니는 그의 모든 물건을 마당에서 불 태워 버렸다. 더 이상 집에 있을 수 없었다. 지인의 소개로 청주의 한 신앙공동체로 잠시 피신하기 위해 집을 나섰다. 마침 비가 억수같이 쏟아졌다. 우산 가지러 다시 돌아갈 수 없어서 그냥 비를 맞으며 버스터미널로 갔다. 눈물인지, 빗물인지… 버스 창 밖을 보면서 하염없이 울었는데 마음이 갑자기 따뜻해졌다. 성령의 감동이 밀려왔다. "아들아, 내가 너를 기뻐하노라. 내가 너와 함께 하노라." 이런 음성을 들려주셨다. 나중 결국 어머니가 항복하는 시간이 다가왔다.

"하루는 어머니가 제 점을 보셨는데 한결같이 '아들을 꺾을 수 없다'는 점괘가 나오더랍니다. 어떤 무당은 "아들 뜻을 따르라"는 전도 아닌 전도를 했다고 해요. 무속인들도 하나님이 자기들이 섬기는 신보다 세다는 걸 알고 있는 거죠. 점괘를 맹신하던 어머니에겐 큰 영향을 주었죠. 이때부터 하나님께서 어머니의 마음속에서 조금씩 일하고 계셨다고 생각됩니다."

또 하나의 계기는 어머니가 예배에 참석하게 된 일이었다. 대학 졸업을 앞두고 그가 활동하던 선교단체에서 졸업예배를 드리기로 했는데, 함께 어머니를 전도하려고 노력했던 친구의 부모님도 예배에 참석한다는 말에 부모님의 마음이 움직였다. 졸업예배라는 것보다도 아들의 체면을 먼저 생각했던 것 같다.

"어머니가 몇 번 망설이다가 결국 난생 처음 예배에 참석하게 된 거죠. 설교 후에 그동안 키워주신 부모님을 위해 기도하자는 통성 기도시간이 있었는데, 그때 어머니의 신력과 영험함이 무너지는 결정적인 계기가 됐어요. 나중에 어머니께 들으니, 예배 중에 가슴이 터질 것 같아서 몇 번을 나가려고 했는데 아들 체면 때문에 참았다는 겁니다. 통성기도 때에는 어머니 머리가 빠개질 것처럼 두통이 밀려왔다고 해요."

어머니가 졸업예배에 참석하고 돌아온 후에 점 손님이 뚝 끊어졌다. 이전 같으면 영험함을 회복하려고 산으로 바다로 기도하러 다녔을 텐데 그렇게도 하지 않았다. 졸업예배 참석 후로 신력이 완전히 꺾인 것이다. 또 하나 어머니를 변화시킨 건 긍휼의 마음이다.

"초창기에는 어머니께 모질게 대했어요. 그냥 화풀이였죠. 나는 목사가 될 건데 어머니가 무당이라니… 분풀이였어요. 그런데 무당 이전에 어머니에 대한 긍휼, 연민, 영혼에 대한 사랑이 없다는 걸 깨달았어요. 예수님도 모든 사람을 불쌍히 여기셨잖아요. 모든 전도사역의 마음은 긍휼인데요. 제가 그걸 깨닫고 어머니의 영혼, 인격을 사랑하고 섬기게 됐죠. 눈물로 기도하며 예수님을 믿게 하려고 노력한 겁니다. 또 제 친구와 아는 목사님의 사랑과 전도의 노력이 큰 도움이 됐습니다."

주 목사의 어머니는 지금 교회에서 권사님으로 구역장으로 신앙생활을 잘하고 있다. 한동안은 예수님을 믿고도 무속적인 모습이 나타나기도 했다. 어떤 목사님은 어머니의 '환시'를 투시의 은사로, 예언의 은사로 교회에서 잘 활용하면 좋지 않겠느냐는 제안도 했다. 그러나 그것이 하나님이 주신 것이라면 마음이 평안해야 하는데 그런 걸 하고 나면 마음에 갈등이 생기고 불편했다.

"어머니가 예수님을 믿은 후에 한 3년 정도 늘 어머니께 말씀을 전하고 가르쳤습니다. 저희 어머니처럼 무속신앙에 빠져있거나 귀신이 들린 경우 대개 능력 있고 영력 있는 분들의 기도를 받으려고 하는데 그것으로 해결될 수도 있겠지만 제가 경험한 바로는 아닌 것 같습니다. 누구에게나 예수님의 이름은 능력이 있습니다. 중요한건 지속적으로 말씀으로 가르쳐야 합니다. 그렇지 않으면 기도받고 떠난 귀신이 다시 들어옵니다."

그는 최근 『무당 엄마 목사 아들』(홍성사)이란 책을 내고 이와 관련된 내용들을 상세히 소개했다. 현재 그는 미국 플로리다 탬파에서 맨 땅에 헤딩하듯 탬파베이 열린교회를 개척해서 섬기고 있다.

참으로 놀라운 간증이다. 엘리야의 하나님은 지금도 살아 계셔서 능력으로 역사하신다. 우리도 믿음을 굳게 하여 엘리야처럼 하나님께 부르짖고 나아갈 때 큰 역사를 체험하게 될 줄 믿는다. 아멘.

오늘의 본문 성경을 읽으시고 깨달은 점이나 기억하고 싶은 점 혹은 기도문을 기록합니다.

4월 2일

1년 1독 365일 성경통독, 꿀송이 보약큐티

왕상 22장~왕하 1장

● 묵상 자료 ●

1. 급할 때 누구를 찾는가?(왕하 1장)

북이스라엘에 내우외환이 닥쳤다. 조공을 바치던 모압이 이스라엘을 배반하였고 아합왕의 뒤를 이어 왕이 된 아하시야가 초기 2년간의 악한 통치 후 자기 왕궁 난간에서 떨어져 병석에 눕게 된 것이다.

끙끙 앓던 그는 신하들을 시켜 이방 나라 블레셋으로 가서 이방 신인 '바알세붓'에게 자기 병이 낫겠는지 여부를 물어 보라고 명령했다. 당시에 하나님을 떠난 그들에게 이방 신 '바알세붓'이 꽤 영험한 존재로 인식되었나 보다. 마태복음 12:24에는 이 우상이 '귀신의 왕 바알세불'이라고도 언급되고 있으니 쎄긴 쎈 모양이다. 그러나 여호와와 같은 신이 어디 있으며 그에 견줄 신이 이 세상에 어디 있단 말인가? 모세는 출 15장에서 홍해를 가르고 애굽의 군대를 물에 수장시키신 하나님을 이렇게 노래했다.

여호와여 신 중에 주와 같은 자가 누구니이까? 주와 같이 거룩함으로 영광스러우며 찬송할만한 위엄이 있으며 기이한 일을 행하는 자가 누구니이까 출 15:11

얼마나 어리석고 무식한 불신앙의 왕이었으면 명색이 택한 민족의 왕이 되어가지고 이스라엘의 하나님을 무시하고 이방신에게 사람을 보내 묻는단 말인가? 가히 그 아버지 아합왕과 그 어머니 이세벨의 자식다운 패역한 모습을 유감없이 보여주고 있다. 하나님은 엘리야 선지자에게 나타나셔서 명하셨다. 그 신하들을 길에서 만나 블레셋 에그론 바알세붓에게 물으러 가지 말고 당장 너희 왕에게로 돌아가 이렇게 여호와께서 말씀하셨다고 전하라는 것이다.

이스라엘에 하나님이 없어서 너희가 에그론의 신 바알세붑에게 물으러 가느냐? 그러므로 여호와의 말씀이 네가 올라간 침상에서 내려오지 못할지라 네가 반드시 죽으리라 하셨다 하라 왕하 1:3~4

이쯤 되면 우리 같으면 "아차!" 하고 하나님께 회개하고 엘리야 선지자를 초대하여 자세한 말씀을 듣고 해결책을 물으면 살 길이 있을 것 같은데 아하시야는 그렇게 하지 않았다. 그런 영성이 아예 없었다. 그 말을 듣고 회개하기는커녕 감히 왕의 신하들을 도중에 막고 악담을 퍼부었다고 분노하여 군사를 보내 엘리야를 체포하라고 지시하였다. 엘리야는 그렇지 않아도 아하시야왕의 어머니 이세벨에 대한 트라우마가 있는데 왕이 50명의 군사를 보내 자기를 데려가려 하자 그는 "내가 만일 하나님의 사람이 맞다면 저들을 당장 하늘에서 불을 내려 처치 해 달라"고 하나님께 부르짖었다. 마침내 불이 하늘에서 내려와 지휘관과 50 명의 군사들을 태워 버렸다. 이 소식을 듣고 보통의 우리들 같으면 아차! 내가 어리석은 짓을 했구나… 뉘우치며 겁을 먹고 엘리야 선지자에게 사죄하고 정중히 모셔올 것 같은데 이 미련 곰탱이 같은 인간은 또 고집스럽게 50명의 군사들을 체포조로 보낸다. 다시 그들을 본 엘리야 선지자는 이번에도 동일한 기도를 했고 똑같이 아까운 목숨들이 죽어 나갔다. 두 번이나 이런 일을 당하면 보통의 우리들 같으면 아이구 죽을 죄를 지었구나…하며 방법을 달리할 것 같은데 사탄에게 씌인 아하시야 왕은 고집불통으로 또 다시 50명의 군사를 지휘관과 함께 보내 체포를 명했다. 이렇게 되자 이제는 지휘관이 하나님을 두려워했다. 또한 하나님의 사자를 무서워했다. 그는 엘리야에게 살려달라고 빌었다. 왕보다 훨씬 낫다.

그 덕분에 그와 50명의 부하들 목숨은 살게 되었고 하나님의 지시를 받은 엘리야는 왕궁으로 스스로 찾아가 왕에게 직접 하나님의 말씀을 선포했다. 우리의 불신앙과 회개치 않는 고집이 이렇게 자신도 죽이고 남도 죽인다. 왕하 2장에는 엘리야의 능력을 이어받은 수제자 엘리사에게 대머리라고 주의 종을 조롱한 아이들 42명이 이번에는 곰들에게 찢겨 죽는 참사가 발생한다. 도대체 얼마나 무서운 꼴을 당하고 얼마나 죽어 나가야 이스라엘 사람들이 정신차리고 회개하고 정상으로 돌아올까? 이스라엘의 역사를 읽으며 우리는 치를 떤다. 당시의 이스라엘 땅에 살던 왕이나 어른들이나 아이들이나 모두 하나님을 경외하는 자리에서 멀어져 우상을 섬기고 사니 말씀이 기갈인 저희에게 형벌만 쏟아진다. 어찌하여 너희가 매를 더 맞으려고 더욱 더욱 패역하는냐? 하는 하나님의 탄식이 성경을 읽으면 우리 가슴에 메아리 쳐 온다. 주여, 회개의 은혜를 우리에게 베푸소서….

● 오늘의 말씀에 대한 나의 묵상 ●

오늘의 본문 성경을 읽으시고 깨달은 점이나 기억하고 싶은 점 혹은 기도문을 기록합니다.

왕하 2장~4장

▶ 묵상 자료

1. 갑절의 영감을 주소서!

삼손도 친구들에게 수수께끼를 냈는데 나도 통독 학생들에게 쉬운 수수께끼 하나 내고 싶다. 혼자 사는 과부와 설교 못하는 목사님과의 공통점은? 답은 '영감'이 없다는 것이다. ㅎㅎㅎ…

열왕기하 2장은 엘리야가 회오리 바람으로 불 말과 불 병거 타고 하늘로 올라 갈 때 후계자 엘리사가 갑절의 영감을 달라고 간구하는 장면이 나온다. 그런데 흔히 우리는 엘리사가 엘리야의 능력보다 두 배나 쎈 능력을 구하여 받은 걸로 대부분 오해하고 있다. 그러나 진실은 그게 아니다. 구약 신명기 21:17에 보면 장자는 부모 소유의 두 배를 받도록 되어 있다. 따라서 엘리사가 갑절의 능력을 구한 것은 스승보다 두 배의 능력 있는 선지자가 되게 해 달라는 요구가 아니고 스승님이 물려줄 믿음의 유산에서 두 배를 주셔서 자기를 믿음의 장자로 인정해 달라는 것이었다. 이를 감안해서 공동번역은, "스승님 남기실 영감에서 두 몫을 주십시오"라고 번역했고 현대어 성경은, "선생님께서 예언자들에게 남겨 주실 영력 가운데서 제게는 두 몫을 물려주셔서 제가 맏아들처럼 스승님의 남은 사역을 수행하게 해 주십시오"라고 친절하게 적어 놓았다.

우리가 엘리사처럼 능력있는 종이 되려면 어떻게 해야 할까? 엘리사의 능력의 비결은 딱 두 가지로 압축된다. 하나는 그가 능력 있는 스승을 만났다는 것이요. 둘째는 그 스승의 능력을 간절히 물려받기를 원했고 스승의 맏아들이 되고 싶도록 그 능력을 사모했다는 것이다. 하나님은 사모하는 심령을 만족시키신다.

저가 사모하는 영혼을 만족케 하시며 주린 영혼에게 좋은 것으로 채워 주심이로다
시 107:9

열왕기하 2장을 읽어 보면 엘리야는 승천하기 전 수제자 엘리사를 떼어 놓으려고 여러 번 시도했다. 벧엘에서 여기 있으라고 권했는데 엘리사가 말을 듣지 않았다. 길갈에서도 여기 남아 있으라고 했는데도 엘리사가 엄마에게 달라붙는 아기처럼 떨어지지 않았다. 여리고에서도 간청하여 엘리사에게 너는 여기 있으라 하나님이 나를 요단강 저 너머로 부르신다고 했지만 막무가내로 요단강도 같이 건너며 따라붙었다. 다른 제자들은 멀리서 떨어져 구경만 하고 있었는데 엘리사만큼은 엘리야 곁에 찰싹 달라붙어 풍선껌처럼 떨어지지 않았다. 결국 엘리야가 회리바람 타고 하늘로 승천하는 것을 엘리사는 두 눈으로 목도했고 그 시간 이후로 그는 엘리야의 장자처럼 능력 있는 하나님의 사자가 되었다. 필립스 브룩스는 이렇게 말했다.

"능력에 맞는 일을 구하지 말고 일에 맞는 능력을 구하라."

우리가 이 악한 시대를 감당하려면 엘리사 같은 능력이 절대적으로 필요하다. 눅 24:49에는 위로부터 능력이 임할 때까지 예루살렘을 떠나지 말고 기도하라고 하셨다. 눅 11:13에는 구하는 자에게 성령을 주신다고 하셨다. 우리가 사모하는 심령을 가지고 성령의 능력세례를 사모하고 기도와 말씀에 열심을 낼 때 하나님은 우리에게 능력을 입혀 주실 것이다.

무디는 19세기 말 세계에서 가장 유명한 부흥사였다. 그는 1837년 미국 매사추세츠주 노스필드의 가난한 집에서 태어났다. 그가 네 살 때 그의 아버지는 아홉 명의 자녀를 남기고 세상을 떠났다. 이 아홉 명의 자녀들은 모두 13살 미만이었다. 무디의 어머니는 이 자녀들을 제대로 교육시킬 수 없었다. 무디가 받은 교육은 오늘날의 기준으로 보면 국민학교 5학년 수준이었다. 그래서 무디는

소리 나는 대로 글을 썼기 때문에 항상 철자가 틀렸고, 문법은 엉망이었다. 하지만 무디의 장점은 뛰어난 대중성이다. 무디는 일찍이 대중 속에서 살았다. 그는 보스톤의 구둣방에서 일했다. 시카고로 가서는 뛰어난 세일즈 맨으로 성공했다. 사람들은 만일 무디가 전도자가 되지 않았으면 록펠러같은 사업가가 되었을 것이라고 말한다. 이렇게 대중들과 호흡을 한 무디는 기독교의 진리를 대중들의 언어로 바꾸어 놓는 천재성을 가지고 있었다.

오랫동안 신학을 공부한 목사들은 성경을 읽고 그것을 신학적인 언어로 바꾸어 놓는다. 하지만 무디는 학자들이 오랫동안 연구해 놓은 결과를 시장의 언어로 바꾸어 놓았다. 사람들이 무디의 설교를 들을 때 사람들은 곧 자기의 이야기를 듣는 것 같이 느꼈다. 여기에 무디의 성공의 비결이 있었다. 무디는 보통사람들을 위한 설교자였던 것이다. 그러나 무디의 가장 중요한 요소는 영혼구원에 대한 열정이다. 무디는 모든 인간은 죄에 매여 멸망에 이를 수밖에 없고 예수 그리스도의 보혈만이 우리를 구원할 수 있으며, 성령의 능력만이 우리를 거듭나게 한다는 복음적인 진리에 충실했다. 이것이 무디 설교의 핵심이었다. 무디는 이 세상을 풍랑으로 말미암아 파선당하고 있는 배에 비유했다. 무디가 가장 많이 사용하는 말은 어느 날 하나님이 무디에게 구명 보트를 주시면서 "무디야 너는 할 수 있는 대로 이 사람들을 구하라"는 말씀이었다. 무디는 이렇게 헌신적인 복음전도자였다.

하지만 무디를 능력있는 부흥사로 만든 것은 그의 성령체험이었다. 시카고에는 사라 쿡(Sarah Cooke)이라는 성령 충만한 여전도자가 있었다. 쿡은 무디의 설교를 들고는 "거친 돌 가운데 있는 다이아몬드"라고 평가했다. 그의 설교는 불타는 열정이 있었고, 사람을 감동시키는 힘이 있었다. 하지만 그에게 한 가지 부족한 것이 있었는데 그것은 성령의 능력이었다. 그래서 쿡은 무디에게 가서 "나는 당신이 성령세례를 받기 위해서 기도한다"고 말했다. 처음에 무디는 쿡의 이 말이 마음에 거슬렸지만 이 문제를 토론하기 위해서 매주 금요일 오후에 만나자고 제안했다. 그 후 무디는 결국 쿡의 말이 맞다고 생각하고 자신도 열심히 성령세례를 사모했다. 무디는 밤을 세워가며 마루에 엎드려 눈물을 흘리며 성령세례를 간구하였다. 어느날 뉴욕으로 집회를 인도하러 갔다가 그곳의 월 스트리트를 지나가게 되었는데 갑자기 그가 간구하던 성령의 놀라운 역사가 나타나기 시작했다. 급히 가까운 친구 집에 들어가 기도하던 그는 불 같은 성령의 능력 세례를 받고 떼굴떼굴 뒹굴었다. 너무 성령의 강한 역사를 경험한 무디는 "이제 그만! 오 주여, 이것으로 충분합니다"고 외쳤다.

이후부터 무디의 설교는 달라졌다. 무디는 말했다. "나는 다시 설교하러 갔다. 설교 자체는 아무런 차이가 없었다. 어떤 새로운 진리도 전하지 않았다. 그러나 수 백 명씩 회개하기 시작했다. 만약 당신이 나에게 온 세상을 준다고 해도 나는 내가 경험한 이 성령세례의 축복과 바꾸지 않을 것이다. 다시는 그 이전의 상태로 돌아가고 싶지 않다". 무디는 하나님의 사역을 위해서는 성령의 능력이 필수적인 요소라고 생각했고 그것을 사모했으며 마침내 불이 임했다.

왕하 13장에서 엘리사가 죽기까지 왕하의 전반부는 엘리야의 능력을 이어받은 엘리사 선지자가 수많은 이적을 행한 것이 자세히 기록되어 있다. 심지어 다른 나라의 장수였던 나아만까지 찾아와 엘리사에게 한센병을 고침받기까지 했다. 얼마나 하나님이 그를 능력 있게 사용했으면 그가 죽어 무덤에 묻혀 있을 때 우연히 타인의 시체가 엘리사의 뼈에 닿자 그 죽은 자가 살아나는 기적이 일어났겠는가? 엘리사의 죽은 뼈에도 하나님은 필요할 때 능력을 입혀주시어 기적을 보여주셨다. 엘리사의 죽은 뼈만큼도 못한 능력 없는 오늘의 우리 모습을 보면서 우리는 도전을 받고 성령의 능력을 힘입기 위해 더욱 힘써 기도해야겠다. 아멘.

오늘의 본문 성경을 읽으시고 깨달은 점이나 기억하고 싶은 점 혹은 기도문을 기록합니다.

왕하 5장~7장

● 묵상 자료 ●

1. 눈을 열어주소서(왕하 6장)

국경을 접하고 있는 아람은 북이스라엘 역사에서 내내 갈등관계에 있던 주적이었다. 아람군대가 이스라엘을 잡기 위해 여러 차례 매복작전을 펼쳤는데 이를 번번이 선지자 엘리사가 꿰뚫어보고 이스라엘왕에게 알려주었다. 매번 매복작전이 실패하는 이유가 엘리사 때문인 것을 안 아람왕은 엘리사를 잡기 위해 특공대를 파견한다. 엘리사가 머물던 도단성을 특공대가 밤새 포위하고 아침에 일어난 사환은 이를 보고 겁에 질린다.

> 하나님의 사람의 사환이 일찍이 일어나서 나가보니 군사와 말과 병거가 성읍을 에워쌌는지라. 그의 사환이 엘리사에게 말하되 아아, 내 주여 우리가 어찌하리이까! 하니 왕하 6:15

이제 상황은 꼼짝없이 잡혀 죽게 생겼다. 빠져나갈 길이 보이지 않는다. 겁에 질리는 것이 당연하다. 그런데 같이 곁에 있으며 똑같은 현상을 보고 있는 엘리사는 전혀 겁에 질리지 않았다.

> 대답하되 두려워하지 말라 우리와 함께 한 자가 그들과 함께 한 자보다 많으니라 하고 왕하 6:16

두 사람의 차이는 무엇이었을까? 그것은 눈이 열려 영적인 세계를 보느냐, 보지 못 하느냐이다. 엘리사는 다른 이들이 보지 못 하던 아람군대의 계략을 꿰뚫어보았고, 사환이 보지 못하던 영적 실재를 보았다. '우리와 함께 한 자가 그들과 함께 한 자보다 많다'. 그의 눈에는 하나님이 보내셔서 하나님의 백성들을 늘 지키는 마하나임의 천군천사가 보였던 것이다. 믿음은 보이지 않는 것들을 보는 것이다.

믿음은 바라는 것들의 실상이요 보지 못 하는 것들의 증거니라 히 11:1

육신의 눈으로는 보이지 않는 영적 실재들을 믿음의 눈으로 본다. 영이신 하나님을 믿음의 눈으로 본다. 하나님의 은총과 사랑과 섭리와 구원을 믿음의 눈으로 본다. 자기 자녀들을 지키시는 하나님의 군대 천군천사들을 믿음의 눈으로 본다. 그러면 오늘 우리가 믿음의 눈으로 영적 실재를 보고 있는지 아닌지 여부를 어떻게 알 수 있는가?

그것은 원수에게 둘러 쌓여도, 고난과 시련에 짓눌려도 두려워하지 않는 것이 그 증거일 수 있다. 사도 바울과 초대교회의 전도자들은 매맞고 조롱당하고 감옥에 갇혀서도 기쁨이 충만했다. 그들과 함께 하시는 성령님을 알고 있었기 때문이다. 오늘 우리는 무엇을 보고 있는가? 우리를 둘러싼 원수들인가? 고난과 시련의 넘실거리는 파도인가? 아니면 성령님과 천군천사들인가? 우리와 함께 한 자들이 그들과 함께 한 자들보다 많고 우리 안에 계신 이가 세상에 있는 자보다 크심을 깨닫고 담대하자. 아멘.

아람 사람이 엘리사에게 내려오매 엘리사가 여호와께 기도하여 이르되 원하건대 저 무리의 눈을 어둡게 하옵소서' 하매 엘리사의 말대로 그들의 눈을 어둡게 하신지라 왕하 6:18

엘리사의 기도는 사환의 눈을 열어주기도 했지만 아람군대의 눈을 어둡게도 만들었다. 엘리사는 왜 그들의 눈을 어둡게 만들었는가? 그들이 하나님의 사람을 대적하러 왔기 때문이다. 하나님의 능력은 당신의 눈을 열 수도 있고 닫을 수도 있다.

예수께서 이르시되 내가 심판하러 이 세상에 왔으니 보지 못하는 자들은 보게 하고 보는 자들은 맹인이 되게 하려 함이라 요 9:39

세계적 물리학자이자 원자력 전문가인 정근모 박사는 어린 시절부터 수재로 이름을 날렸다. 미국의 MIT와 뉴욕공과대학 등에서 교수로 재직할 때 만성 신장염을 앓는 아들의 건강문제로 무척 고생을 많이 했다고 한다. 그의 신장을 아들에게 이식해주기까지 했지만 건강은 좀처럼 회복되지 않았고 뇌출혈 등을 겪으며 더 악화되어 갔다. 급기야 두 번이나 자살시도를 하는 아들을 보며 너무 괴로워 견딜 수가 없었다. 그럴수록 신앙에서 답을 찾으려고 기도하며 성령 체험을 하게 해달라고 하나님께 간구했지만 쉽게 응답을 받을 수 없었다. 그러던 어느 주일예배 때에 에베소서 2장의 말씀으로 설교를 듣는데 그때 하나님의 음성이 그의 마음에 들어왔다. "근모야, 너는 아들로 인해 감사해본 적이 있느냐?" 갑자기 마음에 원망이 솟구쳤다. "아니, 제 아들로 인해 불평을 하면 했지, 어떻게 감사를 합니까? 저처럼 공부도 잘 하고 성공해서 부모님께 기쁨을 드려야지, 제 아들은 어릴 때부터 늘 아파서 제 속을 얼마나 썩이는지 주님은 정말 모르십니까?" 그때 주님이 말씀하셨다. "네 아들 진후는 교만한 너와 네 가족이 구원받도록 하기 위해 십자가를 지고 가는 것이다. 그 아들이 아니었다면 과연 네가 내 앞에 무릎을 꿇고 나왔겠느냐?" 그 순간 정근모 박사의 눈이 열리며 진실을 보게 되었다. '아, 이 때까지 내가 진후를 돌보고 있었다고 생각했는데 사실은 진후가 나를 구원의 길로 이끌었구나. 진후 때문에 내가 십자가를 지고 살아간다고 생각했는데 나 때문에 진후가 십자가를 지고 가는 것이었구나!' 그 순간 마치 폭포수처럼 눈물이 하염없이 쏟아지기 시작했다고 한다. 그날 정근모 박사는 비로소 그와 가족들을 구원하시기 위해 일하시는 하나님의 역사를 믿음의 눈으로 보기 시작한 것이다. 우리가 믿음의 눈을 뜨기 전까지는 엘리사의 사환처럼 불평과 원망과 걱정과 두려움을 떨칠 수가 없다. 믿음의 눈을 뜨게 되면 하나님의 사랑과 능력과 섭리와 구원을 보고 감사와 찬양, 평안과 담대함을 누리게 된다. 아멘.

오늘의 본문 성경을 읽으시고 깨달은 점이나 기억하고 싶은 점 혹은 기도문을 기록합니다.

● 묵상 자료 ●

1. 악인의 최후

이스라엘 역대 왕 중 최대의 악한 왕으로 치부되는 악명 높은 아합과 이세벨 부부, 그리고 그들의 후손 70명이 예후에 의해 비참하게 살해당하는 기록이 열왕기하 9~10장에 자세히 나온다.

하나님의 최후 심판의 날을 생각하게 할 만큼 끔찍하고 무서운 심판이 악인의 집안에 내려졌다. 우상 숭배의 화신으로 손가락질당하는 이세벨은 자기를 시중들던 내시에 의해 집 창문 밖으로 던져져 피를 흘리고 죽었다. 시체 수습도 다 못해 일부는 개들이 먹었다. 엘리야 선지자가 예언한 그대로 아합 부부는 비참한 최후를 맞았다. 이세벨은 시돈 왕 엣바알의 딸로 이스라엘에 바알과 아세라 우상을 만연시킨 장본인이다. 오죽하면 신약 요한계시록 2:20에 이세벨의 이름이 거론 되겠는가?

두아디라 교회에 대해 칭찬 후 다음과 같이 책망하였다.

"그러나 네게 책망할 일이 있노라 자칭 선지자라 하는 여자 이세벨을 네가 용납함이니 그가 내 종들을 가르쳐 꾀어 행음하게 하고 우상의 제물을 먹게 하는도다"(계 2:20)

이세벨은 자기 죽음이 임박한 시점에도 자기 눈썹을 그리고 머리를 단장하였다(왕하 9:30). 마치 말세에 심판을 앞 둔 인간들이 지옥의 불심판을 앞두고 세상 일에만 바쁜 모습을 예고하는 듯이 보인다. 예후는 아합의 일가를 몰살

했을 뿐 아니라 바알,아세라 선지자들도 모두 한 곳에 모이게 하여 일망타진해 버렸다. 그 우상숭배를 척결한 공로로 예후는 4대가 평안히 왕위를 이어가게 되었다.

북이스라엘 왕들을 합하여 총 19명, 남유다 왕들 총 20명의 기록은 선한 왕들은 극소수이고 대부분이 악한 길로 가 하나님의 징계를 받는 모습을 보여 주고 있다. 결국 두 왕국은 앗수르와 바벨론에게 망하고 나라 잃고 남의 노예살이로 전락한다. 이 성경 역사의 교훈은 우리에게 예수 잘 믿고 사는 것이 결코 쉬운 일이 아님을 웅변적으로 보여 준다. 신앙은 금덩어리보다 귀하다. 그리고 우리의 후손들에게 신앙계승 하는 것은 더더욱 힘든 일임을 성경 기록은 계속 상기시킨다. 좋은 대학, 좋은 직장보다 우리의 자녀들이 하나님을 경외하고 성경을 사랑하도록 키우는데 심혈을 기울여야 하겠다. 아멘.

● 오늘의 말씀에 대한 나의 묵상 ●
오늘의 본문 성경을 읽으시고 깨달은 점이나 기억하고 싶은 점 혹은 기도문을 기록합니다.

왕하 11장~13장

● 묵상 자료 ●

1. 엘리사 선지자의 마지막 가는 길(왕하 13장)

"이제 엘리사가 죽을 병이 들매 이스라엘 왕 요아스가 그에게 내려가 자기의 얼굴에 눈물을 흘리며 이르되, 오 내 아버지여, 내 아버지여, 이스라엘의 병거와 마병이여 하매"

믿음의 선한 싸움을 싸우고, 달려갈 길을 다 마친 엘리사는 이제 죽을병에 걸렸고, 떠나갈 날이 점점 다가왔다. 이때 이스라엘의 왕 요아스는 엘리사를 방문하여 눈물을 흘리면서 슬퍼하였다.

"오 내 아버지여, 내 아버지여, 이스라엘의 병거와 마병이여."

여전히 금송아지 숭배를 지속하고 있었던 요아스 왕이었지만, 그럼에도 불구하고 엘리사가 이스라엘 왕국에서 얼마나 대단한 역할을 하였는지 잘 알고 있었다. 엘리사는 자신을 잡기 위해서 온 도시를 포위했던 아람 군대의 눈을 멀게 하기도 하였고, 또 아람 군대로 인한 예루살렘의 극심한 기근과 가난을 오직 나병 환자 네 사람을 통하여 하루 아침에 해결하기도 하였다. 엘리사는 비록 한 사람이었지만, 이스라엘 왕국에서 그는 강력한 병거였으며, 또한 기병들이었다.

이와 같이 우리도 약한 사람에 불과하지만 우리가 주님의 손에 온전히 붙들릴 수만 있다면, 우리는 주님과 함께 놀라운 일들을 일으킬 수 있다. 하나님께서는 오직 요셉이라는 한 사람을 통하여 수많은 사람들의 생명을 구해주셨다.

모세라는 한 사람을 통하여 수백만의 이스라엘 백성들을 애굽에서 건져내셨다. 오직 다윗이라는 한 사람을 통하여 블레셋을 무너뜨리셨다. 하나님께서는 많은 사람이 모여야만 역사하시는 것이 아니라 주님께 온전히 드려진 한 사람, 주님께 온전히 붙들린 한 사람을 수많은 병거와 기병들만큼 강력하게 사용하시는 것이다. 오늘 우리가 주님과 동행함을 통하여 그렇게 귀하게 사용되어지기를 간절히 소원한다.

열왕기하 13:15～17 말씀을 보자.

"엘리사가 그에게 이르되 활과 화살들을 가져오소서 하는지라 활과 화살들을 그에게 가져오매 또 이스라엘 왕에게 이르되 왕의 손으로 활을 잡으소서 하매 그가 손으로 잡으니 엘리사가 자기 손을 왕의 손 위에 얹고 이르되 동쪽 창을 여소서 하여 곧 열매 엘리사가 이르되 쏘소서 하는지라 곧 쏘매 엘리사가 이르되 이는 여호와를 위한 구원의 화살 곧 아람에 대한 구원의 화살이니 왕이 아람 사람을 멸절하도록 아벡에서 치리이다 하니라"

엘리사는 비록 자격이 없는 요아스 왕이었지만 여전히 하나님의 백성을 통치하는 왕이었기에 그에게 마지막 작별의 선물을 주고자 하였다. 그 선물은 바로 아람으로부터의 구출이며, 전쟁의 승리였다. 엘리사는 동쪽 창문을 열고 화살을 쏘라고 말하였다. 그리고 바로 그 화살은 아람으로부터의 구출과 승리를 의미하는 것임을 말해주었다.

그리고 엘리사는 요아스 왕에게 화살을 취하여 땅을 치라고 말하였다. 그 화살로 땅을 몇 번 치는가는, 앞으로 요아스 왕이 시리아를 몇 번이나 칠 것인가를 결정짓는 아주 중요한 의미를 가지고 있었다. 그런데 요아스 왕은 딱 세 번을 치고 멈추었다. 그러자 엘리사는 요아스 왕에게 분노하였다. 어찌하여 세 번만 쳤느냐고, 적어도 대여섯 번은 쳤어야 했다고 말하였던 것이다. 그랬더라면 시리아를 완전히 소멸시킬 때까지 칠 수 있었을 텐데 완전한 승리를 거둘 수 있었을 텐데, 오직 세 번만 쳤으므로 겨우 세 번 승리할 것이라고 말해주었다.

왜 엘리사는 처음부터 몇 번 이상 땅을 치라고 말해주지 않았던 것일까? "땅을 백 번 치십시오. 화살이 부러질 때까지 계속 치십시오."라고 말했더라면, 아마 요아스가 그렇게 했을 것이다. 그렇다면 엘리사는 왜 횟수를 미리 말해주지 않고 뒤늦게 화를 낸 것일까?

믿음의 길은 우리 각자가 하나님 앞에서 믿음을 가진 만큼, 소망을 가진 만큼 성장하고 누리고 전진할 수 있는 길이다. 요아스 왕은 그저 세 번으로 만족했기 때문에 세 번만큼 승리할 수 있었다.

엘리사는 요아스에게 몇 번 쳐야 한다는 횟수를 알려주지 않았다. 다만 세 번만 친 것을 보고 화를 내었다. 왜 거기서 만족하느냐고, 왜 거기서 멈추느냐고 책망하였다. 하나님께서는 우리가 몇 분 동안 기도해야 하는지, 하루에 말씀을 몇 구절 읽어야 하는지, 형제자매들과 몇 번 교제해야 하는지 횟수를 알려주지 않으셨다.

하나님께서는 아브라함에게 정확히 몇 살에 아들을 주실지 말씀해 주지 않으셨다. 요셉에게 몇 년 동안 노예생활을 해야 하는지, 몇 년 동안 감옥에 있어야 하는지 알려주지 않으셨다. 다윗에게는 몇 년 동안 쫓겨 다녀야 하는지, 어디까지 도망가야 하는지 알려주지 않으셨다. 하나님께서는 욥이 어디까지 비참해질 것인지, 그리고 결말에는 어떻게 될 것인지 미리 알려주지 않으셨다.

오늘 우리가 낙담되고 넘어질 때에라도, 믿음의 길을 멈추지 말고 다시 일어나야 하는 이유가 여기에 있다. 우리가 아직 모르는 놀라운 승리가 우리를 기다리고 있을 것이기 때문이다. 예수님께서는 아픈 사람들을 고쳐주실 때마다 자주 이렇게 물으셨다. "네가 낫기를 원하느냐?" 예수님께서는 그의 간절한 소망을 물으셨다. 요아스가 정말 시리아로부터 완전히 승리를 원했더라면, 그것이 진정 그의 간절한 원함이었더라면, 그는 화살이 부서질 때까지 엘리사가 그만하면 됐다고 말할 때까지 멈추지 말고 땅을 쳤어야 했다.

오늘 우리의 삶이 메마르고 곤고한 이유는 우리가 주님을 찾고 구하되, 적당히 구하기 때문이다. 적당히 기도하고, 두세 번 주님을 부르고, 한두 번 용서하고, 어쩌다 한 번 순종하기 때문에 우리는 주님의 강력한 활동과 역사를 누리지 못하는 것이다. 우리는 마치 요아스처럼 그저 세 번만 치고 멈추기 때문에 완전한 승리를 맛보지 못하고, 감당할 수 없이 쏟아 부어 주시는 은혜와 권능을 경험하지 못하는 것이다.

이제 우리 함께 열왕기하 13장 20, 21절 말씀을 보자.

"엘리사가 죽으니 그를 장사하였고 해가 바뀌매 모압 도적 떼들이 그 땅에 온지라 마침 사람을 장사하는 자들이 그 도적 떼를 보고 그의 시체를 엘리사의 묘실에 들이던지매 시체가 엘리사의 뼈에 닿자 곧 회생하여 일어섰더라"

여기에서 우리는 아주 흥미로운 한 사건을 볼 수가 있다. 그것은 바로 엘리사가 죽은 뒤에 일어난 일이었다. 엘리사는 이미 죽어서 돌무덤에 묻혔다. 그리고 시간이 조금 흘러서 새해가 되었을 때, 또 다른 어떤 사람들이 자기들의 죽은 자를 장사 지내려고 왔다. 그런데 모압 족속의 무리들이 그 땅을 침범한 것을 보고서는, 위협을 느꼈으므로 차분하게 장례 절차를 진행하지 못하고, 성급하게 죽은 사람을 엘리사의 돌무덤에 던지고는 도망을 가게 되었던 것이다. 그런데 그 죽은 사람의 몸이 엘리사의 뼈에 닿게 되자 그의 생명이 돌아와 소생하게 되었고, 자기 발로 일어서게 되었다. 엘리사를 통한 하나님의 역사, 생명의 역사가 그의 죽음 이후에도 멈추지 않고 계속 일어나게 되었던 것이다.

죽은 엘리사 선지자의 능력이 살아있는 우리보다 탁월하다. 얼마나 위대한 믿음의 사람이었으면 그런 기적이 일어났을까? 스승 엘리야 선지자의 영감을 갑절이나 받고 하나님께 크게 쓰임 받은 엘리사 선지자가 그리운 오늘이다. 우리는 언제나 그렇게 쓰임 받을 것인가?

오늘의 본문 성경을 읽으시고 깨달은 점이나 기억하고 싶은 점 혹은 기도문을 기록합니다.

왕하 14장~16장

묵상 자료

1. 유다 왕 아마샤의 교만

왕하 14장에는 유다 왕 아마샤의 행적이 나오는데 동일 사건이 역대하 25장에는 좀더 소상하게 기록되어 나타난다. 그는 25세에 유다의 왕이 되어 부왕을 죽인 원수들을 제거했으나 모세의 율법을 기억하고 그 자녀들은 죽이지 않았다. 성경은 그가 다윗의 길로 행했으나 산당은 제거하지 않았다고 평하여 온전히 하나님을 따른 왕은 아니었음을 말해 준다. 예루살렘 성전이 완공된 후로는 모세의 율법에 따라 이스라엘은 산당 제사를 그치고 예루살렘 성전으로 나아가 제사해야 했는데 백성들은 관행과 편리함을 따라 말씀대로 순종하지 않았다. 아마샤는 에돔과 전쟁을 일으켜 그들을 소금 골짜기에서 격파하고 적군 만 명을 전사시키고 만 명을 포로로 잡아 바위 꼭대기에 밀쳐 모두 처참하게 죽임으로 에돔을 완벽하게 제압해 버렸다. 그는 30만 대군을 이끌고 에돔전쟁에 나갔는데 그것도 모자라 북이스라엘에서 용병 10만 명을 거액을 주고 고용하여 40만 대군을 이끌고 전쟁에 임했다. 그러나 하나님의 사람이 나타나 아마샤에게 유다가 이스라엘 군과 함께 가는 것을 하나님이 기뻐하지 않으신다고 전언하니 왕은 선지자의 말을 듣고 물질의 손해를 감수하고 온전히 유다 군대로만 나아가 대승을 거둔 것이었다.

여기까지는 참 좋았다. 그러나 에돔을 무찌르고 난 후부터 문제가 발생하기 시작한다. 그는 에돔과의 전쟁을 이기고 오면서 그들이 섬기던 신들을 가져와 그 우상에게 경배하며 분향하는 믿을 수 없는 패역을 하나님께 저질렀다. 선지자가 그에게 나아가 자기 백성을 패전으로 이끈 그 우상신을 어찌하여 왕은 섬기냐고 질책했을 때 아마샤는 회개하기는커녕 선지자를 때리려 하며 위협하고 쫓아내 버렸다. 여기서부터 그는 교만의 영에 사로잡혀 기고만장하여 북이스라엘에 선전포고를 한다. 당시 북이스라엘 왕은 요아스였다. 그는 가시나무 같은 하찮은 존재가 분수를 모르고 백향목에게 시비를 건다고 응수하며 점잖게 물러가라 하였으나 아마샤의 교만은 끝이 없었다. 그는 이길거라 자신하고 북이스라엘과 전쟁을 벌였는데 무참하게 패배하여 수많은 유다 백성을 죽게 하고 예루살렘 성전을 약탈당하게 했으며 자신은 포로로 북이스라엘에 잡혀가 죽을 때까지 수모를 당하다가 비참한 죽음을 당했다. 성경은 끊임없이 겸손은 존귀의 앞잡이요 교만은 패망의 선봉이라고 가르친다.

> 사람의 마음의 교만은 멸망의 선봉이요 겸손은 존귀의 길잡이니라 잠 18:12
> Before a downfall the heart is haughty, but humility comes before honor PR 18:12

일부러 NIV 영어 번역을 함께 실은 것은 이 번역이 너무나 은혜가 되어 반복해서 수없이 읽고 또 읽어 보고 싶기 때문이다. 영어 번역에 의하면 망하기 전에 나타나는 징조가 있는데 그것은 마음에 교만이 온다는 것이다. 벌써 아마샤가 에돔을 물리치고 그 우상을 가져와 거기 절하며 선지자의 질책을 오히려 겁박하고 하나님을 무시하는 교만함을 보일 때, 우리는 이 인간이 망할 줄 눈치챘다. 망하기 전에는 꼭 교만기가 발흥한다는 것이다.

그러나 존귀를 얻기 전에는 항상 겸손이 먼저 임한다고 한다. 요셉이 종으로 팔려가고 감옥에까지 갇혀 한없이 낮아지고 겸손해졌을 때 애굽 총리라는 영광이 뒤따라왔다. 우리는 그냥 폼잡으려고 시늉만 겸손한 척 해서는 안 된다. 신앙생활 45년 정도 해보니 신앙의 핵심은 첫째도 겸손이요, 둘째도 겸손이요, 셋째도 겸손이란 것을 알게 되었다. 영적 교만도 무서운 것이다. 섰다고 생각하는 자는 넘어질까 조심해야 한다. 나는 94년에 한국을 떠나 선교지에서 오늘까지 25년을 지내면서 '겸손'이 얼마나 중요한 지 뼈저리게 깨닫고 있다. 하나님이 나에게 겸손하기를 얼마나 원하시면 이렇게까지 밟으시고 깨뜨리시고 신경 쓰실까…고개를 끄덕이며 실감할 때가 많다.

성령의 감화가 임하고 하나님의 은혜가 역사해야 한다. 다윗이나 모세같이 겸손한 사람이 되려면 우리는 얼마나 더 다듬어져야 할까? 갈 길이 아득함을 느낀다. 어떤 사람이 이런 명언을 남겼다.

"사람이 감히 건드리기 어려운 거물급이 되었을 때에 그는 사단이 가장 건드리기 쉬운 먹잇감이 된다!!!"

오늘의 본문 성경을 읽으시고 깨달은 점이나 기억하고 싶은 점 혹은 기도문을 기록합니다.

....

....

....

....

....

....

....

....

....

....

....

....

....

....

1년 1독 365일 성경통독, 꿀송이 보약큐티

왕하 17장~19장

● 묵상 자료 ●

1. 히스기야의 기도(왕하 19장)

앗수르 제국의 산헤립왕은 랍사게를 보내 유다를 공격한다. 첫 번째는 히스기야 왕이 솔로몬 성전에서 은과 금을 다 모아서 앗수르 왕에게 받쳐서 위기를 모면을 하였지만 두 번째로 앗수르 군대가 몰려와 이제는 항복을 하라고 압박하고 있다. 그 과정에서 랍사게는 유다의 히스기야 왕과 백성들을 향해 여호와 하나님을 섬기는 것이 헛된 것이라는 말을 하면서 하나님과 이스라엘을 모독한다.

랍사게가 이끄는 앗수르 제국의 대군 앞에서 유다의 히스기야 왕은 싸울 힘도 군사도 없어 항복하는 것이 여러 백성들을 그나마 앗수르의 칼에서 죽임을 당하지 않고 살아남는 길임을 알고 있었는데도 히스기야는 끝까지 항복을 하지 않고 이 문제를 하나님 앞으로 가져와 기도를 한다.

히스기야가 굵은 베옷을 입고 여호와의 전으로 나가고 자기의 신복들을 이사야 선지자에게 보내 하나님의 말씀을 듣고자 했다. 히스기야는 이사야 선지자에게 앗수르 왕의 보냄을 받은 랍사게가, "너희는 히스기야가 여호와께서 반드시 우리를 건지실지라 이 성읍이 앗수르 왕의 손에 함락되지 아니하게 하실 것이라는 히스기야의 말을 믿지 말라"고 하면서, "민족의 신들 중에 어느 한 신이 그의 땅을 앗수르 왕의 손에서 건진 자가 있느냐? 누가 그의 땅을 내 손에서 건졌기에 여호와가 예루살렘을 내 손에서 건지시겠느냐?" 하며 랍사게가 살아계신 하나님을 비방하고 모욕을 한 말에 대해서 여호와께서 들으셨을 것이기에 살아계신 여호와께서 역사해 주시기를 이사야에게 전하고 있다.

어떻게 이런 상황에서 히스기야는 엄청난 앗수르 제국의 군대 앞에서 항복하지 않고서 하나님을 의지하며 끝까지 버텼을까? 하는 의문이 생긴다. 앗수르 군대가 쳐들어오기 전에 히스기야는 왕이 되어 먼저 여호와의 성전을 정화하였다. 아버지 아하스왕이 앗수르 신전의 제단을 성전 안에 설치를 하고 이방의 방식대로 제사를 우상에게 하고 심지어 자기 아들까지 불에 태워 죽이는 인신제사를 하여 여호와께 크나큰 악을 행했을 때 히스기야는 성전 청결을 하고 온갖 우상들의 본거지인 산당을 제거하고 강력한 종교개혁을 하였다. 그는 큰 믿음을 소유자였던 것이다.

이제 앗수르 제국의 대군이 쳐들어 온 상황에서 히스기야는 백성들에게 이렇게 말했다.

"너희는 마음을 강하게 하며 담대히 하고 앗수르 왕과 그를 따르는 온 무리로 말미암아 두려워하지 말며 놀라지 말라 우리와 함께 하시는 이가 그와 함께 하는 자보다 크니 그와 함께 하는 자는 육신의 팔이요 우리와 함께 하시는 이는 우리의 하나님 여호와시라 반드시 우리를 도우시고 우리를 대신하여 싸우시리라 하매 백성이 유다 왕 히스기야의 말로 말미암아 안심하니라" (대하 32:7~8) 아멘.

위기 앞에서 히스기야는 성전에 올라가서 앗수르의 사자에게서 온 편지를 여호와 앞에 펴 놓고 기도를 하였다. "그룹들 위에 계신 이스라엘의 하나님 여호와여 주는 천하 만국에 홀로 하나님이시라 주께서 천지를 만드셨나이다"로 시작하여 기도의 끝은 "우리를 구원하셔서 천하 만국이 주 여호와가 홀로 하나님이신 줄 알게 하소서"이다. 참으로 하늘 보좌를 움직인 큰 용사의 기도이다.

이 후에도 히스기야는 죽을 병이 걸렸을 때 벽을 향하여 통곡하며 자신이 종교개혁을 일으키며 선하게 살려고 발버둥 쳤던 것을 기억해 달라고 하나님께 매달려 결국 죽을 병이 치유되는 기적도 경험하였다. 실로 히스기야는 기도에 있어서는 우리의 스승이 될만한 큰 모범을 보여주었다. 히스기야에게 임한 기도의 간증이 우리에게도 임하기를 소망해 본다.

오늘의 본문 성경을 읽으시고 깨달은 점이나 기억하고 싶은 점 혹은 기도문을 기록합니다.

왕하 20장~23장

○ 묵상 자료

1. 므낫세 - 최고로 악했으나 회개한 왕

유다 왕국의 14대 왕인 므낫세는 유다 역사상 가장 악한 왕으로 기록되어 있다. 그의 악행은 모든 악한 왕들의 악행을 총집합한 것 같다. 부왕 히스기야는 유다의 종교 개혁을 철저히 이루고 유다, 이스라엘 내의 허다한 우상들을 제하고 모든 백성으로 오직 여호와 하나님 한 분만을 경외하고 의지하도록 한 좋은 면을 가지고 있었다. 히스기야 왕의 종교개혁에 관한 기록은 역대하 29, 30, 31장 등 모두 3장에 걸쳐 나온다. 그런데 이번에는 그의 아들 므낫세가 선왕 히스기야가 이룬 그 개혁을 다 뒤집어 그야말로 그 귀한 영적 업적을 단숨에 말아먹어버리니 기가 막힐 일이다. 그가 얼마나 악했는지 예루살렘과 온 유다는 다시 우상의 천지가 되었다. 자기 아들들을 우상의 불 앞에 지나가게 하였고 점치고 사술, 요술을 행하며 박수 무당을 신임했다. 자기 손으로 우상을 아로새겨 여호와의 전에 세우고 그 앞에서 분향하며 빌었다. 그리고 모든 백성이 이 므낫세의 꾀임을 받고 다 우상 숭배에 빠지게 되었다. 이때의 므낫세의 죄악은 역대하 33:9 기록에 의하면 여호와께서 이스라엘 자손 앞에서 멸하신 이방인들보다 더욱 심했다고 했다. 하나님이 가나안 사람들의 죄가 관영했을 때 이스라엘 자손들을 통해 심판하시고 그들이 들어와 살게 하셨는데 므낫세의 죄는 이렇게 가나안 사람들의 관영했던 죄보다도 더 극심하였다니 그 악은 어떤 악이었을까? 그는 왕의 권력을 이용해 해 볼 수 있는 모든 우상을 다 섬겼는데 이는 이방인들도 못해 본 정도의 극심한 숭배였었다고 여겨진다.

열왕기서를 보면 유다가 망한 것은 다른 누구의 죄보다도 바로 므낫세 왕의 이 지독한 죄 때문이었다고 기록하고 있다. 그의 손자 요시아 왕이 이 모든 우상

숭배를 철저히 제하고 개혁했지만 이미 므낫세로 인해 저질러진 죄악은 어떻게 돌이킬 수 없는 것이 되어 결국에 유다가 그의 죄 때문에 바벨론에 망하고 만다. 그는 이렇게 왕국을 비참하게 망하게 한 결정적 장본인이었다. 하나님은 그를 그냥 두지 않으셨다. 하나님은 그가 앗수르에게 패하게 하시므로 그는 그 어느 왕도 당해보지 않은 방식으로 짐승같이 쇠사슬에 결박당한 채 바벨론 먼 곳으로 끌려가고 말았다. 그는 그곳에서 왕이기 때문에 그만큼 더 깊은 모욕과 정치적, 종교적 수모를 겪었을 것이다. 그런데 이런 고통 속에서 예상치 못한 일이 일어났다. 그가 포로로 끌려간 그곳에서 크게 겸비하여 하나님 앞에 엎드려 회개했다는 것이다(대하 33:12). 그가 끌려간 바벨론(당시는 앗수르가 강대하여 바벨론을 차지하고 있었다)은 제국의 큰 도시이다. 그곳에 각종 우상, 거대한 신전들이 있었는데 그는 이때 이런 것을 보고 그 거대한 신 앞에 엎드리기보다 이상하게 여호와 하나님을 불렀다. 그는 바벨론으로 끌려가 혹독한 죄과를 치르고 난 후에야 비로서 자신이 여호와 하나님 앞에서 악한 죄인인줄 깨달은 것이다. 그는 환란 중에 죄를 깨달을 수 있었고 환란 중에 하나님 앞에 엎드려 회개했다. 하나님께서는 므낫세가 자신을 겸비하고 회개하였을 때 그의 기도를 들으시고 그를 예루살렘으로 돌아오게 하시어 다시 왕이 되게 하셨다.

이렇게 되자 그는 그제야 여호와께서 하나님이신 줄을 깨달아 알게 되었다. 그는 여기서 한없는 자비와 용서의 하나님, 그리고 축복의 하나님이시요 만물의 주관자요 세상 모든 정사와 권세를 가지신 분이심을 깨달은 것이다. 므낫세는 이로서 오직 여호와 하나님 한 분만이 참 경배의 대상이요 의지와 찬양의 대상이 되심을 알게 되었다. 이후 그는 더 이상 과거같이 자기 권력을 이용해 우상의 못된 짓을 하지 않았다. 오히려 왕으로서의 책임감을 가지고 국방을 더욱 튼튼히 했으며 이방신들과 여호와의 전에 자기가 들인 우상을 다 제하고 여호와의 단을 중수하고 화목제와 감사제를 드렸다. 이번에는 유다 백성들을 향해 여호와 하나님만을 섬기도록 하였다. 개과천선한 것이다. 므낫세 왕은 길게 보면 다윗의 후손이었다(왕하 21:1절). 그가 12세에 즉위하여 55년 동안 장기간 통치할 수 있었던 것은 이와 같이 회개하고 돌이킨 것이 원인이었다.

므낫세는 히스기야 말년에 얻은 아주 귀한 아들이었다. 앞에서도 언급했지만 15년을 더 사는 동안 히스기야는 극한 부귀영화를 누렸다(대하 32:27~30). 그의 소문은 주변 열국에 퍼져 신흥 바벨론 제국이 사자를 보내 물을 정도였다(31절). 이런 시기 므낫세는 출생 순간부터 귀여움을 받으며 아버지와 함께 온갖 부귀영화를 누렸다. 고난과 연단을 모르고 철없이 자란 어린 므낫세가 예전 부왕이 행한 선정의 의미를 알 리 없었다. 아무 것도 배우지 못한 므낫세가 즉위한 후 오랜 동안 악정을 한 이유였다. 한두 해도 아닌 몇십 년 동안 그는 하나님의 법을 무시했다. 그의 악정이 너무나 심해 하나님의 진노도 극에 달해 다윗 왕국을 멸망시키기로 작정했을 정도였다(왕하 23:26). 그러나 다윗의 하나님 여호와는 그를 그런 상태로 계속 놔둘 수 없었다. 므낫세는 하나님이 다윗과 맺은 왕국 언약의 상속자(삼하 7:12~16)이며 동시에 예수님의 조상이었다(마 1:10). 이 언약을 기억하시면서 하나님은 그를 징계해야 했다. 그의 회개와 선정은 너무나 때늦은 감이 있었다. 그가 예전에 행한 악이 너무 지나쳐 하나님도 남방 유다를 사하기를 싫어했을 정도였다(왕하 23:26~27, 24:3~4). 그러나 므낫세는 결국 버림을 당하지 않았는데 그것은 하나님이 다윗과 맺은 언약 덕분이었다.

> 나는 그 아비가 되고 그는 내 아들이 되리니 저가 만일 죄를 범하면 내가 사람 막대기와 인생 채찍으로 징계하려니와 내가 네 앞에서 폐한 사울에게서 내 은총을 빼앗은 것같이 그에게서는 빼앗지 아니하리라 삼하 7:14~15

결국 남방 유다는 바벨론 제국에 의해 멸망했지만 다윗의 왕국 언약의 역사적 그리고 문자적 성취는 하나님의 아들 그리스도 예수가 이루어내셨다. 므낫세의 구원은 전적으로 하나님의 은혜의 덕분이다. 하나님의 은총은 그의 삶에 극적으로 드러났다. 칼빈의 5대 교리 중 하나인 '불가항력적 은혜'가 그에게 임한 것이다. 그의 은총도 하나님의 예정과 선택(엡 1:4~6)에 따랐다. 므낫세는 출생할 때부터 다윗의 왕손으로 언약의 상속자였다. 이 언약은 종국적으로 예수 그리스도의 강림과 구속을 예언한다. 므낫세가 다윗 언약의 상속자란 사실은 그가 출생 전부터 그리스도 안에 속하도록 하나님에 의해 작정되었고 선택

되었음을 뜻한다. 므낫세도 그리스도 안에 있었기에 구원받았다. 우리 인간의 생각으로는 그가 죗값으로 폭삭 망했으면 좋겠지만 하나님은 우리와 다르시다. 하늘이 땅에서 높음 같이 그의 은혜는 한이 없으시다. 분노 중에도 하나님은 자비를 베푸신다. 인간들의 악하디 악한 세속 역사 속에서도 우리를 구원시키시려는 하나님의 구속사적 섭리의 손길은 결코 멈추지 않는다.

● 오늘의 말씀에 대한 나의 묵상 ●

오늘의 본문 성경을 읽으시고 깨달은 점이나 기억하고 싶은 점 혹은 기도문을 기록합니다.

왕하 24장~25장

● 묵상 자료 ●

1. 유다, 마침내 멸망하다

1) 므깃도 전투와 갈그미스 전투

애굽은 앗수르를 도와 바벨론의 남하를 막기 위하여 갈그미스에서 바벨론과 싸우려고 하였다. 애굽 왕 느고는 갈그미스로 가기 위해 팔레스타인 지역을 통과해야 했는데, 이때 반 앗수르 입장이었던 요시야 왕은 북진하는 애굽과 전쟁을 하게 되었다. 애굽 왕 느고는 사자를 보내어 화친을 요청하며, 이 일은 하나님의 명령이고 자신이 싸우려는 대상은 요시야 왕이 아님을 분명히 했다(대하 35:21). 그러나 요시야 왕은 듣지 않고 변장까지 하면서 전쟁터에 남기를 고집하였다(대하 35:21~22). 전쟁터에서 애굽의 궁수가 쏜 화살에 중상을 입은 요시야는 예루살렘에 돌아와 죽고 말았다(대하 35:23).

요시야는 종교개혁을 통해 영적 내리막길로 곤두박질하던 남유다에 일시적으로나마 제동을 걸었지만, 요시야가 죽은 이후 남유다의 국운이 갑자기 쇠약해지고 순식간에 멸망의 길로 치닫게 되었다. 이후 애굽과 바벨론이 맞서는데, 이것이 갈그미스 전투(주전 605년)이다. 이 전투에서 승리한 바벨론은 당시 근동 지방을 장악하였고, 애굽은 다시 일어나지 못했다(왕하 24:7). 바벨론의 느부갓네살 왕은 갈그미스 전투에서 승리한 후, 아프리카 대륙과 근동 아시아 지역을 잇는 전략적 요충지인 남유다 왕국마저 정복하기 위하여 예루살렘을 공격하였고, 3차에 걸쳐 유다 왕과 백성들을 바벨론으로 끌고 갔다. 3차에 걸친 바벨론 포로의 과정은 성전 파괴의 과정과 다름없었다. 하나님께서는 바벨론을 들어서 가장 아끼는 성전을 파괴하심으로써 이스라엘을 철저하게 징계하셨다(왕상 9:7~9).

2) 바벨론 제1차 포로

제1차 바벨론 포로 때에는 다니엘을 포함한 왕족과 귀족들이 끌려갔다(단 1:3). 여호야김은 처음 3년은 바벨론을 섬기다가 다시 애굽과 동맹하여 반(反) 바벨론 정책을 펼쳤고(왕하 24:1), 결국 주전 602년 쇠사슬로 결박당하여 바벨론으로 끌려갔으며 성전 기구들을 약탈당하였다(왕하 24:2, 단 1:1~2, 5:2).

3) 바벨론 제2차 포로

바벨론은 여호와 전의 모든 보물과 왕궁 보물을 집어내었으며 또 이스라엘 왕 솔로몬이 만든 것 곧 여호와의 전의 금기명을 다 훼파하였다(왕하 24:10~13, 대하 36:10).

그리고 여호야긴 왕과 왕의 모친과 왕의 아내들과 내시와 나라의 권세 있는 자들이 포로로 끌려갔다(왕하 24:12, 15). 이때 용사 7천 명을 포함하여 방백과 백성 총 1만 명, 그리고 공장과 대장장이 1천 명이 끌려갔는데, 그들은 모두 강건하여 싸움에 능한 자였다(왕하 24:14~16). 반란의 구심점이 될 소지가 있는 최고 지도자들과 탁월한 인물들을 모두 뽑아서 끌고 감으로 '비천한 자' 외에는 그 땅에 남은 자가 없도록 하여 남유다를 철저히 무력화시킨 것이다. 여기에는 에스겔 선지자와 에스더의 사촌 모르드개의 조상도 포함되어 있었다(겔 1:1~3, 에 2:5~6).

4) 바벨론 제3차 포로

시드기야는 바벨론에게 항복하라는 예레미야 선지자의 권면(렘 27:12)을 듣지 않고 반(反)바벨론 정책을 고집하였고(왕하 24:20, 렘 27:12~13, 37:2), 바벨론은 시드기야 제9년 10월 10일부터 예루살렘을 포위하였다(왕하 25:1, 렘 39:1, 52:4). 시드기야가 애굽에 원군을 요청하여 바벨론 군대가 떠났다가 애굽 군대가 즉각 퇴각하자 다시 바벨론 군대가 예루살렘을 집공하여(렘 37:5, 11, 겔 17:15) 시드기야 11년까지 약 30개월 동안 예루살렘 성을 에워쌌다(왕하 25:1~2, 대하 36:11~20, 렘 37:7~10, 겔 17:12~21). 마침내 주전 586년 시드기야 제11년 4월 9일에 예루살렘성이 함락되고 말았다(왕하 25:1~3, 렘 39:1~2, 52:4~6).

예루살렘이 포위되어 있는 동안 기근이 극심하여 자녀를 잡아먹을 정도로 비극적 참상이 빚어졌는데(애 2:20, 4:10, 사 9:20, 겔 5:10), 이는 모세의 예언대로(레 26:28~29, 신 28:53~57) 하나님의 말씀에 불순종한 결과였다. 결국 B.C. 586년, 남유다는 바벨론에 의해 완전히 멸망하였고, 예루살렘성이 함락된 4월 9일은 유다인들에게 바벨론 유수 기간 내내 금식과 애통의 날로 지켜졌다(슥 7:5, 8:19). 성이 함락되던 때 시드기야는 밤에 도망하다가 갈대아 군대에게 잡혀 하맛 땅 립나로 끌려가 바벨론 왕에게 심문을 당하였다. 바벨론 왕은 시드기야의 목전에서 그 아들들을 죽이고, 시드기야의 두 눈을 빼고 사슬로 결박하여 바벨론으로 끌어다가 죽는 날까지 옥에 가두었다(왕하 25:4~7, 렘 39:4~7, 52:7~11).

예루살렘이 함락된 지 한 달 만인 5월 10일에 바벨론 시위대장관 느부사라단이 와서 여호와의 전과 왕궁과 예루살렘의 모든 집을 귀인의 집까지 불사르고 사면 성벽을 헐었다(왕하 25:8~12, 대하 36:18~19, 렘 39:8~10, 52:12~16). 그리고 성전의 두 놋기둥(야긴과 보아스)과 받침들과 놋바다를 깨뜨려 그 놋을 바벨론으로 가져갔고, 또 가마들, 부삽들, 불집게들, 숟가락들과 섬길 때에 쓰는 모든 놋그릇을 다 가져갔으며, 또 금물의 금과 은물의 은을 가져갔고, 솔로몬이 여호와의 전을 위하여 만든 두 기둥과 한 바다와 그 받침들을 취하였다(왕하 25:13~17, 대하 36:18~19, 렘 52:17~23). 그리고 대제사장 스라야와 부제사장 스바냐와 전 문지기 세 사람을 잡고, 군사를 거느린 장관(내시) 하나와 왕의 시종 칠 인(혹은 다섯 사람)과 군대장관의 서기관 하나와 국민 육십 명을 잡아갔으며, 립나에서 그들을 쳐 죽였다.

이제 이스라엘 민족은 포로로 끌려간 자와 고국 땅에 남겨진 자, 그리고 재난을 피하여 주변국으로 도망친 자 등으로 나뉘어, 민족 전체가 갈기갈기 찢기고 그 존재가 점점 사라지는 최악의 비극적 상황에 처하게 되었다. 선민 유다 백성이 하나님 없는 이방 나라 바벨론으로 포로 되어 끌려간 것은 하나님의 진노로 말미암은 최대의 비극이요 수치였다. 이는 우상을 숭배하고 안식일과 안식년을 지키지 않고, 하나님의 말씀을 거역하고 그 거룩하신 뜻을 멸시한 죄에 대한 하나님의 징계와 진노의 결과였다.

　　그러나 절대로 망하지 않을 것만 같던 바벨론이 하나님의 주권 역사로 메대와 바사의 연합군에 의해 멸망하게 하시고 결국은 이스라엘 백성이 귀환하도록 하셨다. 역사는 이렇게 하나님의 손 안에서 유유히 흘러 간다.

기 도

"아버지,
인간 역사는 아버지 손 안에 있습니다. 한 나라의 흥망성쇠도, 우리 개인의 성공실패도 다 주님의 주권 안에 있음을 고백합니다. 한반도의 남북분단을 불쌍히 여겨주시고 어서 속히 평화통일의 날이 이르게 도와주소서. 예수님의 이름으로 기도합니다." 아멘.

● 오늘의 말씀에 대한 나의 묵상 ●

오늘의 본문 성경을 읽으시고 깨달은 점이나 기억하고 싶은 점 혹은 기도문을 기록합니다.

....

....

....

....

....

....

....

....

....

대상 1장~9장

1. 역대상하는 어떤 책인가?

열왕기상하가 남,북 왕조를 오가면서 이스라엘의 역사를 기록한 책이라면 역대상하는 남왕국 유다의 역사에 포커스를 맞춘 책이다. 포로들과 귀환하여 성전 재건에 힘쓴 학사 에스라에 의해 쓰인 책으로 모세 율법과 이스라엘 역사에 정통한 에스라가 포로에서 돌아온 사람들을 위하여 제사장직과 제사를 보존하고자 하는 목적과 장차 메시아를 이 땅에 오게 할 선민 이스라엘의 역사 중 다윗 왕가의 족보를 재정비함으로써 왕으로 오실 그리스도를 예비하는 소중한 역사책이라 하겠다. 이 역대기 책은 원래 히브리어 성경에서는 가장 뒷부분에 배치되어 있다. 그래서 예수님께서도 모든 순교자를 가리켜 누가복음 11:51에서 '곧 아벨의 피(창 4장)로부터 제단과 성전 사이에서 죽임을 당한 사가랴의 피(대하 24장)까지'라고 말씀하신 것이다. 역대상은 1장부터 9장까지 아담에서 출발하여 야곱의 자손들까지의 족보를 일일이 나열하고 있고, 그 후 사울 왕의 죽음과 다윗왕의 역사, 그리고 솔로몬의 생애를 다루고 있다. 역대하는 남왕국 왕조의 역사와 멸망, 그리고 포로 후 귀환까지를 기록하고 있다.

역사를 좋아하는 분들도 있고 지루해하는 분들도 있다. 그러나 역사를 모르는 민족은 발전할 수 없다. 역사에서 교훈을 얻지 못하면 똑같은 치욕을 당하기 때문이다. 사무엘서와 열왕기서를 이미 읽은 우리에게 하나님은 반복해서 한 번 더 독자에게 영욕의 이스라엘 역사를 보여주시며 역사의 참 주인이신 하나님을 우리 마음에 각인시키려 하신다.

2. 끝없는 이름들이 나열된 족보들

학사 에스라의 집요한 역사의식으로 인해 독자인 우리는 역대상 1장부터 9장까지의 지루한 이름들을 읽느라 정신이 없다. 그래서 성경 읽기에 열심인 사람들이라 할지라도 역대상 1장~9장은 그냥 읽지도 않고 통과해 버리는 경우가 있다. 그러나 이 계속되는 지루한 족보의 기록들은 우리들에게 중요한 교훈을 준다.

무엇보다 "여자의 후손"으로 이 세상에 오시기로 예언된(창 3:15, 갈 4:4) 그리스도가 오시기까지 하나님은 주권 가운데 사람들을 계속해서 선택하시고 생육하고 번성하게 하시어 메시아의 계보를 이어가게 하셨다는 역사적인 사실에 주목해야 한다. 유유히 흘러 대지를 적시는 기나긴 강물처럼 예수 그리스도가 이 땅에 오시기까지의 구속사적 계보의 이어짐은 끊임없이 흘러감을 보는 것이다. 그리스도를 보내시겠다고 약속한 이도 하나님이시요, 그 약속을 성취해 가시는 분도 하나님이심을 우리는 이 족보들을 통해서 깨닫는다.

또한 우리가 잘 모르는 수많은 이름들이 성경에 기록되어 있는 것을 보면서 하늘 나라 생명책에 기록된 이름들을 생각하게 된다. 내 이름이 생명책에 기록되어 있느냐 없느냐는 영원한 생과 사를 결정한다. 주님은 그 어떤 기적이나 굉장한 일보다도 우리가 더 기뻐해야 할 이유는 생명책에 그 이름이 기록되어 있다는 사실이라고 70인 전도대에게 가르쳐 주셨다.

그러나 귀신들이 너희에게 항복하는 것으로 기뻐하지 말고 너희 이름이 하늘에 기록된 것으로 기뻐하라 하시니라 눅 10:20

나는 고등학교 입시와 대학 입시에서 내 이름이 합격자 명단에 기록되어 있던 때의 감격을 지금도 잊지 못한다. 그 추웠던 겨울에 수험 번호의 순서를 따라 두근거리는 마음으로 사람들 틈바구니에서 벽에 붙은 합격자 명단을 보던 때…. 그러나 세상 잠깐의 영광과 영원한 하늘의 상속자의 영광을 어찌 비교나

할 수 있겠는가? 대학에 합격하자 불교의 우리 어머니는 동네 사람들을 불러다가 음식 대접하며 잔치를 베푸셨다. 감격하셔서 울기도 하셨다. 나의 손을 가만이 잡으시더니, "니가 이 엄니의 한을 풀어 줬응께 나도 니 소원을 들어줘야 쓰겄다. 자장면 사 줄까?" 하셨다. 나는 자장면 말고 더 중요한 소원이 있다고 말씀드렸다. "뭔디? 말해 봐. 다 들어 줄랑께…." 기분이 한껏 업 된 어머니는 무엇이든 들어줄 기세였다. 나는 어머니 손잡고 교회 한 번 가보는 것이 일생의 소원이라고 말씀드렸다. "오냐! 가자. 까지껏 그걸 못 가." 하시고는 어머니 평생처음 교회에 발걸음을 내 디디셨다. 결국 우리 어머니는 집사님이 되셨고 연약한 신앙이지만 주님 의지하고 하늘에 가셨다. 찬송가 483장(옛 찬송 532)은 나의 애창곡 중의 하나이다. 개편되기 이전의 후렴가사가 원문에 더 맞으니 그 이전 가사로 불러 보자.

"구름 같은 이 세상 모든 부귀 영화 나는 분토와 같이 내어 버리고서
오직 천국의 복을 사모하며 사니 주여 내 작은 이름 기억하옵소서
주가 나의 이름 보좌 앞에 놓인 어린양 생명책에 기록하셨을까?

주여 보배 피로써 모든 죄 씻으사 나의 부정한 것을 씻어 맑히소서
흰 눈 보다 더 희게 죄를 씻었으니 구원받은 내 이름 기록하옵소서
주가 나의 이름 보좌 앞에 놓인 어린양 생명책에 기록 하셨을까?

죄가 하나도 없고 아무 병도 없는 영화롭고도 밝은 천국 올라가서
주와 같이 그 곳에 길이 살리로다 이런 소망의 삶은 참된 행복이라
주가 나의 이름 보좌 앞에 놓인 어린양 생명책에 기록하셨을까?" 아멘.

3. 야베스의 기도

부르스 윌킨슨 목사가 쓴 『야베스의 기도』라는 유명한 책이 있다. 이 책에서 윌킨슨 박사는 하나님의 뜻에 부합하는 한 우리가 당연히 하나님께 축복을 구할 수 있으며 또 축복받을 수 있다고 강조한다. 사실 기독교인들이 지나치게 축

복을 간구할 경우 미신적이고 샤머니즘적이며 기복주의라는 비판을 면하기 어렵다. 그러나 이 책의 저자인 브루스 윌킨슨에 따르면 본래 하나님의 성품은 우리를 넘치도록 축복하시는 데 있는데 우리가 열심히 기도하고 구하지 못해서 큰 축복을 누리지 못한다면 그것은 순전히 우리의 잘못이라는 것이다.

그러면 도대체 야베스는 누구이며 그가 올린 기도는 어떤 내용의 기도였는가? 야베스는 성경에서 가장 지루한 책으로 유명한 역대기상에 등장한다. 특히 역대상 1~9장은 "누가 누구를 낳고" 하는 말로 연결되어 있는 이스라엘 백성들의 족보로서 아담에서 이스라엘 12지파까지의 계보를 기록하고 있는데 이 족보에는 오백 명 이상의 많은 이름들이 등장한다.

야베스는 다윗 왕의 혈통인 유다지파에 속했다. 그러나 그의 집안이 별로 뼈대 있는 집안이 아니었던지 3장에 나오는 왕족의 족보에 들어가지 못하고 4장에 비로소 나온다. 우리가 야베스에 대하여 주목해야 할 것은 9절 후반의, "그 어미가 이름하여 야베스라 하였으니 이는 내가 수고로이 낳았다 함이었더라"고 한 구절이다.

"야베스"라는 이름의 뜻은 "괴롭게 하다" 혹은 "슬프게 하다"의 뜻을 가지는데 아버지가 아닌 어머니가 이 이름을 지어 주었다는 사실을 눈여겨봐야 한다. 성경에 나오는 여러 인물들의 이름은 그 사람의 운명을 그대로 보여준다. 예컨대 야곱이라는 이름의 뜻은 "발꿈치를 잡은 자" 혹은 "빼앗는 자"(grabber)인데 이름 그대로 그는 형 에서의 축복을 가로챘다. 솔로몬의 뜻은 "평화"(peace)인데 그는 이름처럼 전쟁에 한 번도 나가지 않은 첫 번째 왕이 되었다. 이렇게 이름의 뜻이 한 사람의 운명과 긴밀히 연결되어 있다고 한다면, 야베스라는 이름은 "고통을 안겨 주었다"는 뜻을 가지고 있다는 사실에서 그가 태어날 때 어머니가 난산으로 엄청난 고통을 겪었을 것으로 추측할 수 있다.

이름 뜻으로 보면 어머니로 하여금 "이제 너는 고생문이 훤하겠구나!"하는 느낌이 드는 불행한 출생 비밀을 가진 사람이었다. 그러나 이와 같이 슬픈 출생과 과거를 지닌 야베스를 하나님께서 축복하셔서 그가 다른 형제들보다 더욱 존귀케 되었다고 한다. 야베스가 불행과 슬픔의 과거를 딛고 축복과 존귀의 사람이 될 수 있었던 비결이 무엇일까? 그 비결은 바로 그의 담대한 기도에 있었다.

첫째로, 야베스는 하나님께 복을 달라고 기도했다.

복을 달라고 하는 기도는 그 자체로 결코 나쁜 것이 아니다. 우리가 하나님께 열심히 구하여서 기왕이면 더 잘 살고 더 잘되는 것이 좋다. 하나님의 본성은 우리를 축복해주시는 데 있다. 그래서 하나님의 자녀들이 건강하고 잘살고 성공하고 승리하길 원하신다. 잠언 10:22에 "여호와께서 복을 주시므로 사람으로 부하게 하시고 근심을 겸하여 주지 않으신다"고 했다. 문제는 우리가 복을 구하는 것 자체가 잘못된 것이 아니라 이 축복을 어떻게 누리며 살 것인가 하는 삶의 자세와 왜 그 복을 원하는가에 대한 동기에 있는 것이다. 우리의 이기적인 정욕만을 위하여 축복을 구한다면 그런 축복은 의미가 없지만 하나님을 영화롭게 하고 이웃에게 나누고 싶어 축복을 구한다면 이는 귀한 것이다. 예수님은 마 7:7~8에서 "구하라 그러면 너희에게 주실 것이요 찾으라 그러면 찾을 것이요 문을 두드리라 그러면 너희에게 열릴 것이니 구하는 이마다 얻을 것이요 찾는 이가 찾을 것이요 두드리는 이에게 열릴 것이니라"고 말씀하셨다. 구하지 않고서는 풍성히 얻을 수 없다.

둘째로, 야베스는 하나님께 자기의 지경을 더욱 넓혀달라고 기도했다.

고대로부터 지금까지 이스라엘 백성들에게 땅은 곧 생명을 상징하는 것이었다. 우리가 보기에는 아무 것도 아닌 땅 한 조각 때문에 이스라엘 백성은 목숨을 건 전쟁을 수없이 치러야 했으며 땅을 넓힌다는 것은 무한히 생육하고 발전할 수 있는 발판을 마련하는 것에 직결되었다. 그러므로 지경을 넓혀 달라는 기도는 단순히 이기적인 복만 구하는 것이 아니라 하나님의 더 큰 일을 할 수 있는 기회와 책임을 달라고 하는 비전의 기도였던 것이다.

세 번째로, 야베스는 주의 손으로 자기를 도와 달라고 기도했다.

우리가 하나님께 지경을 넓혀 달라고 간구한 뒤 그 목적을 향하여 열심히 나가다 보면 어려운 장애물이 하나 둘 출현할 때가 있다. 우리가 구한 축복은 그저 어느 날 갑자기 하늘에서 뚝 떨어지는 기적적인 선물이 아니라 우리가 많은 수고와 고생을 한 뒤 어려운 장애물들을 잘 통과한 뒤에 주어지는 것임을 기억해야 한다. 이러한 과정에서 하나님의 손이 우리를 도와주느냐의 여부는 성패를 좌우한다.

구약 시대에 하나님의 손은 하나님께서 뽑아 세우신 하나님의 백성들 사이에 하나님께서 직접 임하시는 능력을 상징했다(수 4 : 24, 사 59 : 1). 또한 사도행전 11 : 21은 "주의 손이 그들과 함께 하시매 수다한 사람이 믿고 주께 돌아오더라"고 말함으로써 주님의 손이 함께 하심으로 말미암아 초대교회에 부흥이 임했다고 말하고 있다. 야베스는 자기의 지경을 넓혀나가는데 있어서 주의 손이 함께 하셔야만 한다는 사실을 확신했기 때문에 하나님의 도움을 절실히 요청한 것이다. 하나님의 사람 모세도 동일한 것을 구했다.

주 우리 하나님의 은총을 우리에게 내리게 하사 우리의 손이 행한 일을 우리에게 견고하게 하소서. 우리의 손이 행한 일을 우리에게 견고하게 하소서 시 90:17

마지막으로, 야베스는 환난을 벗어나 근심이 없게 해달라고 기도했다.

우리가 아무리 하나님 뜻대로 바르게 산다고 해도 환난과 시련이 때때로 우리를 위협한다. 수없이 많은 근심이 우리를 삼킬 때가 있다. 특히 우리가 하나님께 기도한 대로 우리의 지경이 크게 넓어져 엄청난 축복을 받게 되었을 때 우리는 실수해서 죄악에 빠지거나 하나님을 잊어버릴 수도 있다. 실제로 건실한 기독교인들이 하나님의 큰 축복을 받은 뒤 교만해져서 하나님과 사람들로부터 저버림을 받는 경우를 성경 역사에서나 현실에서 종종 보게 된다. 그러므로 우리의 축복이 근심이 없는 축복, 하나님과 사람들로부터 인정받고 사랑받는 축복이 되어야지 축복이 오히려 화근이 되는 히스기야왕 같은 경우가 되어서는 곤란하다.

야베스는 불행하게 태어난 사람이었다. 그러나 그는 아주 특별한 기도를 하나님께 올렸다. 하나님께서 그의 기도를 들으시고 그에게 넘치는 복을 허락하셨다. 그래서 야베스는 그 형제들보다 더욱 존귀한 사람이 되어서 유대 전승에 의하면 당대의 가장 유명한 율법학자가 되었다고 전해진다. 많은 사람들이 이름만 간단 간단히 소개되는 문맥 속에서 야베스의 기록만을 유독 이렇게 사막에 종려나무처럼 길게 설명해 놓은 것은 성경의 저자가 야베스의 기도의 삶을 모든 성도들의 귀감으로 삼으려고 한 의도가 엿보인다. 우리에게도 야베스의 기도처럼 인생역전의 은혜가 임하기를 축복한다. 아멘.

● 오늘의 말씀에 대한 나의 묵상 ●

오늘의 본문 성경을 읽으시고 깨달은 점이나 기억하고 싶은 점 혹은 기도문을 기록합니다.

대상 10장~12장

● 묵상 자료 ●

1. 함께 강성하여가다(대상 11장)

> 여호와께서 다윗과 함께 계시므로 다윗은 더욱 강성하여갔다 대상 11:9

사실 다윗과 함께 했던 이는 여호와 하나님만이 아니었다. 온 이스라엘이 그와 함께 했고, 요압도 함께 했다. 같은 내용을 기록한 사무엘하 5장은 요압을 언급하지 않지만, 역대기는 시온 산성을 칠 때에도, 예루살렘 성을 쌓을 때에도 요압이 다윗과 함께 했다고 적혀 있다. 예루살렘을 정복할 때에도 다윗은 자기 부하들과만 함께 했던 것이 아니라(삼하 5:6), 온 이스라엘과 더불어 함께 올라간다.

분명한 전공을 올린 요압이 지도자가 되고 다윗이 시작한 예루살렘 성의 중건을 이어받아 요압은 그것을 마무리한다. 다윗은 이런 사람들과 함께함을 통해 더욱 커져 간다. 이후 역대기는 77절에 걸쳐 다윗을 도와 다윗과 함께한 이들의 이름들을 길게 기록한다. 한 사람 한 사람이 다 소중하다. 그 이름들을 품고, 그들과 함께 할 수 있는 큰 사람! 다윗은 그와 함께 하는 사람들의 수만큼 더욱 커져갔고, 더욱 강성하여 갔던 것이다.

여호와께서는 다윗과 함께 계셨다. 다윗은 믿음으로 일생을 살아갔다. 자기를 견제하며 몰락해 간 사울의 길을 다윗은 따라가지 않았다. 용사들과 지도자들을 키워냈고 그들과 함께 강성해 갈 수 있었다. 함께 하시는 하나님에 대한 절대 신뢰! 그 믿음 위에 온 이스라엘이 함께 선다.

고생하던 아둘람 시절, 또는 그 이전부터 다윗과 함께 했던 용사들이 온 이스라엘과 마음을 합하여 다윗을 왕으로 세우고 그 나라를 견고케 했는데 이름이 기록된 다윗의 혈맹이랄 수 있는 자만 해도 50명이 넘는다. 이들은 다 군사들 중 큰 용사들이었다. 헷사람 우리야도 그중 한 명이다. 다윗과 고생과 영광을 함께했던 사람들! 다윗의 어떤 모습이 이토록 사람들을 붙잡았던 것일까?

자기 고향 베들레헴에서 블레셋과 마주하였을 때, 다윗은 무심코 어려서 먹던 베들레헴 성문 곁 우물물을 먹고 싶다 말한다. 그 이야기를 곁에서 듣던 세 명의 용사가 목숨을 걸고 블레셋 군대를 돌파하여 그 물을 길어 온다. 놀란 다윗은 그 물을 차마 마시지 못하고 땅에 쏟는다. 여호와께 전제로 부어 드린다. 그것은 물이 아닌 그들의 생명이고, 충성과 사랑이었다. 다윗에게 그들은 자신의 심장이었다.

누군가의 지극한 마음을 다른 누군가의 자기 만족을 위해 이용해 먹으면 안 된다. 누군가의 지극한 사랑을 다른 누군가의 욕망을 채우기 위해 마음대로 써 먹어도 안 된다. 목숨을 건 헌신을 한낱 개인의 갈증해소용으로 만들어서는 안 된다. 또한 다윗의 주변에는 이름 모를 지역에서 이름 모를 사람으로 살아왔던 자들 학몬 사람 야소브암, 아호아 사람 엘르아살, 드고아 사람 이라, 모압 사람 이드마 같은 사람들이 있었다. 그들의 능력을 알아주고 그들의 용맹을 알아주고 그들의 마음을 알아 주는 다윗 곁에서 그들은 또한 자신들의 명예를 얻는다.

나는 누군가의 속 깊은 진실을 알아줄 '마음'이 있는 사람인가?

남이 떠온 물을 마시며 만족스러운 웃음을 웃는 어리석은 인생은 아닌가? 허리에 수건을 두르고 내 발을 씻어주시는 주님의 마음. 다윗에게서도 느껴지는 그 마음의 한 조각이라도 내 마음을 채우기를! 아멘.

오늘의 본문 성경을 읽으시고 깨달은 점이나 기억하고 싶은 점 혹은 기도문을 기록합니다.

대상 13장~15장

● 묵상 자료 ●

1. 베레스 웃사(웃사에게 분노를 터뜨리심)

다윗은 분명 좋은 지도자였다. 역대상 13장에서 그가 잘한 일은 하나님의 궤를 예루살렘에 있는 다윗성에 올려 나라의 대소사를 궤 앞에서 하나님께 묻고자 한 것이었다. 하나님의 뜻을 다윗은 귀히 여겼기 때문이다. 또한 그가 잘한 일은 이 일을 지휘관들과 논의하고, 그다음에 백성들과도 의논하였다는 것이다. 다윗은 지위를 이용하여 독단으로 처리하지 않고 주위의 사람들의 자문과 동의를 구하였다. 거기에 제사장과 레위인까지 동원할 정도로 이 일을 전심으로 준비하여 온 나라의 기쁨으로 삼았다. "뭇 백성의 눈이 이 일을 좋게 여기므로"(대상 13:4). 이제 하나님의 궤는 이스라엘의 중심 이슈가 될 정황이 되었다. 사울 왕 때는 꿈도 못 꿀 분위기 반전이다. 그러나 도중에 문제가 터졌다. 소들이 갑자기 뛰었고, 놀란 웃사가 손을 펴 궤를 붙들자 하나님께서 진노하셔서 웃사를 쳐 결국 웃사가 비참하게 죽고 말았다. 좋은 날, 이게 무슨 날벼락이란 말인가?

다윗은 분명 법궤를 옮겨오는데 자신감이 있었다. 하나님도 기뻐하시고 모든 백성들이 환호하는 일이었다. 그러나 웃사가 죽자, "내가 어떻게 하나님의 궤를 내 곳으로 오게 하리요" 하며 움츠러들었다. 여기서 실패의 원인을 살펴보기 전에 왜 다윗은 하나님의 궤를 다윗성으로 옮기고자 했을까 하는 문제를 먼저 살펴보자.

하나님의 궤는 하나님 임재의 장소였다. 하나님의 거룩을 상징하기도 하였다. 이는 이스라엘의 힘이었다. 이스라엘은 엘리 제사장 시대에 이를 오용하려다 하나님의 궤를 블레셋에 빼앗긴 적이 있었다. 다윗은 분명 하나님의 궤 앞에서 하나님의 뜻을 묻겠다 하였다. 이것이 거짓은 아니었더라도 다른 의도를 숨기고 있지는 않았을까? 역대상 13:2을 보면 어순의 미묘한 차이가 드러난다. 다윗은 하나님의 궤를 옮기면서 회중의 뜻을 먼저 묻는다. "다윗이 이스라엘의 온 회중에게 이르되 만일 너희가 좋게 여기고." 그다음에 하나님의 의중을 표현하는 듯한 말을 한다. "또 우리의 하나님 여호와께로 말미암았으면." 하나님의 뜻이 회중의 뜻 뒤에 위치하고 있는 것이다. 더욱이 정작 하나님의 뜻을 묻는 대목은 어디에서도 찾아볼 수 없다. 오히려 "뭇 백성의 눈이 이 일을 좋게 여기므로 온 회중이 그대로 행하겠다"(4절)는 말을 듣고 다윗은 하나님의 궤 이주 계획을 실행한다. 이 계획이 성공하면 다윗성은 정치뿐만 아니라 종교까지 아우를 수 있는, 명실 공히 이스라엘의 중심이 될 수 있었다. 명분이 있었고 실리가 있었다. 영적으로 보였고, 믿음의 역사이며 선하고 좋은 일로 보였다. 하지만 중간에 소들이 뛰었고, 웃사가 손을 폈고, 하나님이 진노하셨다.

베레스 웃사(하나님이 베레스에게 진노를 터뜨리심)! 인간의 계획이 산산이 깨어졌고 비로소 다윗은 하나님이 두려워 하나님의 궤를 함부로 자기가 있는 곳으로 자기 마음대로 가지고 올 수 없음을 깨달았다.

하나님은 인간이 만홀히 여길만한 대상이 아니시다. 내 마음대로 이용할 수 있는 대상은 더더욱 아니시다. 다윗은 마땅히 두려워해야 할 하나님을 그 일과 관련해서는 실상 두려워하지 않은 셈이었다. 웃사 역시 마찬가지였다. 하나님의 궤는 본디 고핫 자손(레위인)이 채에 꿰어 매고 이동해야 했다. 아무리 레위인이라 할지라도 하나님의 궤를 직접 만질 수는 없었다. 그러나 어찌된 영문인지 하나님의 궤는 새 수레에 실렸고 소가 끌었다. 블레셋이 하나님의 궤를 다루는 것과 똑 닮아 있었다. 하나님의 말씀에 철저한 다윗이 이런 큰 실수를 했다는 사실이 나는 얼른 믿어지지가 않는다. 모세 오경에 말씀하셨듯이 왕은 율법의 말씀을 복사하여 자기 곁에 두고 항상 그 말씀을 상고하고 그 말씀대로 백성들을 통치하도록 되어 있다. 당시의 선지자들이나 제사장들 그리고 레위인들도 이해가 안 된다. 임금이 새 수레를 준비하여 법궤를 이동하려 할 때 당연히 나서서 그것은 모세 율법에 위배되는 일이라고 진언했어야 하는데 아무도 그렇게 한 자가 없었다.

이상한 점은 또 있다. 웃사가 하나님의 진노로 죽었으면 다윗은 하나님께 엎드려 그 이유를 물었어야 했다. 그리고 문제를 해결한 후에 끝까지 법궤를 다윗 성으로 옮겨야 했다. 그러나 다윗은 그렇게 하지 않고 오벳에돔의 집에 무책임하게 맡겨 버렸다. 그리고는 나중 오벳에돔이 법궤로 인하여 복을 받는 모습을 보고 그제서야 이제 성경대로 레위인 고핫 자손들을 동원하여 법궤를 옮겼던 것이다.

나중 천국에서 다윗을 만나면 이 부분을 나는 꼭 물어보려고 한다. 그러나 굳이 다윗이 설명해 주지 않아도 어느 정도 짐작되는 것들이 있다. 그것은 다윗이 베레스 웃사 사건을 보고 법궤를 몹시 두려워했다는 사실이다. 그래서 충격을 받아 선뜻 법궤를 다윗성에 모시지 못했고 오벳에돔의 집에 임시로 맡겨 놓았던 것이다. 그 후 오벳에돔이 복을 받는 것을 보고서야 비로소 그 두려움에서 벗어나 안심하고 법궤를 모셨다.

아무리 선한 일이라도 방법이 잘못되면 베레스 웃사 사건처럼 하나님이 싫어 하신다. 반면 오벳에돔처럼 아무리 환경이 급박하고 두려운 상황이라도 하나님을 사랑하는 마음으로 충성하면 하나님은 화를 복으로 바꾸어 주신다.

기도

"주여,
나를 가르치사 아무리 주를 위한 일이라도 주님이 기뻐하시는 방법대로 행하게 하시고, 내 열심에 함몰되어 주의 이름을 나의 명예와 이익을 위한 재료로 삼지 않게 인도해 주소서. 예수님의 이름으로 기도합니다." 아멘.

오늘의 본문 성경을 읽으시고 깨달은 점이나 기억하고 싶은 점 혹은 기도문을 기록합니다.

4월 14일

1년 1독 365일 성경통독, 꿀송이 보약큐티
대상 16장~18장

● 묵상 자료 ●

1. 하나님 앞에 조용히 앉아 기도하다

대부분의 사람들은 일상적으로 몸이 깨는 시간을 지나서도 계속 누워있게 되면 몸이 오히려 더 무겁고 불편함을 느끼게 된다. 일을 많이 하시는 어른들은 몸을 움직이는 것이 낫지 계속해서 쉬면 더 아프다는 말씀을 하신다. 계속 몸을 쓰고 움직이다 보면 아픈 것도 사라지고 더 건강해지는데 가만히 있다 보면 생각도 많아져서 자꾸 움직여야 된다는 말씀을 하시는 것이다.

사람들은 가만히 있는 것을 불편해하고 가만히 있으면 어찌해야 될지 모르는 경우가 많이 있다. 여름철에 며칠 되지 않는 휴가를 얻어 쉬러 가지만 어떻게 사용해야 될지를 막막해하는 사람들도 많이 있다. 오히려 휴가 기간에 푹 쉬지 못하고 더 피곤해서 일터로 돌아온다.

신앙생활을 할 때도 쉬어야 될 때도 있고 열심히 움직여야 될 때도 있다. 하나님 앞에서 가만히 하나님만 묵상하고 자신을 돌아봐야 할 때도 무조건 열심히 하는 것이 진리인 것처럼 살아간다. 그것이 마냥 좋은 것만은 아니다. 하나님을 묵상하고 하나님 앞에 엎드려 있어야 될 때는 멈추는 것이 좋고 주께서 우리에게 맡기신 일을 열심히 해야 될 때는 그 일을 열심히 하는 것이 은혜이다. 하나님께서 주신 때를 분별하는 것이 하나님의 백성들에게는 꼭 필요한 지혜인 것이다. 오늘 다윗이 그 지혜를 우리에게 가르쳐 주고 있다.

다윗은 이제 통일 이스라엘의 왕이 되었다. 이스라엘의 왕이 되고 난 후 그는 예루살렘 성을 다윗성이라 이름하고 도읍으로 정했다. 성에 와보니 허전한 것이 있었는데 하나님의 언약궤가 그 성에 없었다. 그래서 많은 어려움을 극복하고 하나님의 언약궤를 다윗성에 모셨다. 이제 하나님의 언약궤까지 모시자 그는 더 이상 바랄 것이 없었다.

그런데 이제 다시 돌아보니 자신은 왕궁에 살고 있는데 하나님의 궤는 아직 성막 안에 거하고 있는 것이 마음에 걸렸다. 선지자 나단을 불러서 그에게 자기의 마음을 털어놓는다. "나는 이 좋은 백향목 궁에 살거늘 하나님의 궤가 저 천막 안에 거하는 것이 불편하구나."

나단은 왕의 마음에 좋은 대로 하시라고 조언을 했다. 다윗은 이제 성전을 짓겠다고 결심했다. 아주 좋은 성전, 지금까지 역사 이래 없었던 위대한 성전을 건축하겠다고 결정했다. 그런데 그날 밤 하나님께서 나단에게 나타나셔서 성전 건축을 막으신다. 역대상 17:4 이다.

"가서 내 종 다윗에게 말하기를 여호와의 말씀이 너는 내가 거할 집을 건축하지 말라"

하나님께서 분명하고 단호한 어조로 다윗 왕에게 성전건축을 하지 말 것을 전하라고 하셨다. 그 이유는 오늘 본문에는 나오지 않지만 다윗이 전쟁하면서 피를 너무 많이 흘렸기 때문에 막으셨다. 다윗은 성전 건축을 위한 준비만 하고 아들이 이룰 것이라고 하셨다. 그러나 하나님은 다윗이 이렇게 건축할 마음을 품었다는 것이 너무 귀하고 아름다워서 하나님께서 다윗의 나라를 영원히 견고하게 세우겠다고 다윗을 위로해주시고 다윗 언약을 세우셨다. 역대상 17:14 이다.

"내가 영원히 그를 내 집과 내 나라에 세우리니 그의 왕위가 영원히 견고하리라 하셨다 하라"

다윗뿐만 아니라 다윗의 왕위가 아들과 자손들에게까지 이어져서 영원히 견고하게 될 것을 말씀 하셨다. 하나님께서 말씀하신 "영원히"라는 말은 그대로 이루어졌다. 다윗의 자손 중에 예수 그리스도가 나셔서 왕 중의 왕이 되셨고 그리스도의 왕위가 영원토록 이어질 것이기 때문이다.

다윗은 하나님의 성전을 짓겠다는 귀한 마음만 품었을 뿐인데 하나님은 그의 왕위를 영원히 견고하도록 허락해 주셨다. 하나님의 말씀을 듣고 난 후에 다윗은 하나님 앞에 들어가 엎드려 기도하고 그 앞에 앉았다. 역대상 17:16 말씀이다.

"다윗 왕이 여호와 앞에 들어가 앉아서 이르되 여호와 하나님이여 나는 누구이오며 내 집은 무엇이기에 나에게 이에 이르게 하셨나이까"

우리가 16절 말씀에서 눈여겨보아야 할 것은 '앉아서'라는 말이다. 다윗이 가만히 앉아 있는 것이 어색하지 않은가? 우리가 아는 다윗은 들판을 뛰어다니던 목동이었다. 사울에게 발탁되어서 이스라엘의 군대장관이 되었을 때도 전장을 누비며 뛰어다니며 적군들을 무찌르는 모습이 훨씬 더 익숙하다. 사울에게 쫓겨나서 광야를 헤매고 다닐 때도 한 곳에 머물지 않았다. 왕이 되고 나서도 그는 전장의 중심에 있었다. 가만히 여호와 앞에 들어가 앉아 있는 것은 다윗에게도 우리에게도 익숙하지 않다.

하지만 하나님이 그에게 이 말씀을 하신 이후에 그는 여호와 앞에 들어가 가만히 앉아 있었다. 그가 가만히 여호와 앞에 앉아 있는 이 시간이 그에게는 가장 필요한 시간이었다. 여호와의 성전을 짓기 위해서 동분서주하고 먼지바람을 일으키며 이곳저곳을 뛰어다니는 것보다 하나님 앞에 가만히 앉아 있는 것이 그에게는 더 중요한 시간이었다는 것이다.

하나님의 금지명령, 성전을 짓지 말라는 명령에 순종해서 그 앞에 엎드려 앉아 있는 다윗이 위대한가? 그렇지 않으면 하나님 뭐라 말씀하시든 먼지를 일으키며 성전을 건축하며 동분서주하는 모습이 위대한가? 하나님의 말씀에 순종해서 하지 말라고 하신 말씀을 그대로 받고 가만히 앉아서 기도하는 다윗의 모습이 하나님 보시기에 더 위대하고 아름다운 모습이라는 것이다.

오늘 우리가 때를 따라 시기를 분별하며 여호와 앞에 가만히 앉아 있는 모습은 하나님 보시기에 가장 아름다운 모습이다. 가만히 앉아 있는 우리가 하나님 앞에서 얻는 유익이 무엇인가? 가만히 앉아 기도하다 보면 나 자신을 발견한다. 가만히 기도하다 보면 우리 자신의 잘못된 모습을 객관적으로 관찰할 수 있다. 또한 가만히 앉아 기도하다 보면 상황을 객관적으로 바라볼 수 있다. 상황에 빠져 뛰어다니며 열심히 일하다 보면 무엇이 문제인지 발견할 수 없는데 한 발짝 떨어져서 가만히 있다 보면 문제의 본질을 파악할 수 있다.

또한 앉아서 기도하면 하나님의 마음을 더 깊이 깨닫는다. 그러므로 기도하는 것은 하루 중 가장 고요할 때 꼭 필요한 일이다. 나를 발견하고 상황의 본질을 깨닫고 하나님의 마음을 발견하는 이 시간이 가장 귀한 시간이 아니겠는가?

● 오늘의 말씀에 대한 나의 묵상 ●

오늘의 본문 성경을 읽으시고 깨달은 점이나 기억하고 싶은 점 혹은 기도문을 기록합니다.

1년 1독 365일 성경통독, 꿀송이 보약큐티

대상 19장~21장

● 묵상 자료 ●

1. 다윗의 인구 조사(대상 21장)

1) 사탄이 다윗을 충동하다(참고, 삼하 24:1).

사탄에게 틈을 준 다윗은 잠시 하나님을 잊고 엉뚱한 욕심에 사로잡힌 탓에 사단의 시험에 넘어졌다 : 하나님의 능력으로 살아온 다윗이 그 결과에 취하여 하나님 대신 자신의 병력에 눈을 돌렸기 때문에 사탄이 틈을 탄 것이다. 먹고 살만하게 되자 통장의 잔고를 세며 흐뭇해하는 잘못을 저지른 것이다. 그럴수록 더 하나님을 의지해야 한다. 사무엘하 24:1절을 참고하면 이스라엘이 하나님을 진노하게 하셨기 때문에 다윗에게 이런 생각이 든 것이고 사탄이 이런 기회를 타는 것을 하나님께서 내버려두신 것이다. 아마도 백성들이 압살롬에게 동조하여 나라를 어지럽게 한 일에 대한 징계가 아닐까?

2) 백성을 계수하는 것이 잘못인가? 심지어 요압이 말리는 것(3)을 보면 그런 것 같은데?

원래 합법적인 인구조사는 제사장이 하고 속전을 내도록 되어 있다(민 1:3, 26:1~2, 출 30:2). 이를 통해서 하나님의 백성이 얼마나 많아졌는가를 알아보아야 한다. 다윗은 자기 군사가 얼마나 되는지 알고 싶었고, 제사장 대신 군대장관을 동원하여 인구를 조사하였다. 전쟁터에서 실전을 계속하는 장군이 오히려 군사의 숫자에 무심한 것이 이상하게 여겨지지만 전투의 현장에서는 결코 숫자가 아니라 하나님의 임재와 도우심이 승리를 가져다준 것을 요압도 알았다. 그래서 왕을 말리는 것을 보면 요압도 대단한 충신인데 나중에 보면 또 변질된다. 현명한 다윗이 여기서는 신하의 충언을 듣지 않는다!

3) 요압과 백성의 지도자들이란 지금 말로 하면 국방장관이나 군의 총책임자다. 이런 분들이 자리를 비우고 지방을 돌아다니며 한가로이 인구조사를 할 수 있을까? (삼하 24:8을 보면 거의 열 달이 걸려 인구조사가 완료되었다)

모든 전투가 다 끝나고 평온한 시기이었다는 뜻이다 : 평안하고 여유로울 때가 되면 그 동안의 업적을 뒤돌아보게 된다. 이때 이 모든 것이 하나님께서 주신 것이라는 생각이 들면 감사가 나오겠지만 자신이 고개를 들면 사탄이 설치게 된다. 자기가 잘 나서 나라가 이렇게 평온해진 것이 아님을 잘 알텐데... 우리가 잘 먹고 잘 살 때 특히 하나님을 잊지 말아야 한다.

4) 선지자가 제시한 선택 과목은 셋이다. 그중에서 하나를 고르는 다윗의 기준은 무엇인가?

매를 맞아도 하나님께 맞겠다는 것(13) : 범사에 하나님을 잊지 않는 다윗다운 태도다. 어느 재앙이든지 하나님의 손에 달린 것은 틀림없지만 중요한 것은 재앙을 받아들이는 그의 마음이다. 잠시 흔들렸던 다윗이 하나님의 말씀을 듣자 즉시 제 정신을 차린 모양이다. 설령, 실수를 했다고 해도 재빨리 인정하고 정신을 차려야 더 큰 비극을 막을 수 있다. 참고로 3년 기근이 사무엘서에는 7년 기근으로 나와 있는데(삼하 24:13) 문맥상으로 보면 여기 기록이 정확한 것으로 여겨진다.

5) 다윗의 범죄로 말미암아 죽은 사람이 7만 명이었다는데(14) 이것은 어마어마한 재앙이다. 이들은 다윗 때문에 억울하게 죽은 것 아닌가?

하나님께서 징계하시려고 한 것은 다윗이 아니라 이스라엘이었다(1절). 이유가 명시되어 있지는 않으니 추측을 할 수밖에 없다. 쉽게 짐작이 가는 이스라엘 전체의 범죄행위는 압살롬의 난과 세바의 난에 동조한 죄일 것이다. 다윗의 잘못이 있다고 하더라도 백성들이 다윗을 배신하고 압살롬을 추종한 것은 하나님께서 보시기에 명백한 범죄행위였다.

6) 이왕 맞을 매라면 하나님에게 직접 매를 맞겠다는 다윗의 선택이(13) 제대로 맞아떨어진 셈이다. 하나님께서 뉘우쳤으니 말이다.

하나님은 왜 하필이면 오르난의 타작 마당 곁에서 이렇게 마음을 돌리셨을까? 이 곳이 과거에 어떤 장소이었는지 훗날 어떤 장소가 되는지 알아야 하는데?

아브라함이 이삭을 제물로 드린 곳, 성전이 세워지는 곳, 예수님께서 고난당하신 곳 : 범죄한 자기 백성을 위해서 하나님의 아들의 고난이 눈에 보이는 곳이다. 우리가 구원을 얻고 의롭게 된 것도 우리의 모습을 보시는 것이 아니라 우리에게서 피묻은 자신의 아들을 보신 것이다. 애굽에서 죽음의 천사가 이스라엘 백성들의 집을 넘어간 것도 문에 바른 피를 보셨기 때문이다. 참고로 오르난은 히브리식 발음이고 사무엘하 24:16의 아라우나는 여부스식 발음이라고 한다.

가장 두려운 형벌의 장소가 가장 은혜로운 성전이 되었다! 골고다는 가장 무서운 형벌의 장소였지만 죄인들을 구원하는 가장 은혜로운 자리로 변하였다. 아멘.

오늘의 본문 성경을 읽으시고 깨달은 점이나 기억하고 싶은 점 혹은 기도문을 기록합니다.

....

....

....

....

....

....

....

....

....

....

....

....

◦ 묵상 자료 ◦

1. 레위인들의 직무(대상 23장)

역대상 23장부터 27장까지는 다윗이 성전의 행정과 예배를 위해서도 얼마나 철두철미하게 준비했는지를 보여준다. 특히 23장은 성전 중심의 신정국가의 기틀을 확고하게 하는 데에 중요한 역할을 한 레위인들의 직무에 대해서 설명하고 있다. 역대상 23:1~2을 보자.

"다윗이 나이가 많아 늙으매 아들 솔로몬을 이스라엘 왕으로 삼고, 이스라엘 모든 방백과 제사장과 레위 사람을 모았더라"

다윗왕은 아들 솔로몬에게 왕위를 물려준 후, 국가의 지도자들과 제사장과 레위 사람을 한데 모았다. 오직 여호와 하나님만을 참된 하나님으로 섬기고, 그분의 사랑받는 백성이 되기를 원하는 다윗의 국정철학 때문이다. 다윗이 장차 솔로몬 통치 하에 성전을 섬길 서른 살 이상의 레위인을 계수하니 3만 8천 명이었다. 다윗은 레위인들을 네 개의 직무로 나눠 인원을 배치했다. 2만 4천 명에게는 성전에서 예배의 직무를 맡겼고, 6천 명에게는 관리와 재판을 맡겼고, 4천 명은 문지기, 나머지 4천 명에게는 찬양대를 맡겼다.

광야 시대에 성막과 제사에 필요한 기구들을 옮기는 일을 맡았던 레위 지파는 가나안 땅에 정착한 이후 더 이상 성막의 기구를 멜 필요가 없어졌다. 여러 성읍으로 흩어져 제사의 일에 종사하던 그들에게 이제 새로운 임무가 부여되었다. 이스라엘 백성들에게 평화를 주시고 영원히 백성 가운데 거하실 하나님을 예배하는 성전에서의 직무가 레위인들에게 주어진 것이다. 이 일을 맡은 레위인들의 직무수행수칙은 무엇이었는가?

역대상 23:24을 보자.

"이는 다 레위 자손이니 그 조상의 가문을 따라 계수된 이름이 기록되고 여호와의 성전에서 섬기는 일을 하는 이십세 이상 된 우두머리들이라"

성전으로 부름 받은 이들이 잊지 말고 기억해야 할 첫 번째 사실은 그들은 "섬기는 일"을 위해 부름 받았다는 사실이다. 다시 말하면 레위인의 직무수행수칙 제1장 제1조는 "우리는 성전에서 섬기기 위하여 부름 받았다"라는 것이었다. 여기서 "섬김"으로 번역된 히브리어 "아바드"는 노예의 굴종적 섬김이 아니다. 패자에게 부과된 벌도 아니다. 그렇다면 오늘 본문 속 레위인들의 직무, 즉 "섬김의 일"이란 어떤 것이겠는가?

섬김의 직무

첫째, 레위인의 섬김은 "도와주는 섬김"이었다. 대상 23:28~29이다.

"그 직분은 아론의 자손을 도와 여호와의 성전과 뜰과 골방에서 섬기고 또 모든 성물을 정결하게 하는 일 곧 하나님의 성전에서 섬기는 일과 또 진설병과 고운 가루의 소제물 곧 무교전병이나 과자를 굽는 것이나 반죽하는 것이나 또 모든 저울과 자를 맡고"

레위인들의 첫 번째 직무는 제사장의 역할을 하는 아론의 자손들을 돕는 일이었다. 어떤 레위인들은 성전에서 제사장들이 기거하는 방을 관리했다. 어떤 레위인들은 공무를 수행하는 안뜰을 관리했다. 어떤 레위인들은 제사용 기구와 도구를 닦았고, 어떤 레위인들은 상에 차릴 제사용 빵을 구웠으며, 어떤 레위인들은 양을 재고 무게를 다는 역할을 맡았다. 이러한 레위인들의 역할은 제사장들을 직간접적으로 돕는 일이었다.

병원에서는 의사와 간호사들만 존재하지 않는다. 관리하는 사람, 청소하는 사람, 요리하는 사람, 수납하는 사람… 이런 직무를 맡은 누군가의 섬김이 있어야만 의사가 의사노릇을 할 수 있고, 간호사가 간호사 노릇을 할 수 있고, 병원이 병원 될 수 있다. 축구경기에도 모두가 골 넣는 역할을 하지 않는다. 수비하는 사람, 연결하는 사람, 어시스트하는 사람, 감독하는 사람, 선수들의 건강을 관리하는 사람… 여러 역할을 맡은 다양한 사람들이 있어야 하나의 축구팀이 제대로 운영된다.

교회도 마찬가지이다. 교회에는 예배를 인도하고 설교하는 목회자만 있지 않다. 예배 안내팀, 친교팀, 관리팀, 찬양대, 주방팀, 계수팀, 상조팀 등 다양한 역할을 맡은 여러 성도들이 이름 없이 빛도 없이 감사하며 도와가며 섬긴다. 그래야 예배가 예배될 수 있고, 교회가 교회 될 수 있는 것이다.

둘째, 레위인의 섬김은 "예배를 돕는 섬김"이었다. 역대상 23:30~31이다.

"아침과 저녁마다 서서 여호와께 감사하고 찬송하며 또 안식일과 초하루와 절기에 모든 번제를 여호와께 드리되 그가 명령하신 규례의 정한 수효대로 항상 여호와 앞에 드리며"

레위인들의 직무 대부분은 성전 제사를 중심으로 기능하였다. 특히 어떤 레위인들은 아침저녁으로 드리는 제사에 참여하여 찬양대로 섬겼고, 순번을 따라 매 안식일과 초하루와 절기 제사에 참여하여 제사장들을 도와 섬겼다. 섬김으로 번역된 히브리어 "아바드"는 또한 "예배"로도 번역된다. 그래서 영어로 "서비스"(service)는 남을 돕는 봉사라는 뜻도 있지만, 예배를 뜻하는 단어로도 사용된다. 그러므로 레위인들은 섬김의 사람들이자 동시에 예배의 사람들이었다고 할 수 있다.

섬김과 예배에는 공통점이 있다. 둘 다 자신의 자아를 죽이고 상대를 높인다는 데에 있다. 내 이름을 드러내고 싶고, 내 가치를 높이고 싶은 생각이 앞선다면 섬김도 어려워지고, 예배도 성공할 수 없다.

우리는 그리스도 예수의 지체이다. 어떤 직분, 어떤 역할을 맡았는가? 그 일이 앞에서 이끄는 일인가? 뒤에서 미는 일인가? 어떤 위치에 있든 우리는 그리스도를 머리로 삼아 서로 도우라고 부름 받은 지체임을 잊지 않아야 한다. 또한 모든 일을 주께 하듯 하여, 삶이 예배이고 예배가 삶이 되는 예배와 섬김의 사람들이 되어야겠다. 그러면 은밀한 가운데에서 은밀히 보시는 하나님께서는 성실하게 섬기는 이들의 그 수고를 기억하실 것이다.

● 오늘의 말씀에 대한 나의 묵상 ●

오늘의 본문 성경을 읽으시고 깨달은 점이나 기억하고 싶은 점 혹은 기도문을 기록합니다.

묵상 자료

1. 성전을 사모하는 마음

역대상 29:3에 다윗이 백성들에게 성전 건축헌금을 독려하면서 국가의 힘으로 준비한 것 외에 자신부터 솔선수범하여 개인적으로 금 삼천 달란트와 은 칠천 달란트라는 엄청난 거액의 헌금을 하나님께 바치며 성전을 사모하는 자신의 심경을 피력한다.

성전을 위하여 준비한 이 모든 것 외에도 내 마음이 내 하나님의 성전을 사모하므로 내가 사유한 금,은으로 내 하나님의 성전을 위하여 드렸노니 대상 29:3

역대상 22장부터 시작하여 역대상이 끝나는 29장까지의 내용은 온통 성전 건축 준비와 풍성한 헌금 그리고 그와 같은 헌신에 감사하는 찬양과 기도로 가득 채워져 있다. 이는 성경 저자인 에스라가 이방의 땅에서 나라 잃은 오랜 설움의 기간 동안 얼마나 성전을 사모하며 성전과 예배의 소중함을 뼈저리게 느꼈으면 이렇게 기록하였을까 짐작케 한다. 그래서 시편에 성전에 올라가면서 부르는 노래 중에 그들이 감격하며 고백하는 것들 중에 이런 것이 있다.

"여호와께서 시온의 포로를 돌려 보내실 때에 우리는 꿈꾸는 것 같았도다. 그때에 우리 입에는 웃음이 가득하고 우리 혀에는 찬양이 찼었도다. 그 때에 뭇 나라 가운데서 말하기를 여호와께서 그들을 위하여 대사를 행하셨다 하였도다. 여호와께서 우리를 위하여 대사를 행하셨으니 우리는 기쁘도다. 여호와여 우리의 포로를 남방 시내들 같이 돌려 보내소서. 눈물을 흘리며 씨를 뿌리는 자는 기쁨으로 거두리로다. 울며 씨를 뿌리러 나가는 자는 반드시 기쁨으로 그 곡식단을 가지고 돌아 오리로다. "(시 126편) 아멘.

　　나라 잃고 이방의 땅에서 제대로 예배도 못 드리며 살아 가던 때 그들은 바벨론 강가에서 옷을 나무에 걸어 놓고 예루살렘 성전을 사무치게 그리워 하며 그 성전에서 예배하던 때를 추억하고 한없이 울었다. 이제 하나님의 긍휼로 다시 예루살렘에 귀환한 그들은 성전 예배의 소중성을 알고 레위인들을 시켜 성전을 관리케 했다. 다윗의 시대의 기록을 보면 문지기 숫자만 4 천명이었다고 하니 그 열정과 규모가 어떠했을 지 짐작이 간다. 찬양하는 일에 종사하는 사람만 또 4천 명이었는데 각종 악기를 다 동원하고 아침, 저녁으로 찬송하며 하나님을 경배했다. 역대상 9:33 말씀은 내게 너무나 인상 깊게 남아 있다.

> 또 찬송하는 자가 있으니 곧 레위 우두머리라. 그들은 골방(성전 안에 있는 찬양하는 사람들을 위한 방)에 거주하면서 주야로 자기 직분에 전념하므로 다른 일은 하지 아니하였더라 대상 9:33

> 지존자여 십현금과 비파와 수금으로 여호와께 감사하며 주의 이름을 찬양하고 아침마다 주의 인자하심을 알리며 밤마다 주의 성실하심을 베풂이 좋으니이다
> 시 92:1

> 보라 밤에 여호와의 성전에 서 있는 여호와의 모든 종들아 여호와를 송축하라
> 시 134:1

　　해가 지고 다음날 아침 다시 해가 뜰 때까지 성전에서는 무슨 일이 일어났을까? 성경은 성전이 낮뿐 아니라 밤에도 특별한 프로그램 가운데 돌아가고 있었음을 보여준다. 성전에는 밤에도 찬양이 끊이지 않았다. 찬송하는 레위인들이 밤낮으로 여호와 하나님을 찬양했기 때문이다. 그들은 자기 직분 곧 찬양하는 일에 전념하기 위하여 다른 일들은 하지 않았다. 또한 성전의 문지기들 조차도 밤에 잠을 자지 않고 성전을 위해 봉사했다. 성전으로 들어오는 문들을 지키는 일은 제사장이 아니라 레위인이 했다. 이들은 주로 이방인과 비록 이스라엘 사람일지라도 레위기의 정결법상 부정한 자의 성전 출입을 엄격하게 금지하는 일

을 했다.

밤에는 성전의 문들 가운데 24곳에 불침번(不寢番)을 섰다. 21곳은 레위인들이 지키고, 성전 안쪽의 문들 가운데 세 곳은 레위인과 제사장이 함께 지켰다. 각 조는 열 명으로 구성되었고, 성전 안쪽의 세 곳은 레위인과 제사장 각각 열 명씩 30명이 지켰다. 결국 레위인 240명과 제사장 30명이 밤에 성전 곳곳에서 불침번을 선 것이다. 저녁 6시부터 다음날 새벽 6시까지의 밤 시간을 유대인들은 '3경'으로 나누었고, 로마인들은 '4경'으로 나누었다. 예수님의 비유 가운데 나오는 이경(밤 10시-새벽 2시), 삼경(새벽 2시-6시)은 사람들이 가장 깊은 잠에 빠져 있는 시간이다.

성전 수비대 감독은 밤에 수시로 순찰을 하고, 불침번은 순찰 중인 감독이 오면 합당한 예를 표해야 했다. 만약 불침번을 제대로 서지 않고 졸고 있는 것이 발견되면, 그는 매를 맞고 옷을 빼앗겨 불에 태워지는 수치를 당했다. 이처럼 현대의 우리가 상상하는 것 이상으로 구약의 성전은 소중했으며 수많은 사람들이 동원되어 심혈을 기울여 관리하고 섬겼던 것을 알아야 한다.

역대상 9장 1절로부터 3절에 기록하기를 "온 이스라엘이 그 계보대로 계수되고 이스라엘 열왕기에 기록되니라 유다가 범죄함을 인하여 바벨론으로 사로잡혀 갔더니 먼저 그 본성으로 돌아와서 그 기업에 거한 자는 이스라엘 제사장들과 레위 사람과 느디님 사람들이라 유다 자손과 베냐민 자손과 에브라임과 므낫세 자손 중에서 예루살렘에 거한 자는"이라고 했다.

성전을 중심으로 섬길 자들을 핵심적으로 하나님은 먼저 귀환시키셨다고 1절은 말한다. 하나님은 성전에서 섬기는 자를 특별하게 여기시고 그들에게 먼저 자비의 손길을 베푸셨다. 유다를 비롯한 전 이스라엘이 바벨론으로 사로잡혀 가게 된 이유는 "유다가 범죄함을 인함"이었다. 다윗 왕조, 메시아 가문을 잇는 이 유다 지파도 범죄했으니 다른 지파들은 물론 두말할 필요조차 없었다. 「유다가 범죄함을 인하여 바벨론으로 사로잡혀 갔었다」 - 이 사실을 기억하지 않고는, 이 사실을 먼저 인정하지 않고는, 바벨론에서 해방을 받은 것이나 조국 재건설 등에 대한 참된 의미를 찾을 수가 없다. 하여튼 그렇게 포로 생활을 하다가, 이들은 해방을 얻었다. 그리고 그 중에 일부가 「먼저 그 본성으로 돌아왔던」 것이다. 하지만 그들은 옛날 열두 지파가 나뉘어져 있을 때의 원래의 소유지와 성읍을 그대로 다시 찾아서 살게 된 것은 아니었다. 이 1차로 돌아온 사람들은 일단 예루살렘을 중심으로 삶의 기반을 잡아가기 시작했다. 지리적으로 다 예루살렘 성 안에 산 것은 아니었지만, 그 성을 중심으로 하여 새 생활을 시작했던 것이다. 현실적으로 볼 때에는 이 귀환한 이스라엘 백성들은 아무 것도 손에 가진 것이 없는 자들이었다. 이들은 가난했고, 예루살렘 성은 불타고 파괴되어 있었으며, 그들을 적대하는 이방 민족들에게 사면초가 상태로 둘러싸인 형편에 있었다. 그럼에도 불구하고 그들은 무조건 조국으로 돌아와서 그 폐허가 된 예루살렘을 중심으로 자기 생활 터전을 잡고 기업을 일구어 나가기 시작했다. 마땅히 돌아와야 할 곳으로 먼저 돌아온 자들, 비록 다 무너져 있는 돌덩어리에 불과한 예루살렘 성이지만, 바로 이 곳을 중심으로 자기 조국에 대한 하나님의 뜻을 새로이 성취해 나가야 할 사명감을 가지고 본성으로 돌아온 이들이야말로, 그 계보대로 계수된 수많은 이스라엘 사람들 중에서 군계일학들처럼 돋보이는, 실로 특별한 사람들이었다. 그래서 이 역대상의 족보에서는 이처럼 본성에 돌아와 '예루살렘을 중심으로' 살았던 이 사람들이 바로 이스라엘의 역사에 길이 그 이름을 남기게 될 특별한 사람들이라고 따로 명단을 뽑아 놓은 것이다.

이 지상교회에 수많은 교인들이 있지만 그 중에서도 과연 어떤 교인들이 특별한 하나님의 사랑을 받는 교인들일까? 자기의 직업에 충실하면서도 자기의 모든 마음이 교회중심으로 사는 신자이다. 역대상 9장에 나오는 귀환한 레위인들은 참으로 특별한 헌신자들이었다. 이들은 옛날의 레위인들처럼 그 생계비가 보장될 수도 없는 형편이었다. 아니 모든 것들이 옛날처럼 회복되기까지는 자기 스스로 생계를 조달해야 했을 뿐 아니라, 당장 시급한 예루살렘 성벽과 성전 재건 공사라는 대공사에 자기네들이 먼저 앞장서서 중노동을 해야 할 처지였다. 그럼에도 불구하고 이들은 예루살렘으로, 그 불탄 성전터만 남아 있던 자리로 돌아온 것이다. 「하나님의 전의 일에 수종들 재능이 있는」 일천칠백육십 명의 사람들은 그 모든 것을 맨땅에서 맨주먹으로 다시 시작해야 할 줄을 뻔히 알면서도 기꺼이 돌아왔던 것이다.

이 '일천칠백육십' 명의 제사장들과 레위인들과 느디님 사람들, 성전 봉사가 가장 어려운 시절에 전적으로 투신한 이 사람들의 값어치라는 것은, 과거 솔로 몬 시절 이제 막 성전이 건축되고 모든 것이 완벽했던 그 황금시대와는 비할 바가 못 될 정도로 소중한 것이었다. 그 때문에 이 역대상 9장에서는 바로 이 '일천칠백육십'명을 비록 일일이 다 기록할 수는 없었지만, 그 대표자들을 중심으로 이 특별 명단에 기록함으로써 전 이스라엘의 역사에 영원히 남도록 했던 것이다.

오늘날도 은혜받으면 나타나는 증상가운데 하나가 교회를 사랑하는 것이다. 은혜받았다고 하면서 주님이 피로 값 주고 세운 교회를 사랑하지 않는다면 가짜 은혜를 받은 것이다. 나도 주님의 지상 교회를 너무나 사랑했기 때문에 목사가 되었다. 나는 교회보다 더 소중한 것이 이 세상에 또 있는지 잘 모른다. 선교지에서도 비록 흑인 성도들이 모이는 교회지만 너무나 그들의 교회를 사랑하여 하나님이 내게 주신 모든 것을 항상 탈탈 털어 다윗이 성전을 위해 바쳤던 것처럼 바쳤다. 수십 개의 예배당들이 아프리카에 후원자들의 손길을 통해서 하나님은 세워지게 하셨다. 앞으로도 죽을 때까지 나는 이 교회들을 위하여 충성을 다할 것이다.

● 오늘의 말씀에 대한 나의 묵상 ●

오늘의 본문 성경을 읽으시고 깨달은 점이나 기억하고 싶은 점 혹은 기도문을 기록합니다.

....
....
....
....
....
....
....
....

대하 1장~3장

묵상 자료

1. 서로 다른 숫자들

역대하 2:18에 보면 성전 건축을 위해 뽑힌 이방인 일군들을 감독할 자의 수가 3,600명이라고 되어 있다. 그런데 열왕기상 5:16에는 3,300명이라고 적혀 있는데 어떤 것이 맞는 걸까? 이 두 기록은 명백한 모순처럼 보인다. 그런데 열왕기상 9:23에는 솔로몬의 사역 감독관이 550명이라고 되어 있는 반면에 대하 8:10에는 그들의 수가 250명으로 나와 있다. 여기에서도 300명 차이가 난다. 그런데 가만히 정리해 보니 결국 총 감독관의 숫자는 각각 3,850명으로 서로 일치한다. 따라서 역대하와 열왕기상의 숫자 차이는 솔로몬의 사역 감독관을 두 그룹으로 분리할 때 두 성경이 서로 다른 기준을 적용한 데서 온 기록상의 차이일 뿐 결코 서로 상이한 내용은 아니라는 것을 유추할 수 있다. 그리고 역대하 2:3에 솔로몬의 건축을 적극적으로 도와준 두로 왕 이름이 후람으로 나오는데 이는 히람과 동일 인물이다. 또한 역대하 3:4에는 낭실(성전 입구의 들어가는 현관을 낭실이라 함)의 높이가 120규빗(약 54m)이라고 적혀 있는데 이는 현대의 15층 건물 높이에 해당하는데 당시 본 성전의 크기에 비해 지나치게 높아 많은 성경 학자들은 필사자의 실수에 의한 사본상의 오류로서 낭실의 높이는 20규빗(9m) 정도로 추측하고 있다.

2. 성전의 두 기둥 야긴과 보아스

솔로몬 성전의 전면 낭실 앞에는 좌우편에 두 기둥이 우뚝 서 있었다. 오른편에 있는 기둥은 야긴이라 불렸고, 왼편에 있는 기둥은 보아스라는 이름을 가지고 있었다. 야긴은 "그가 세운다"는 뜻이고 보아스는 "그에게 능력이 있다"는 뜻이다. 즉 하나님은 참 성전이신 예수 그리스도를 통해 그의 나라를 세우실 것이며 그 일을 완성할 능력이 하나님께 있다는 뜻이다.

이 두 기둥은 18규빗 높이(대하 3:15에는 35규빗이라 적혀 있는데 이는 필사자의 오류로 잘못 기록한 것이고 왕상 7:15, 렘 52:21에 18규빗으로 적혀 있음)에 둘레는 5규빗 이상이 되는 둥그런 공같은 기둥머리를 놋으로 만들었다. 이 두 기둥의 머리부분에는 그물모양을 만들어서 거기에 많은 석류모양을 매달게 했는데 석류를 한 줄에 100개씩 두 줄로 두 기둥에 사슬로 연결시켰다.

기둥을 이렇게 만들었고 또 두 줄 석류를 한 그물 위에 둘러 만들어서 기둥 꼭대기에 있는 머리에 두르게 하였고 다른 기둥머리에도 그렇게 하였으며 왕상 7:18

모두 400개의 석류가 달렸는데 석류 속의 알맹이들은 많은 성도들을 의미한다. 성전에 들어가는 입구 기둥에 석류를 사슬로 매달고 그물처럼 만드신 하나님의 의도를 아는 것은 그리 어렵지 않을 것이다. 수많은 영혼을 그물로 건져 빠져나가지 못하도록 사슬로 엮어 하나님의 집으로 모으는 모습이 성전의 기본적인 임무 가운데 하나라는 것이다. 석류는 겉으로 보기에는 푸르고 아름답지만 속을 까보면 붉은 색의 단 것으로 되어 있다. 그래서 대개의 유대인들은 이 석류가 율법말씀을 의미하는 것으로 생각한다. 하나님의 말씀은 딱딱하고 재미없어 보이지만 그 안에는 하나님의 구원의 파노라마가 흐르고 있고 하나님의 사랑이 숨어 있다는 것이다.

낭실 기둥 꼭대기에 있는 머리의 네 규빗은 백합화 모양으로 만들었으며 왕상 7:19

성전 기둥 꼭대기는 백합화 모양으로 만들었다. 백합은 그리스도의 순결, 그리스도의 향기를 의미하고 있다. 히브리말로 백합을 "슈산"이라고 하는데 이 뜻은 아름다움, 백색, 순결을 의미한다. 하나님 성전에 기둥이 되는 사람들은 모두가 백합화처럼 향기롭고 경건하고 순결한 사람들이다. 마음이 깨끗한 자가 하나님을 만나고 어디서나 쓰임 받는다. 솔로몬 성전 앞에 있는 이 두 기둥의 가장 중요한 역할은 성전을 떠받치는 것이었다. 예수님은 우리의 야긴과 보아스가 되셔서 우리의 구원을 떠받쳐 주신다. 예수님은 하나님 나라 구원 역사에 유일한 기둥이시다. 예수님이 이렇게 우리의 구원 기둥이 되어 주시기에 우리의 구원은 안전하다. 우리들은 이 두 기둥 사이에 난 길을 통해서 하나님의 성소로 들어갈 수가 있다.

이기는 자는 내 하나님 성전에 기둥이 되게 하리니 그가 결코 다시 나가지 아니하리라 내가 하나님의 이름과 하나님의 성 곧 하늘에서 내 하나님께로부터 내려오는 새 예루살렘의 이름과 나의 새 이름을 그이 위에 기록하리라 계 3:12

● 오늘의 말씀에 대한 나의 묵상 ●

오늘의 본문 성경을 읽으시고 깨달은 점이나 기억하고 싶은 점 혹은 기도문을 기록합니다.

1년 1독 365일 성경통독, 꿀송이 보약큐티

대하 4장~6장

● 묵상 자료 ●

1. 성전을 위해 쓰임 받은 후람(대하 4장)

역대하 4장은 성전에서 사용되는 여러 가지 기구들을 보여준다. 먼저 놋으로 만든 제단, 놋으로 만든 바다, 놋으로 만든 10개의 물두멍을 소개한다. 그다음에는 금으로 제작한 열 개의 등잔대, 금으로 제작한 열 개의 상 등 다양한 성전 기구를 소개한다.

그런데 그 가운데 눈에 띄는 한 사람이 소개되는데 11절에 후람, 16절에 후람의 아버지이다. 11절, 16절이 다른 사람이 아니라 후람일 것으로 추측된다. 열왕기상 7장을 보면 후람은 과부의 아들로 소개하기 때문이다. 이 이름은 열왕기상 7장을 보면 '히람'으로 나온다.

그는 납달리 지파 과부의 아들이었다. 아버지는 두로 사람으로 대장장이였다. 유대 여인이 어떻게 이방 사람과 결혼하였는지 알 수는 없지만 남편을 잃고 아들을 키우는 어머니를 생각하면 '히람'은 그녀의 유일한 소망이었을 것이다. 그러나 그가 배운것이라고는 대장장이 기술뿐이었다. 그런 '히람'이 솔로몬 성전의 두 기둥 야긴과 보아스를 세웠고 성전에 사용되어지는 여러 기구들을 만들었다. 그리고 성경은 솔로몬과 더불어 이 사람의 이름을 언급하고 있다. 많은 사람들이 성전을 짓고 기구를 만드는 일에 동참했을 터이지만 성경이 유독 이 이름을 언급하고 있는 것은 그의 헌신이 남달랐기 때문일 것이다.

가정환경이나 삶의 처한 상황이 어렵고 낙망스러울지라도 하나님께 바르게 헌신하고 쓰임 받는다면 누구나 이 시대의 '히람'이 될 수 있다. 오늘 우리에게도 다양한 삶의 자리, 주신 능력과 은사들이 있다. 그것이 크든 작든 하나님 앞에 바르게 드려지고, 하나님께 온전한 쓰임을 받게 된다면 우리 삶도 여전히 소망 있는 삶이 될 것이다.

역대기가 주목하는 것은 성전이다. 이스라엘 백성들은 성전을 통해서 하나님의 임재를 경험했고, 회복을 얻었다. 오늘날 교회중심으로 산다는 것과 성전중심으로 산다는 것은 개념상 다름이 있다. 구약의 성전은 하나님께서 실제적으로 임재하심의 자리였다면, 교회는 하나님의 임재를 경험한 사람들의 모임이다.

이 시대에 우리를 회복시키는 것은 교회라는 건물이 아니라 말씀과 성령이다. 성령만 지나치게 강조하는 오순절계통의 교단은 열정은 있으나 말씀이 약한 부분이 있다. 또 반대적으로 말씀만 강조하여 경직된 율법주의의 경향으로 흐르기도 한다. 우리에게 필요한 것은 말씀과 성령이 조화를 이루는 신앙이다. 오늘날 주님의 교회에 히람같은 소중한 일군들이 석류알처럼 가득한 교회는 참으로 축복받은 교회일 것이다.

● 오늘의 말씀에 대한 나의 묵상 ●

오늘의 본문 성경을 읽으시고 깨달은 점이나 기억하고 싶은 점 혹은 기도문을 기록합니다.

....

....

....

....

....

....

....

....

....

....

....

....

대하 8장~10장

● 묵 상 자 료 ●

1. 솔로몬의 영화

역대하 9장은 솔로몬 통치의 마감을 서술하기 전에 다시 한 번 그의 지혜와 명성과 이스라엘의 번영에 대해 구체적으로 사례를 들면서 소개하고 있다.

1) 스바 여왕의 방문

솔로몬의 지혜와 명성은 널리 외국에까지 퍼져 멀리 아라비아 반도 서남부 지역에 위치한 사베안 왕국의 스바 여왕의 귀에까지 들렸다. 솔로몬의 지혜와 명성을 들은 스바 여왕은 솔로몬을 방문하기 위해 상당히 먼 거리를 여행하여 찾아왔는데 이때 그는 많은 수행원들을 대동하여 향품과 금과 보석을 싣고 왔다.

스바 여왕은 솔로몬의 지혜와 명성을 확인하기 위하여 풀기 어려운 난제들을 솔로몬에게 질문하였다. 스바 여왕의 어려운 질문에 대하여 솔로몬은 대답하지 못한 문제가 하나도 없었다. 솔로몬은 스바 여왕에게 하나님의 지혜가 어떠한 것인지를 분명히 보여주었던 것이다. 스바 여왕은 자신이 솔로몬에 대한 소식을 들을 때 그 사실을 믿지 않았으나 실제로 목도하니 듣던 소문보다 오히려 더 크다고 고백하였다. 그는 솔로몬에게 칭찬을 아끼지 아니하면서 그러한 솔로몬의 지혜를 날마다 들을 수 있는 신복들이 복되다고 말했다. 그리고 하나님을 찬양했는데 그 찬양의 제목은 솔로몬을 왕으로 세우시고 이스라엘을 공의롭게 다스리게 하여 주셨다는 것이다. 하나님을 찬양한 스바 여왕은 솔로몬에게 금 120달란트와 향품과 보석을 선물로 주었다

2) 솔로몬의 부귀

솔로몬은 실로 엄청난 부귀 영화를 누렸는데, 그에게 해마다 쏟아져 들어오는 세입금은 육백육십육 금 달란트라고 역대기 기자는 소개하고 있다. 이 것 외에도 무역하는 상인들과 아라비아 왕들과 방백들이 보내온 금과 은도 많았기 때문에 솔로몬의 재산은 참으로 엄청난 것이라고 할 수 있다. 당시 금 1달란트는 약 일천 오백 명이나 되는 노예 값을 지불할 수 있는 금액이었다. 따라서 솔로몬의 해마다 쏟아져 들어오는 세입금의 규모가 얼마나 엄청난 것인가를 우리는 짐작할 수 있다. 세입금과 각 나라의 왕들로부터 들어오는 조공과 선물 등으로 인해 솔로몬의 부는 극치에 도달하였다. 그에게는 금으로 된 큰 방패 이백과 작은 방패 삼백이 있었고 그의 보좌 역시 화려하게 꾸몄다. 그는 상아로 보좌를 만들고 금으로 입혔다. 또한 솔로몬이 사용하는 그릇은 모두 정금으로 만들었다. 비록 그의 나라에 금광이나 은광은 없었지만, 그보다 금과 은을 더 많이 가진 왕은 결코 없었다. 이러한 솔로몬의 부귀와 영화는 일찍이 기브온 산당에서 허락하신 하나님의 약속이 성취된 것이다(대하 1:12).

솔로몬 시대에는 예루살렘에 은이 돌같이 흔했고 백향목이 평지의 뽕나무같이 많았다고 역대기 기자는 증거하고 있다. 그러나 우리는 이러한 솔로몬의 영화가 앞으로 우리가 누릴 하늘의 영광을 예표하고 있음을 알아야 한다. 하늘나라는 황금으로 된 성이다. 도로가 황금길이다. 그 영화는 솔로몬의 영화와 비교할 수 없는 무한한 영광이다.

우리는 역대하 9장을 읽으며 하나님께서 성군 다윗에게 하신 언약과 그 아들 솔로몬에게 하신 말씀이 구체적으로 어떻게 실현되었는가를 확실히 알 수 있다.

오늘의 본문 성경을 읽으시고 깨달은 점이나 기억하고 싶은 점 혹은 기도문을 기록합니다.

1년 1독 365일 성경통독, 꿀송이 보약큐티
대하 11장~13장

묵상 자료

1. 남쪽으로 내려온 사람들(대하 11장)

역대하 11장의 말씀을 보면 남쪽 유다의 왕이 된 르호보암이 베냐민지파 사람과 자기 유다지파 남자들을 동원하는 장면이 나온다. 이유는 군인을 모아서 북쪽의 열 개 지파를 무력통일 하기 위해서였다. 그런데 그때 하나님의 사람 스마야에게 하나님이 나타나서 말씀하신다.

4절, "여호와께서 이같이 말씀하시기를 너희는 올라가지 말라 너희 형제와 싸우지 말고 각기 집으로 돌아가라"

이 말을 들은 르호보암은 순종하여 그 전쟁을 하지 않는다. 그래서 북쪽은 여로보암이 왕이 됐다. 그런데 그 여로보암은 산당에 우상을 세우고 각종 우상 제단을 섬기면서 여호와 하나님을 섬기던 레위 사람들과 그들의 제사장들을 다 해임시켜 버린다. 그리고는 레위 사람들이 아닌 다른 사람들을 제사장으로 자기 마음대로 세워 버렸다. 그런 상황에서 역대하 11:13부터 이렇게 기록된 말씀이 나온다.

"온 이스라엘의 제사장들과 레위 사람들이 그들의 모든 지방에서부터 르호보암에게 돌아오되…. 여로보암이 여러 산당과 숫염소 우상과 자기가 만든 송아지 우상을 위하여 친히 제사장들을 세움이라 이스라엘 모든 지파 중에 마음을 굳게 하여 이스라엘의 하나님 여호와를 찾는 자들이 레위 사람들을 따라 예루살렘에 이르러 그들의 조상들의 하나님 여호와께 제사하고자 한지라"

레위 사람들과 제사장들이 남쪽으로 내려오게 된 이유에 대해서 이야기를 하는데 하나님을 섬겨야겠다는 일념으로 남쪽으로 내려왔다는 것이다. 자기의 어떤 경제적인 상황이나 인간관계의 무슨 문제 때문에 남쪽으로 내려온 것이 아니라 신앙의 문제를 우선으로 삼고 내려왔다는 것이다.

> 그러므로 삼 년 동안 유다 나라를 도와 솔로몬의 아들 르호보암을 강성하게 하였으니 이는 무리가 삼 년 동안을 다윗과 솔로몬의 길로 행하였음이더라 대하 11:17

이렇게 하나님을 섬기고 하나님을 믿겠다는 그 믿음 하나 붙들고 남쪽으로 내려온 사람들 때문에 남유다는 강성하게 되었다고 한다.

오늘날 대부분 사람들이 다른 지역으로 이사를 가거나 살던 곳을 떠나 이주하기로 결정을 했을 때는 그들의 필요에 의해서 움직인다. 아이들 교육문제 때문에, 교통이 편리한 곳으로, 깨끗한 동네로….

그러나 오늘 본문의 이 사람들이 이사 다니는 기준은 여호와 하나님을 섬길 것이냐? 우상을 섬길것이냐? 이 기준을 놓고 움직였다. 참으로 우리를 돌아보게 하는 말씀이다. 나의 이사의 기준은 어디에 있는가?

● 오늘의 말씀에 대한 나의 묵상 ●

오늘의 본문 성경을 읽으시고 깨달은 점이나 기억하고 싶은 점 혹은 기도문을 기록합니다.

....

....

....

....

....

....

....

....

1년 1독 365일 성경통독, 꿀송이 보약큐티

대하 14장~16장

1. 인간적인 방법으로 대처한 아사왕(대하 16장)

역대하 16:1이 이렇게 시작된다.

"아사 왕 제 삼십육 년에 이스라엘 왕 바아사가 유다를 치러 올라와서 라마를 건축하여 사람을 유다 왕 아사에게 왕래하지 못하게 하려 한지라"

북이스라엘에는 늘 약점이 있었는데 '사람들이 자기 나라를 떠나 예루살렘에 가서 하나님을 예배하지 않을까' 하는 두려움이었다. 그래서 바아사가 유다를 치러 올라간다. 그는 '라마'를 요새화하려 하였다. 라마는 예루살렘 북쪽 8km 지점 곧 벧엘 근처에 있었다. 남북 왕국을 잇는 매우 중요한 요충지였는데 그곳을 점령하고 나면 남북으로 잇는 길을 차단할 수 있었다. 사람들을 못 가게 할 뿐만 아니라 유다에 대한 지배력을 확대할 수 있다는 계산이 선 것이다. 그때 아사 왕은 너무나 다급하였다. 역대하 16:2~5을 보자.

"아사가 여호와의 전 곳간과 왕궁 곳간의 은금을 내어다가 다메섹에 사는 아람 왕 벤하닷에게 보내며 이르되 내 아버지와 당신의 아버지 사이와 같이 나와 당신 사이에 약조하자 내가 당신에게 은금을 보내노니 와서 이스라엘 왕 바아사와 세운 약조를 깨뜨려 그가 나를 떠나게 하라 하매 벤하닷이 아사 왕의 말을 듣고 그의 군대 지휘관들을 보내어 이스라엘 성읍들을 치되 이욘과 단과 아벨마임과 납달리의 모든 국고성들을 쳤더니 바아사가 듣고 라마 건축하는 일을 포기하고 그 공사를 그친지라"

아사 왕은 이처럼 당장 자신을 도와줄 수 있는 '힘'을 찾았다. 그래서 당시 강력한 군사력을 가진 아람 왕에게 부탁했다. 방법은 '은금'을 보내는 것이었다. 어쩌면 그가 찾을 수 있는 최고의 방법을 찾은 것 같다. 그러나 그것이 하나님의 방법은 아니었다. 그의 방법이 처음에는 성공하는 것처럼 보였다. 아람 왕 벤하닷이 아사의 말을 듣고 북이스라엘을 쳐들어 가는 바람에 바아사가 라마 건축을 포기하고 물러갔기 때문이다. 그러나 하나님의 방법이 아닌 것은 분명히 그 대가를 치른다. 그것이 하나님 보시기에 옳지 않은 일이기 때문이다.

제2차 세계대전 당시 미국과 영국을 주축으로 한 서방 연합국들은 독일과 일본에 맞서 싸웠다. 전쟁이 치열하게 진행될 당시 독일의 전선을 무너뜨리기 위해 미국의 루스벨트 대통령은 이렇게 말했다고 한다.

"이 다리를 건널 수만 있다면 악마와도 손을 잡겠다."

그만큼 당시 상황은 급했다. 그래서 루스벨트 대통령은 잡지 말아야 할 소련의 스탈린과 손을 잡았다. 당시 스탈린은 수십만 명이 넘는 사람들을 잔인하게 숙청하고 인권을 철저하게 짓밟는 독재자였다. 그러나 제2차 세계대전이 막을 내릴 무렵 이미 영국의 처칠 수상은 스탈린의 공산주의의 야욕이 히틀러의 파시즘 못지않게 무섭다는 사실을 인식하고 '철의 장막'이라는 말로 그 위험을 경고했다. 전쟁이 끝난 후 그 경고는 사실로 드러났다. 2차 세계대전이 끝난 후 소련은 순식간에 동유럽과 중국, 중남미 곳곳에 공산 정권을 확산시켰다. 1960년대 초반에는 레닌이 예언한 대로 세계 지도의 3분의 1이 공산주의화가 되고 말았다. 미국과 영국이 2차 대전에서 승리했지만, 그들이 치러야 하는 대가가 얼마나 큰 것이었는가? 얼마나 많은 사람이 공산 정권하에서 고통을 당하였는가? 우리 인생에는 잡지 말아야 할 손이 있고 잡아야 할 손이 있다.

아사는 유다의 세 번째 왕이다. 그에 대한 이야기는 성경에서 아주 큰 비중을 차지한다. 역대하 14~16장까지 무려 석 장에 걸쳐서 나온다. 역대하 16장 말씀이 그의 실수에 대하여 기록하지만, 더욱 많은 부분인 14~15장에는 '믿음의 사람' 아사의 이야기가 쓰여 있다. 처음의 아사 왕은 하나님 보시기에 선과

정의를 행한 인물이었다. 이방 신상과 산당을 없애고 선지자의 말에 순종하여 개혁을 단행하였다. 에디오피아 100만 대군이 공격했을 때 하나님께 기도하며 승리를 맛보았던 사람이다. 그런데 하나니 선지자가 아사에게 나타나 이야기한 것 중 역대하 16:8에 이런 지적이 나온다.

"구스 사람과 룹 사람의 군대가 크지 아니하며 말과 병거가 심히 많지 아니하더이까 그러나 왕이 여호와를 의지하였으므로 여호와께서 왕의 손에 넘기셨나이다"

또 역대하 15:13에 보면, "이스라엘 하나님 여호와를 찾지 아니하는 자는 대소 남녀를 막론하고 죽이는 것이 마땅하다"고 명령을 내릴 정도로 백성으로 하여금 잃었던 신앙을 다시 회복하게 하려고 최선을 다했다. 더 나아가 그의 어머니 마아가가 아세라의 가증한 목상을 만들자 그는 그 우상을 찍어 가루로 만든 다음 기드론 시냇가에서 불살라 버리고, 그 어머니를 태후의 자리에서 폐해버렸다(대하 15:16). 이처럼 그가 하나님을 의지하며 나라를 다스리자 그가 왕위에 오른 지 35년까지 나라가 평안했다. 역대하 14장과 15장에 나오는 아사 왕은 대단한 '믿음의 사람'이었다.

사람이 일관성 있는 삶을 사는 것이 참 힘든가 보다. 늘 우리의 삶을 점검하고 '기본으로 돌아가는 것'이 별것 아닌 것 같지만 그것이 가장 우리의 삶에서 주요한 면이다. 문제는 자신의 문제를 지적 받고 난 후에 나타난 아사의 행위이다. 역대하 16:10을 보자.

"아사가 노하여 선견자를 옥에 가두었으니 이는 그의 말에 크게 노하였음이며 그 때에 아사가 또 백성 중에서 몇 사람을 학대하였더라"

참 비극적인 것은 인간이 한 번 착각을 하고 잘못된 길에 들어서면 좀처럼 돌아오지 못한다는 것이다. "지혜로운 사람"이란 실수하지 않는 사람이 아니라 실수한 후에 어떻게 행하느냐의 문제라고 만나교회 김병삼 목사님은 설교 중 언급하였다. 대부분 사람들은 실수를 덮기 위해 더 큰 실수를 한다. 역대하

16:10에 보면 아사가 "노하여"라고 되어 있는데 대개 인간이 죄를 지으면 나타나는 현상중 하나이다. 자신의 죄가 지적당하면 겸손하게 받아들이는 것이 아니라 "화"를 낸다. 그것은 수치심 때문에 일어나는 일이고 자신의 죄를 숨기려는 태도에서 나온다. 자신을 아프게 하는 하나님의 선지자를 감옥에 가두고 혹시 백성이 자신의 잘못을 지적할까 두려워 학대하기 시작하였다.

하나님은 아사 왕의 잘못에 대하여 "질병"으로 물으셨다. 역대하 16:12의 말씀이 아주 중요하다. 왜 역대기 기자가 이렇게 기록하고 있을까?

"아사가 왕이 된 지 삼십구 년에 그의 발이 병들어 매우 위독했으나 병이 있을 때에 그가 여호와께 구하지 아니하고 의원들에게 구하였더라"

만일 아사가 하나님께 구하였더라면 그에게는 기회가 있었을 것이다. 이웃과 화친하는 것이 문제가 아니라 하나님을 찾지 않고 하나님을 생각하지 않은 화친이 문제였다. 병들어 의사를 찾아가는 것, 약사를 찾아가는 것, 지혜가 있는 사람들의 도움을 받는 것이 잘못된 것이 아니다. 하지만 하나님과의 관계의 문제라면 근본적인 문제가 풀어져야 한다는 것을 우리는 명심해야 한다.

● 오늘의 말씀에 대한 나의 묵상 ●

오늘의 본문 성경을 읽으시고 깨달은 점이나 기억하고 싶은 점 혹은 기도문을 기록합니다.

● 묵상 자료 ●

1. 오직 주만 바라보나이다!

역대하 17장부터 20장까지 성경은 여호사밧 왕의 행적을 비교적 많이 할애하여 기록하고 있다. 악한 왕 아합과 연혼하고 동맹을 맺은 남유다의 여호사밧 왕은 길르앗라못 전투에서 혼쭐이 나고 겨우 목숨을 구해 남유다로 돌아왔다. 그가 전쟁에서 돌아올 때 악한 왕 아합과 동맹한 사실과 아합을 돕기 위해 전쟁에 출전한 일을 가지고 선견자 예후가 크게 질책했다. 악한 자를 돕고 여호와를 미워하는 자들을 사랑한 것이 옳지 못하다고 책망한 것이다. 그 때문에 여호와의 진노가 임할 것이라고 경고했다. 여호사밧은 겸손하게 선견자의 말을 받아들였다. 그리고 그는 백성들의 마음을 하나님께 돌아오게 하는 일에 전심전력했다. 사법개혁도 단행했다. 그 후 사해 동편에 있던 족속들이 연합군을 형성해 남유다를 침공하는 사건이 터졌다. 남유다가 북이스라엘과 동맹하여 원정을 나간 적은 있으나 유다의 본토가 외적에게 침략당한 것은 자주 있는 일이 아니었다. 이때에 여호사밧은 금식을 온 나라에 선포한다. 부인들 아이들까지 금식하며 하나님께 매달려 기도하게 했다.

여호사밧 왕은 모압 연합군이 유다 지역을 침략했다는 보고를 받고 심히 두려워했다. 그가 두려워 한 까닭은 모압 연합군의 군대 규모가 컸기 때문일 수도 있고 북이스라엘 아합 왕과 동맹하여 아람전투에 참여했다가 대패하여 목숨만 간신히 살아온 후유증 때문일 수도 있지만 아마도 이번 모압 연합군의 침략이 하나님의 징계라 생각했기 때문일 것이다. 그래서 북이스라엘에 군사적 원조를 청하지 않고 즉각적으로 하나님께 회개기도를 했다. 뿐만 아니라 온 백성이 금식할 것을 공포했다. 이런 국가적 금식은 열왕시대에 여호사밧 왕이 처음 내린 명령이었다. 유다 백성들도 여호사밧 왕의 명령을 따라 금식하며 모든 성읍에서 예루살렘으로 올라와 하나님께 간구했다. 아내들과 자녀들과 어린아이까지 함께 성전으로 모였다.

　여호사밧 왕은 성전 뜰에 모인 백성들 앞에서 하나님께 기도하기를 하나님의 존재의 위대성과 열방을 다스리는 주권과 절대적인 능력을 찬양했다. 그리고 하나님이 아브라함에게 언약하신 대로 가나안 땅의 원주민을 쫓아내고 그 땅을 아브라함의 자손들에게 주셨고, 그 자손들이 하나님을 위해 성전을 건축하고, 무슨 재난이나 재앙을 당하면 이 성전에 하나님이 계시니 하나님께 부르짖으면 하나님이 능히 건져주시리라고 했다고 아뢰었다. 그리고 그 큰 무리를 대적할 힘이 없고 어떻게 해야 할 줄도 모르고 "오직 주만 바라니" 하나님이 그들을 징벌해 달라고 부르짖었다. 이 기도는 실로 하나님을 움직이는 기도였다. 시편 50:15에 "환난 날에 나를 부르라 내가 너를 건지리니 네가 나를 영화롭게 하리로다"고 했고 시편 46:1에는 "하나님은 우리의 피난처시요 힘이시니 환난 중에 만날 큰 도움이시라"고 했다. 하나님의 백성에게는 기도의 무기가 가장 강력한 무기인 것이다. 승리하리라는 여호와의 응답이 선지자의 입술을 통해 선포되었고 이 전쟁은 인간이 나설 것도 없이 하나님이 직접 싸우시리니 너희는 찬송만 하면 된다는 축복이 선언되었다. 여호사밧과 백성들의 기도와 금식이 응답을 받은 것이다.

　이 하나님의 응답에 용기를 얻은 여호사밧은 군대에 앞서 하나님을 찬양하는 레위인들을 앞세워 하나님을 찬양하게 했다. 전쟁이 시작되고 레위인들이 하나님을 찬양하기 시작할 때에 하나님이 두신 복병들이 모압 연합군을 공격하자 모압 연합군은 세일산 주민 곧 에돔 족속들이 반역을 한 것으로 여기고 그들을 쳐서 진멸했다. 그런 과정에서 모압 연합군이 서로 쳐 죽이므로 자멸하는 역사가 일어났다. 하나님이 두신 복병에 대해 천사라는 주장도 있고 유다 군사라는 주장도 있고 세일산 거민이라는 주장도 있으나 정확히 알 길은 없다. 다만 분명한 것은 하나님의 손길로 그들 스스로 서로 싸우다가 전멸하게 되었다는 사실이다. 그래서 유다 백성들이 들 망대에 이르러 보니 모두 죽은 시체뿐이었다. 유다 백성들이 그들의 재물과 의복과 보물을 탈취하되 너무 많아 3일 동안 거둬들였다. 그리고 브라가(Berachah) 골짜기에 모여 다시 하나님을 찬양하고 예루살렘으로 돌아왔다. 그로 인하여 온 이방이 유다를 두려워하므로 태평하게 되었다. 그 후 여호사밧 왕의 통치 말기의 이야기가 나온다.

여호사밧 왕은 종교개혁과 사법개혁을 한 선한 왕이었다. 그는 부친 아사왕처럼 여호와 보시기에 정직히 행했다. 하지만 그가 말년에 실수한 것들이 있다.

첫째는 산당을 완전히 철거하지 못한 것이었다. 여호사밧 왕은 왕권 초기에 산당을 철거하고 바알과 아세라 상들을 제거했었다. 다만 그가 산당 철거명령을 내리면서 철저한 감독을 하지 못했는지 백성들이 산당의 일부를 철거하지 않은 것 같다. 그래서 일부 몰래 보존시킨 산당은 다시 우상숭배를 유지하는 중심이 되어 백성들이 우상숭배를 완전히 단절하지 못하였고 그것은 오로지 마음을 하나님께로 돌이키지 못한 원인이 되었다.

둘째는 북이스라엘 왕과 교제한 것이었다. 여호사밧 왕은 북이스라엘 아하시야 왕과 교제를 했는데 아하시야 왕은 우상숭배로 악명높은 아합왕과 이세벨의 아들로서 부모를 따라 우상숭배를 극심하게 한 악한 왕이다. 그는 재위한지 2년 만에 죽었다. 여호사밧은 아하시야 왕의 부친 아합과도 연혼과 군사동맹을 했다가 아람전쟁에서 패전했었다. 그런데 모압 연합군을 하나님 은혜로 대파하고 평안해지자 다시 북이스라엘 아합의 아들 아하시야 왕과 상업적 동맹을 맺었던 것이다. 둘은 에시온게벨(Eziongeber)에서 배를 만들어 다시스와 무역을 하려 했다. 그런데 엘리에셀이 예언하기를 하나님께서 두 왕의 교제하는 것을 옳지 못하게 여겨 배를 파할 것이라고 했다. 그래서 배는 다시스로 항해하기도 전에 부서지고 말았다. 배가 어떻게 파선되었는지는 모르지만 다시스로 가는 항로에 큰 폭풍이 일어난 것으로 보아(욘 1:4) 폭풍으로 부서졌을 가능성이 있는 것 같다.

여호사밧 왕은 전체적으로 볼 때 하나님 앞에 정직하게 행한 왕이었다. 산당과 바알과 아세라 등 우상을 철폐하고 백성들이 말씀을 배울 제도를 만들고 백성들이 하나님의 공의를 알도록 제도를 만들었다. 그러나 나라가 견고해질 때 북이스라엘 아합 왕과 군사적 동맹을 맺어 전쟁에서 패하고 선지자에게 책망을 받았다. 또한 감당할 수 없는 전쟁에서 전적으로 주만 바라보고 금식하고 기도하여 하나님을 의뢰했지만 나라가 평안해질 때 다시 북이스라엘 아하시야 왕과 상업적 동맹을 맺어 배는 파선되고 선지자에게 책망을 받았다. 우리가 어려울 때는 하나님을 신뢰하다가도 평안할 때는 다시 인본주의적인 행보를 보이는 경우가 많다. 시종일관 하나님을 신뢰하는 우리의 믿음생활이 되어야겠다. 아멘.

● 오늘의 말씀에 대한 나의 묵상 ●

오늘의 본문 성경을 읽으시고 깨달은 점이나 기억하고 싶은 점 혹은 기도문을 기록합니다.

대하 21장~23장

◑ 묵상 자료 ◑

1. 유다의 여왕 아달랴

예수 그리스도의 족보(마 1:6~10)에서 생략된 인물 중 독특한 프로필의 소유자를 뽑자면 바로 '아달랴'를 들 수 있다. 남유다 제 7대 왕인 아달랴는 유다 왕들 중 유일한 '여왕'이었으며, 북이스라엘의 악한 왕을 대표하는 '아합'과 왕비 '이세벨'의 딸로서 여호사밧(남유다 4대 왕)의 며느리(대하 18:1)로 유다에 들어와, 남편 여호람과 그 자손들이 아합의 집처럼 우상을 숭배하고 악을 행하도록 절대적인 악영향을 끼친 사악한 인물이다. 더 나아가 아들 아하시야가 죽은 후에는 아들을 대신하여 자신이 왕위에 오르기 위해 유다 집의 '왕의 씨'를 진멸하려 하였다. 왕의 씨는 '왕위를 계승할 자격이 있는 아하시야의 모든 아들과 친척'을 가리키는 것으로, 아달랴는 이들만 제거하면 다윗 왕조의 모든 씨 전체가 진멸될 것이라고 생각하고 자기의 친손자들까지도 무자비하게 샅샅이 제거한 것이다. 구속사적인 관점에서 이 부분을 들여다보면 이는 왕이 되고자 하는 개인적 욕심에서 더 나아가 다윗 왕조를 통해 여자의 후손(창 3:15)을 보내시려는 하나님의 크신 뜻을 가로막는 사악한 사단의 행위가 배후에 작동하고 있음을 알 수 있다.

아달랴가 이렇게 모든 왕손들을 죽이고 하나님의 섭리에 도전하는 상황 속에서, 여호람의 딸이자 아하시야의 누이요 제사장 여호야다의 아내인 여호사브앗이 한 살 된 아하시야의 아들 요아스를 몰래 빼내어 자신의 침실에 숨겨 죽음의 위기를 넘기게 하였다(대하 22:11). 이는 다윗의 왕손이 보존되어 여자의 후손이 오실 길을 예비하시는 하나님의 놀라운 섭리였다. 이처럼 하나님의 인류를 위한 구원의 계획과 이를 방해하려는 마귀의 무서운 공작이 계속해서 역사를 통해 흘러 감을 성경은 증거한다. 여기서 우리는 전 왕 여호사밧이 아합 왕과 연혼을 하여 악한 여자를 며느리로 남유다 왕국에 들어오게 한 것이 얼마나 무섭고 큰 잘못된 선택이었는지를 실감한다. 결혼은 아무나 선택해서 하면 안된다는 큰 교훈을 다시금 주는 대목이다.

결국 아달랴의 손에서 구해낸 요아스를 6년 동안 성전에 숨겨 노심초사 보호해오던 제사장 여호야다는 '여호와께서 다윗에게 약속하신대로' 다윗의 씨가 왕이 되게 하기 위해 목숨을 걸고 혁명을 결단한다. 그리고 마침내 혁명이 성공하여 다윗의 자손으로 유일하게 남아 있던 요아스를 왕위에 올렸다. 6년 전 모조리 진멸된 줄 알았던 다윗의 씨가 하나님의 섭리 가운데 보존되고 있었음을 목격한 이스라엘은 큰 감사와 기쁨으로 만세를 부르고 나팔을 불고 찬양을 하였고, 그제야 혁명을 알아 챈 아달랴는 옷을 찢으며 "반역이로다, 반역이로다"라고 외치며 최후의 발악을 하였다. 그러나 때는 이미 늦었고, 여호와의 전 밖 왕궁 미문 어귀에 이를 때에 백성들이 그녀를 칼로 죽여 제거해 버렸다. 아달랴가 죽었을 때 온 국민이 즐거워하고 성중이 평온하였다고 성경은 증언한다. 악인이 죽으면 오히려 사람들이 즐거워 하는 것이다. 아끼는 자 없이 그녀는 세상을 비참하게 떠났다.

사람이 악하여 마귀의 하수인으로 전락하고 하나님을 대적하는 일에 도구로 이용되는 이러한 성경을 읽으면 우리는 너무나 두렵고 무섭다. 작금의 한국에서 신천지에 미혹되어 성도들을 유혹하고 지옥으로 끌고 가려는 이만희와 그 일당들이 아달랴와 같은 인간들이라고 나는 생각한다. 나중 지옥에서 그들은 얼마나 가슴을 치고 허탈해하며 자기들을 지옥으로 이끈 이만희를 미워하게 될까? 생각만 해도 가슴 아프다. 경건한 여성은 집 안을 일으키고 나라에 보탬이 되지만 아달랴와 같은 악한 여자는 나라를 망하게 한다. 참으로 경계해야 할 일이다. 남유다로 시집온 후 평생을 사단의 하수인 노릇을 하면서 남유다의 거룩한 등불을 꺼뜨려 흑암의 역사로 바꿔 버리려 했던 아달랴의 계획은, 제사장 여호야다의 개혁을 통해 철저히 무너졌고 유일한 다윗의 후손 요아스를 통하여 새로운 소망이 주어지게 되었다. 하나님을 대적하는 자는 결국 하나님의 심판을 받아 비참한 최후를 맞게 된다. 마지막 때도 만왕의 왕이신 예수 그리스도께서 오심으로 세상의 거짓 통치자인 마귀와 그 하수인들이 멸망을 받게 될 것이다(계 20:10). 아멘.

오늘의 본문 성경을 읽으시고 깨달은 점이나 기억하고 싶은 점 혹은 기도문을 기록합니다.

....

....

....

....

....

....

....

....

....

....

....

....

....

....

....

....

....

....

대하 24장~26장

● 묵상 자료 ●

1. 반쪽짜리 순종(대하 24장)

유다 왕 아마샤는 25살에 왕위에 올라 54살에 이르기까지 29년 동안 유다를 다스렸다. 역대기 기자는 "그가 여호와 보시기에 올바르게 행하였으나 온전한 마음으로 행하지는 아니하였다"고 평가한다(대하 24:2).

아마샤가 올바르게 행한 일로서 역대기 기자는 두 가지 이야기를 기록한다. 하나는 그가 자기 아버지를 죽인 자들을 죽이되 그 자녀들은 죽이지 않은 것이요(4절), 다른 하나는 은 백 달란트를 들여 고용한 이스라엘의 용병들을 하나님의 사람의 말을 듣고 돌려 보낸 채 에돔과 전쟁을 치러낸 것이다(10절). 두 사건 속에서 아마샤는 하나님의 말씀에 철저히 순종한다. 역대기 기자는 이 모습을 "정직하다, 올바르다"고 평가했다.

그러나 아마샤는 말씀에 순종하긴 하였지만 온전한 마음으로 그리 한 것이 아니었다. 에돔을 쳐서 이긴 후 승리감에 들떴는지, 눌려진 뭔가가 터져 나왔는지 그의 군대는 1만 명의 에돔 사람들을 벼랑에서 밀어 떨어뜨려 죽게 한다(12절). 그리고는 승리감에 들떠 에돔의 신들을 가져와 그에게 분향한다(14절).

그는 자신들에게 패배한 나라의 신을 들여와 숭배하는 해괴하고 어리석은 짓을 저질렀다. 어떤 학자는 그가 '자기의 신'으로 삼았던 것은 사실 에돔의 신들이 아니라, 에돔을 쳐서 이긴 '자기 자신'과 '자신의 승리'에 들뜬 교만심이었다고 분석했다. 바로 이 지점이 온전하지 못한 마음으로 살았던 아마샤의 인생의 분기점이다. 말씀을 따라 순종한 자신에게 승리를 주신 하나님 - 그분으로 채워야 했을 아마사의 마음을 아마샤는 다른 것으로 채우고 말았던 것이다.

이 죄로 인하여 아버지 요아스가 평생을 들여 보수했던 여호와의 성전이 이스라엘 왕 요아스(동명이인)에 대한 아마샤의 도발로 인해 이스라엘 왕 요아스에 의해 400규빗이나 헐리게 된다. 이스라엘 왕 요아스가 죽은 뒤에도 유다 왕 요아스의 아들 아마샤는 15년을 더 살아간다. 그러다 그는 그의 우상숭배의 죄값으로 아버지 요아스와 동일하게 반역에 의해 살해당하고 죽고 만다(27절). 아버지 요아스의 그늘에서 벗어나고 싶었을 아마샤는 어리석게도 요아스의 길을 반복하고 죽어갔다. 그의 나라가 굳게 섰을 때, 그가 행했던 여호와 앞에서의 정직한 일 곧 모세의 율법 책에 기록된 하나님의 명령을 따라 살아가는 것 - 그것이 '여호와는 강하시다'라는 이름을 가진 '아마샤'가 걸어야 했던 '온전함'의 길이었다.

안타깝게도 그러나 그는 변질되고 말았다. 오늘 어떤 분이 나에게 이런 충언을 하셨다.

"노 목사님, 변화는 되시되 변질은 되지 마시기 바랍니다."

아마샤의 변질을 읽으며 뜨끔해지는 대목이다.

● 오늘의 말씀에 대한 나의 묵상 ●
오늘의 본문 성경을 읽으시고 깨달은 점이나 기억하고 싶은 점 혹은 기도문을 기록합니다.

....

....

....

....

1년 1독 365일 성경통독, 꿀송이 보약큐티

대하 27장~29장

● 묵상 자료 ●

1. 아하스의 악정(대하 28장)

우상을 숭배하고 패역을 일삼는 아하스 왕의 통치를 역대하 28장은 기술하고 있다. 아하스는 유다의 왕들 중에서 가장 흉악한 우상숭배에 빠졌던 인물이다. 믿음의 길을 떠나 폭정과 우상숭배에 광적이었던 아하스 때문에 하나님의 백성들은 도탄에 빠지고 고통으로 신음하게 되었다. 그는 끝까지 하나님께 반역하다가 비참하게 죽고 말았다.

요담이 죽어 다윗 성에 장사되자 그 아들 아하스가 유다 제12대 왕이 되었는데 그는 역대 유다 열왕 중에 가장 타락한 왕 가운데 한 명이다. 그는 20세에 왕이 되어 16년 간 유다를 통치하였다. 아하스는 선조인 다윗과 같이 여호와를 의뢰하며 통치자가 행할 마땅한 도리를 해야 함에도 불구하고, 오히려 하나님을 대적하는 일을 도모했다.

그는 유다 열왕 가운데 최초로 우상을 부어 만드는 범죄를 저질렀다. 바알들의 우상을 부어 만들고 힌놈의 아들 골짜기에서 분향하는 것은 물론 자기 자녀까지 불살라 희생 제사를 드렸다. 이러한 인신 제사 행위는 여호와께서 극도의 악한 행위로 규정한 것이다(왕하 17:17). 그리고 모세 율법에서 사형에 해당되는 가증한 죄악이었다(레 20:1~5).

유다 왕 아하스의 죄악이 극도에 이르렀을 때에 하나님께서는 유다 주변에 있는 원수들을 일으켜 유다를 침략하도록 하셨다. 하나님께서는 아하스의 가증한 죄악을 심판하시기 위해 아람 왕 르신과 북이스라엘 왕 베가를 보내 징벌케 하셨다. 그들의 공격으로 하루 동안에 십이만 명이라는 유다 용사들이 죽었다. 그리고 왕자를 포함한 궁내 대신과 총리 대신도 살해되는 참극이 벌어졌다. 또한 심히 많은 무리가 다메섹으로 포로 되어 갔다. 우리가 늘 보았듯이 지도자의 범죄는 이처럼 유다 전체에 큰 불행을 가져다 주었다.

유다를 침략한 이스라엘 군사들은 형제 관계인 유다 백성 20만 명을 포로로 잡아갈 때 그 아내와 자녀들도 포함시켰다. 그리고 재물까지 약탈하여 사마리아로 가져갔다. 그들은 이미 유다와의 전쟁에서 유다 백성을 12만이나 살육한 바 있는데, 이러한 포로와 재물 약탈 행위는 지나친 행위였다.

하나님의 선지자 오뎃은 수많은 포로와 노략물을 잔뜩 싣고 의기 양양하여 돌아오는 이스라엘 군대를 향하여 하나님의 이름으로 책망하였다. 오뎃은 북이스라엘이 동족인 유다 백성을 잔인하게 살육하고 포로로 삼은 것이 잘못임을 지적하였던 것이다. 그리고 그 포로들을 놓아 돌아가게 해야 할 것을 명령했다. 그러면서 유다를 진노하셨던 하나님이 이스라엘도 진노하실 것이라고 예언했다. 유다의 포로를 돌려보내라는 오뎃 선지자의 말을 들은 에브라임 자손의 두목 4명은 그 말에 동조하였다. 그리고 유다의 포로들을 사마리아로 데려와서는 안 된다고 단호하게 말했다. 그들은 이미 징벌 받을 만한 죄 범한 것을 인정하며 범죄를 더하지 말자고 권면했던 것이다. 오뎃과 네 방백들의 말을 들은 이스라엘 군사들은 포로와 노략물을 유다로 돌려보내게 된다.

아람과 북이스라엘의 침입으로 유다는 매우 미약해졌는데 이 틈을 타서 당시 유다의 속국으로 있던 에돔과 주변의 블레셋 유목민들이 반란을 일으켰다. 이에 아하스 왕은 아람과 북이스라엘의 침략에서도 도움을 청했던 앗수르 왕에게 또다시 사신들 보내어 도움을 청하였다. 아하스는 하나님의 성전과 자기의 궁전, 그리고 자기의 부하들에게 있는 온갖 재물을 다 취하여 앗수르 왕의 마음을 움직이려고 하였다. 아하스의 정성을 다한 요청으로 앗수르 왕은 아하스를 돕기 위해 군대를 이끌고 왔다. 그러나 앗수르 군대는 아하스에게 도움을 주기는커녕 오히려 심한 괴로움을 더해 주었다. 이렇듯 하나님이 아닌 인간을 의지하는 것은 도움의 손길이 아닌 압제와 멸망의 길을 자초하는 것이 된다는 것을 알아야 한다.

아하스는 하나님께서 징계의 채찍을 내리칠수록 하나님께 무릎을 꿇기는커녕 더욱 하나님을 떠나 헛된 것을 의지하였다. 그는 스스로 망령되이 행하여 하나님께 범죄함으로써 이방 에돔에게 공격을 받고 그들에게 사로잡혔다. 여호와께 망령되이 행한 아하스의 범죄는 유다 백성들로 하여금 에돔 백성에게 사로잡혀 가게 하였을 뿐만 아니라, 블레셋 사람들로 하여금 유다 곳곳에 와서 기거하게 하는 결과를 초래하였다. 아하스는 이러한 징계를 통해서도 하나님의 섭리를 깨닫지 못하였다. 그는 오히려 자기를 친 다메섹 신들에게 제사를 드리기까지 하였다. 그리고 곧이어 하나님의 전의 기구를 훼파하였다. 그는 하나님께서 최종적으로 남겨 주신 회개의 시간을 스스로 없애 버렸던 것이다. 이같은 그의 행적은 하나님의 진노를 격발케 하여 그는 결국 죽게 되었고 열왕의 묘실에 묻히지도 못하고 다른 곳에 장사되는 비참한 종말을 맞게 되었다.

우리는 유다 열왕 중에 아하스와 므낫세의 삶을 통해 악인의 전형적인 모습을 보게 된다. 아하스는 조부 웃시야의 신앙과 부친 요담의 선한 행위를 보았음에도 불구하고 악한 길을 걸었다. 그리고 므낫세는 하나님 보시기에 의로운 길을 걸은 히스기야의 신앙과 삶을 보았으면서도 악한 길을 걸었다. 참으로 기가 막힌 일이다. 주여! 자녀에게 철저한 신앙교육을 전수하게 도와 주소서!

● 오늘의 말씀에 대한 나의 묵상 ●

오늘의 본문 성경을 읽으시고 깨달은 점이나 기억하고 싶은 점 혹은 기도문을 기록합니다.

....

....

....

....

....

1년 1독 365일 성경통독, 꿀송이 보약큐티

대하 30장~33장

◐ 묵상 자료 ◑

1. 은혜가 역사하다(대하 31장)

히스기야는 왕이 된 후 개혁을 시작한다. 부친 아하스 때에 성전 문을 폐쇄했는데 다시 성전 문을 열고 성전을 수리했다. 예배를 드리기 위해서 레위인들을 성결하게 준비했다. 남유다 지도자들이 먼저 하나님 앞에 나아와 제단을 쌓고 예배를 드렸다. 그것으로 그치지 않고 온 나라에 유월절을 선포한다. 남유다 백성들뿐만 아니라 망해버린 북이스라엘의 난민까지 모두 수용하는 전국적인 유월절을 선포하고 지켰다.

7일 동안의 성회 기간 동안 백성들은 육적으로 영적으로 충분히 배부르게 먹었다. 말씀의 은혜도 충분히 받았다. 남유다 백성들도 하나님 안에서 지낸 칠일의 성회 기간이 얼마나 값지고 은혜로운지 깨달았다. 그 후에 일어난 놀라운 변화가 있다. 역대하 31:1을 보자.

> "이 모든 일이 끝나매 거기에 있는 이스라엘 무리가 나가서 유다 여러 성읍에 이르러 주상들을 깨뜨리며 아세라 목상들을 찍으며 유다와 베냐민과 에브라임과 므낫세 온 땅에서 산당들과 제단들을 제거하여 없애고 이스라엘 모든 자손이 각각 자기들의 본성 기업으로 돌아갔더라"

7일간의 성회가 끝나고 히스기야가 명령하지도 않았는데 북이스라엘 백성들은 우상을 자기들의 손으로 깨어 부수었다. 남유다 백성들도 우상을 부수었다. 북이스라엘은 나라가 망했지만 이백여 년 전 여로보암 1세부터 우상숭배자들의 나라였다. 그런데 그들이 나라가 망하고 나서 은혜를 받고 난 후 자기 손으로 우상을 부수었다. 남유다 백성들도 아하스 시절 만들었던 우상을 히스기야의 명령 없이도 자기 손으로 부수었다. 이것이 은혜 받은 자들이 행한 역사이다.

억지로 시키고 가르쳐도 안되던 일이 은혜의 성회로 충만해지고 나니 그들의 손이 우상을 스스로 깨고 있는 것이다. 은혜가 주는 놀라운 역사이다. 은혜의 시발점이 되었던 히스기야는 또 한 번 백성들 앞에서 모범을 보인다. 역대하 31:3이다.

"또 왕의 재산 중에서 얼마를 정하여 여호와의 율법에 기록된 대로 번제 곧 아침과 저녁의 번제와 안식일과 초하루와 절기의 번제에 쓰게 하고"

왕이 먼저 모범을 보여 자신의 재산 중에 얼마를 하나님의 전에서 제사 드리는데 사용하도록 했다. 왕이 보인 실천이었다. 그리고 히스기야는 백성들에게 요구한다. 역대하 31:4이다.

"또 예루살렘에 사는 백성을 명령하여 제사장들과 레위 사람들 몫의 음식을 주어 그들에게 여호와의 율법을 힘쓰게 하라 하니라"

십일조를 내라는 말이다. 십일조는 성전 관리와 레위인과 제사장들이 생활하는 데 사용되었다. 그러나 백성들이 십일조를 정직하게 내지 않아서 레위인들과 제사장들의 생활이 고통을 받고 그들이 온전히 하나님의 전에서 율법을 전수하는 일과 예배를 집례 하는 일에 마음을 쓰지 못했다. 결국 그들은 생업을 위해서 다른 일을 전전하다 보니 성전은 피폐해지고 백성들이 성전에 나와서 예배 드리는 일은 소홀해졌던 것이다.

이 모든 문제를 알고 있었던 히스기야 왕이 명령한다. 백성들은 정직하게 율법에 기록된 대로 첫 소산을 하나님께 드리고 십일조를 하나님의 창고에 드려야 한다는 것이다. 이 말을 하기 전에 왕이 먼저 자신의 재산을 떼어 하나님께 드리는 모범을 보인 것이었다. 그에 따른 결과가 놀랍다.

왕의 명령이 내리자 곧 이스라엘 자손이 곡식과 포도주와 기름과 꿀과 밭의 모든 소산의 첫 열매들을 풍성히 드렸고 또 모든 것의 십일조를 많이 가져왔으며 유다 여러 성읍에 사는 이스라엘과 유다 자손들도 소와 양의 십일조를 가져왔고 또 그들의 하나님 여호와께 구별하여 드릴 성물의 십일조를 가져왔으며 그것을 쌓아 여러 더미를 이루었는데 셋째 달에 그 더미들을 쌓기 시작하여 일곱째 달에 마친지라 대하 31:7~9

셋째 달에 시작해서 일곱째 달에 마쳤다. 장장 5개월 동안 온 나라가 십일조를 드린다고 야단법석이었다는 말이다. 왕의 말이 떨어지자마자 은혜를 받은 자들이 지금까지 헌금하지 못했던 것을 회개하고 하나님의 전에 드려야 될 곡식을 가져와서 드렸다.

이 당시 남유다는 풍족한 시절이 아니었다. 북이스라엘이 앗시리아에 의해서 멸망당했기 때문이다. 앗시리아의 군대는 북이스라엘에 주둔하고 있었고 그리고는 호시탐탐 남유다를 노리고 있었다. 그들은 북쪽에서의 위협에 시달리고 있었고 농사짓는 데도 마음이 불편한 상황이었다. 그럼에도 불구하고 은혜를 받고 왕이 모범을 보이니 백성들은 은혜받은 자로 잠시나마 맡은 바 소임을 감당하는 은혜 공동체가 되었다.

이것이 하나님 나라의 원칙이다. 하나님 나라에서 은혜보다 우선하는 것은 없다. 교회공동체는 무엇보다 은혜가 충만한 공동체가 되어야 한다. 은혜의 시발점이 되는 하나님이 세우신 목회자와 중직들부터 먼저 모범을 보이고 그 다음 일반 성도들에게 흘러가는 것이 중요하다. 은혜가 밑에서부터 위로 올라오는 법은 없다. 하나님이 은혜를 주시고 받은 은혜를 먼저 된 자들부터 흘려보내는 것이 하나님 나라의 원리이다.

히스기야 왕으로부터 시작된 개혁의 흐름이 온 나라까지 흘러간 놀라운 역사를 성경이 증거하고 있다. 올바른 지도자 한 사람이 이토록 중요하다. 그 악한 왕 아하스에게서 이런 귀한 믿음의 아들이 나온 것은 실로 놀라운 은혜이다.

● 오늘의 말씀에 대한 나의 묵상 ●

오늘의 본문 성경을 읽으시고 깨달은 점이나 기억하고 싶은 점 혹은 기도문을 기록합니다.

대하 34장~36장

● 묵상 자료 ●

1. 유다의 패망과 바벨론 유수

역대하의 마지막은 유다의 멸망으로 슬프게 막을 내린다. 그토록 선지자들의 경고를 무시하고 하나님을 떠나 살던 유다 백성들은 마침내 바벨론에 포로가 되어 잡혀가고 하나님의 백성들의 약속의 땅은 70년간 주인을 잃고 들짐승들의 터전이 되고 말았다. 선지자 예레미야는 애가를 지어 울며 슬퍼하였다. 유다의 마지막 왕 시드기야는 그 아들들이 자기 눈 앞에서 죽임을 당하는 것을 목도해야 했고 자기는 두 눈이 뽑힌 채 쇠사슬에 매여 짐승처럼 끌려 갔다. 한 때 그토록 영화로웠던 시온성은 하루아침에 뭇 이방인들의 조소거리가 되었고 철저하게 파괴되고 말았다.

하나님은 오래 참으시지만 영원히 참으시지는 않으신다. 우리 인생들에게도 성경은 동일하게 경고한다. 한 번 죽는 것은 사람들에게 다 정해진 것이요 그 후에는 심판이 있다(히 9:27). 최후 심판의 날은 점점 다가오고 있다. 처처에 지진과 전쟁의 소문은 끊이지 않는다. 동성애를 비롯한 인간의 타락은 극을 향해 치닫고 있다. 우리는 성경이 일점일획도 없어지지 않고 그대로 이루어 짐을 믿고 마지막 날이 가까이 옴을 볼수록 더욱 예수 그리스도를 붙잡아야 한다. 그리고 말씀과 기도로 깨어 있어 주님 맞을 준비를 해야 한다. 아멘.

2. 이스라엘의 역사서를 마치며

사무엘상부터 시작해서 역대하까지 우리는 반복해서 이스라엘의 역사서를 탐독했다. 이스라엘의 역사를 읽는 내내 나의 마음에는 오직 한 가지 소감만이 떠 올랐다. 지도자인 왕이 하나님을 전심으로 찾고 여호와를 사랑하면 나라와 백성들은 평온하며 국력은 강해진다. 그러나 지도자가 하나님의 말씀을 멀리하고 우상숭배하면 백성들은 짓밟히고 나라는 약해진다. 그러니 지도자의 가슴에 하나님이 있느냐 우상이 있느냐가 모든 것을 결정하는 것이다.

오늘을 사는 나의 가슴에는 무엇이 들어 있을까? 시인 신석정은 자신의 내면에 숨어 있는 것들을 이렇게 고백했었다.

" 내 가슴 속에는 햇볕에 푸른 분수가 찰찰 빛나고 있다.

내 가슴 속에는 오동 잎에 바스러지는 바람이 있다.

내 가슴 속에는 강물에 조약돌처럼 던져 버린 첫사랑이 있다."

이처럼 누구나의 가슴 속에는 깊이 감춰져 있지만 불현듯 나타나 종종 자신의 감정을 지배하는 무언가가 있다. 『너를 생각하는 것이 나의 일생이었지』라는 시집을 낸 정채봉은 『그대 뒷모습』이라는 수필에서 자신의 가슴 속에 있는 것을 이렇게 애틋하게 표현한 적이 있다.

"내 작은 가슴 속에는
저 쪽의 받아주지 않는 거기에서 저 혼자 떨어져 익사하는 전화벨 소리가 있고
참깨를 털 듯 나를 거꾸로 집어 들고 털면 소소소소… 쏟아질 그리움이 있고
살갗에 풀잎 금만 그어도 그대를 향해 툭 터지고 말 화살표를 띄운 피가 있다."

아, 시인의 탁월한 표현대로 나를 거꾸로 집어 들고 털면 나에게서는 무엇이 소소소소… 쏟아질까? 예수, 하나님 나라, 주님의 교회, 영혼구원….

우리 주 예수 그리스도를 변함없이 사랑하는 모든 자에게 은혜가 있을지어

다. 아멘.

기 도

"주님,

이스라엘 역사서를 모두 읽었습니다. 역사가 주는 교훈은 의외로 단순했습니다. 이스라엘 왕이 다윗처럼 하나님을 잘 섬기면 예외 없이 나라는 평안하고 부강했고 지도자가 우상을 섬기고 하나님을 멀리하면 항상 고통이 따르고 국력은 약해졌습니다. 우리 대한민국도 교회들이 더욱 정신을 차려 주를 기쁘시게 하면 강대한 나라가 되리라 믿습니다. 교회들과 교회의 지도자들을 새롭게 하여 주옵소서. 예수님의 이름으로 기도합니다." 아멘.

● 오늘의 말씀에 대한 나의 묵상 ●

오늘의 본문 성경을 읽으시고 깨달은 점이나 기억하고 싶은 점 혹은 기도문을 기록합니다.

....

....

....

....

....

....

....

....

....

....

....

....

● 묵상 자료 ●

1. 에스라는 어떤 책인가?

에스라와 느헤미야는 원래 한 권의 책이었다. 둘 다 에스라(여호와께서 도우신다)의 저작으로 보고 있는데 느헤미야는 느헤미야가 저자일거라고 주장하는 학자들도 있다. 에스라와 느헤미야는 바벨론에 사로잡혀 갔던 포로들의 귀환과 훼파된 예루살렘 성전을 다시 건축하는 이야기 그리고 에스라가 일으킨 회개운동을 다루고 있다.

진노 중에도 긍휼을 잊지 아니하시는 하나님은 감사하게도 유다가 패망한 역대하를 마칠 때 바벨론을 무너뜨린 바사왕 고레스를 움직여 잡혀온 유다 백성들을 본국으로 돌아가게 하는 고레스 칙령을 공표하게 하셨다. 포로 귀환도 3차에 걸쳐 이뤄졌는데 1차 귀환은 주전 538년에 스룹바벨의 주도로 제사장 예수아와 함께 49,897명을 이끌고 예루살렘으로 귀환한다. 그리고 2차 귀환은 거의 80년 후 학사겸 제사장 에스라에 의해 주전 458년에 1,754명이 귀환하게 된다. 그 후 13년 후에 느헤미야가 주도한 3차 포로 귀환이 이루어 졌다. 처음 귀환한 스룹바벨과 그 백성들은 성전 재건축에 힘을 쏟았는데 방해도 만만치 않았다. 이미 자리를 잡고 있던 혼합 족속들이 사단의 조종을 받고 집요하게 방해하고 투서를 바사 왕에게로 올리기까지 하여 결국 시작한 지 얼마 안되이 성전 건축이 중단되기에 이르렀다. 그 후 16년의 세월이 지나 선지자 학개와 스가랴의 격려로 다시 건축을 시작하였는데 재개 한지 4년 만에 마침내 성전 건축이 마무리되었다. 포로 귀환 후 20년 만이요, 솔로몬 성전이 파괴된 지 70년 만에 스룹바벨에 의해 성전이 다시 완성된 것이다. 이 성전이 완공된 지 60년 후에 에스라가 1,754 명을 이끌고 예루살렘으로 귀국했다.

　그가 도착해 보니 성전은 지어져 있었지만 영적 삶이 희미해져 가고 처음 열정도 식어져 있었다. 이미 스룹바벨과 예수아도 죽었고 1차 귀환자들도 거의 다 세상을 떠났고 바벨론 포로 시절을 경험하지 못한 2,3세대가 그 땅에 살고 있었는데 하나님은 에스라를 통해 이들에게 다시 영적인 부흥을 회복시키기를 원하셨다. 에스라는 아론의 16대손 제사장이요, 모세 율법에 정통한 성경 학자였다. 하나님의 경륜은 참으로 놀랍다. 고대 최고의 강국인 바벨론을 100년도 채 안되게 바사 왕 고레스를 통해 무너뜨리시고 하나님은 고레스 칙령을 통해 예루살렘 성전을 건축하게 도우셨고 80년이 지나서 아닥사스다 왕을 감동시켜 에스라로 하여금 예루살렘 부흥 운동을 주도하게 만드신 것이다. 우리는 이런 하나님을 신뢰하여야 한다. 역사를 주관하시는 이가 하나님이심을 믿어야 한다. 또한 그 시대를 볼 줄 아는 통찰력이 있어야 한다. 역대상 12:32에 이런 말씀이 있다.

　"잇사갈 자손중에서 '시세를 알고' 이스라엘이 마땅히 행 할 것을 아는 우두머리가 200명이니 그들은 그 모든 형제를 통솔하는 자이며"

　시대를 꿰뚫어 보고 시세를 제대로 파악하며 마땅히 행 할 것을 아는 그리스도인들이 오늘 한국 교회는 얼마나 될까? 에스라가 중점적으로 한 것은 하나님 말씀의 회복 운동이었다. 성전이 세워졌다고 모든 것이 끝난 것이 아니라 건축 후에 하나님 중심의 삶을 살려면 말씀이 회복되어야 하는 것이다. 에스라는 중대 결심을 했다. 하나님의 말씀을 연구하고, 준행하고, 가르치는 3대 말씀 운동을 위해 헌신하기로 작정한 것이다. 그는 그 시대의 필요를 제대로 파악했고 온 생애를 던져 말씀 운동에 헌신했다.

　오늘 한국 교회에도 이와 같은 말씀 운동이 요원의 불길처럼 일어나야 한다. 방송 매체나 유투브를 통해 쉽게 설교를 접할 수 있지만 홍수에 먹을 물이 부족한 것처럼 작금의 한국 성도들은 목마르다. 한국 교회의 타락상은 세상 사람들이 오히려 걱정할 지경에 이르렀다. 몇몇의 대형교회와 유명한 몇몇의 스타 목사들이 한국 교회를 주름잡고 있지만 성도들의 영적 갈증은 심각하다. 죄악의 유혹은 어느 때 보다도 무섭다. 나는 에스라처럼 죽을 때까지 선교지에서 한국 교회에 말씀 운동을 일으키려 한다. 몇 가지의 통독 운동이 이미 한국 교회에 소개되긴 했지만 일반화 되거나 매일 집에서 큐티 형식으로 할 수 있는 것이 아니었다. 그리고 비싸고 어려웠다. 무슨 특별한 세미나나 교육을 수업료 지불하고 배워야 가능한 것이었다. 그러나 우리의 성경 1독 학교는 온 세계에 페이스북과 유튜브로 누구에게나 쉽게 개방되고 열려 있다. 인도자의 안내를 따라 함께 하다 말씀 읽는 재미를 솔솔 맛볼 수 있다.

2. '세스바살'은 누구인가?

에스라 1:8,11에 세스바살이란 사람이 등장한다. 이 사람은 유다 총독이라고 하였고(8절) 성전에 쓸 금,은 그릇 5400개를 가지고 예루살렘으로 갔던 자(11절)라고 적혀 있다. 또한 에스라 5:16에는 세스바살이 예루살렘 성전 지대를 놓았다고 기록하였다. 여기 등장하는 세스바살은 누구인가? 성경 학자들은 대상 3:17~19에 언급된 여호야긴 왕의 손자 스룹바벨과 동일 인물일 것으로 추정하며 세스바살이란 이름은 스룹바벨의 바벨론식 이름일거라 추정하고 있다.

3. 돌아온 사람들

에스라 2장에는 제1차 포로귀환으로 돌아온 약 5만 명의 명단이 기록되어져 있다. 명단 발표전 1절은 이렇게 시작한다.

"옛적에 바벨론 왕 느브갓네살에게 사로 잡혀 바벨론으로 갔던 자들의 자손들 중에서 놓임을 받고 예루살렘과 유다 도로 돌아와 각기 각자의 성읍으로 돌아간 자…" 스 2:1

이전에 유다는 강성했던 왕국이었다. 그래서 주변의 나라들은 일개 '도(道,

province)'와 같이 유다에 조공을 바치고 다스림을 받았었다(대하 17:11). 그러나 본문은 이제 유다가 도리어 하나의 '도(道)'에 불과하게 되었다고 말해 준다. 실제로 바사 왕 다리오는 전국을 120개의 도로 나누었는데(단 6:1) 그 때의 유다는 역사가 헤로도투스에 의하면 바사의 제 5도였다고 한다. 인간사 새옹지마(塞翁之馬)다. 그런데 이렇게 유다가 비천하게 됨으로 말미암아 오히려 그들은 하나님을 다시 사모하게 되었다. 시편 137편을 읽어 보자.

우리가 바벨론의 여러 강변 거기에 앉아서 시온을 기억하며 울었도다 그 중에 버드나무에 우리의 수금을 걸었나니 이는 우리를 사로잡은 자가 거기서 우리에게 노래를 청하며 우리를 황폐하게 한 자가 기쁨을 청하고 자기들을 위하여 시온의 노래 중 하나를 노래하라 함이로다 우리가 이방 땅에서 어찌 여호와의 노래를 부를까 예루살렘아 내가 너를 잊을진대 내 오른손이 그의 재주를 잊을지로다 내가 예루살렘을 기억하지 아니하거나 내가 가장 즐거워하는 것보다 더 즐거워하지 아니할진대 내 혀가 내 입천장에 붙을지로다 시 137:1~6

이처럼 고난은 그들에게 예루살렘을 사모하게 했으며 하나님을 예배하는 삶을 그리워하게 하였다. 그래서 그 열정들이 쌓여 후일 회당을 탄생하게 했고 안식일마다 모여 그곳에서 말씀을 낭독하고 세계 어디를 가든지 말씀과 예배를 가까이 하는 습관을 갖게 만들었다. 그 기초 위에서 메시아이신 예수 그리스가 이 땅에 오시는 터전을 닦아 가게 하신 것이다.

● 오늘의 말씀에 대한 나의 묵상 ●

오늘의 본문 성경을 읽으시고 깨달은 점이나 기억하고 싶은 점 혹은 기도문을 기록합니다.

....

....

....

....

4월 30일

1년 1독365일 성경통독, 꿀송이 보약큐티

스 4장~6장

● 묵상 자료 ●

1. 성전건축이 방해를 받다(스 4장)

나라 잃은 바벨론에서의 삶을 청산하고 그곳을 떠나온 사람들은 예루살렘에서 모여 감격적인 초막절 절기를 지키고, 믿음과 삶의 회복을 위해 성전건축을 감동적으로 시작했다. 하지만 그것이 끝까지 순조롭게 이루어진 것은 아니었다. 성전은 상당기간 지어지지 못하다가 약 20년 후에 완공되었다. 성전이 지어지지 못하도록 어떤 방해가 있었는지를 에스라 4장이 잘 설명해 준다. 에스라 4:1~2이 이렇게 증거한다.

"사로잡혔던 자들의 자손이 이스라엘의 하나님 여호와의 성전을 건축한다 함을 유다와 베냐민의 대적이 듣고 스룹바벨과 족장들에게 나아와 이르되 우리도 너희와 함께 건축하게 하라 우리도 너희 같이 너희 하나님을 찾노라 앗수르왕 에살핫돈이 우리를 이리로 오게 한 날부터 우리가 하나님께 제사를 드리노라 하니"

'유다와 베냐민'은 바벨론에서 포로생활을 하다가 돌아온 사람들 전체를 가리킨다. 돌아온 사람들의 다수가 유다와 베냐민 지파 사람들이었고, 그들은 예루살렘을 비롯한 남유다 지역에 흩어져 살았기 때문에 그렇게 불렸다. 그리고 '유다와 베냐민의 대적'은 구체적으로 '사마리아 사람들'을 가리킨다. 솔로몬왕 이후에 이스라엘이 남북으로 분열되어 내려오다가, B.C. 722년 북이스라엘이 앗수르에 의해 먼저 멸망당했을 때 앗수르의 에살핫돈 왕은 북이스라엘 사람들을 포로로 앗수르 땅으로 끌고 가는 대신 앗수르 지역의 '바벨론', '구다', '아와' 그리고 '하맛'과 '스발와임' 등지에서 사람들을 이주시켜 사마리아에 정착하게 했다. 그로 인해서 사마리아 사람들은 자연스럽게 혼혈이 되었고, 이방에서 온 사람들의 종교도 함께 수용하게 되어서 여호와 하나님도 섬기고 이방신들도 섬기는 혼합주의적인 신앙의 모습을 갖게 되었다.

이런 상황에서 총독 스룹바벨과 대제사장 예수아를 중심으로 한 사람들이 성전을 다시 지으려고 하자, 그 소식을 듣고서 사마리아 사람들이 찾아와 자신들도 그 일에 동참하게 해 달라고 요구했는데 표면적으로는 포로에서 돌아온 사람들이 감격적인 초막절 절기 지킨 것과 성전을 건축하는 일을 시작한 것에 자신들도 동참을 요청하는 것처럼 보인다.

이들의 요구에 스룹바벨과 예수아를 비롯한 지도자들은 한마디로 답변했다.

"NO!!!"

북이스라엘과 남유다가 망하게 된 결정적인 이유는 국방력이 약하거나, 경제력이 모자랐기 때문이 아니었다. 남북이 모두 여호와 하나님을 섬기면서도 바알과 아세라를 비롯한 가나안의 이방신들도 함께 섬겼기 때문이었다. 그것의 잘못됨에 대해서 바벨론 강가에서 강제노역을 당하며, 깊이 참회하고, 참 많이 울었다. 그리고 더 이상 우상숭배를 하는 일은 하지 말자고 결심을 했다. 그런데 지금 여호와 하나님과 가나안 신들을 함께 섬기는 사람들이 와서 성전건축하는 일을 함께 하자고 하니, 거절할 수밖에 없었던 것이다.

그때에 사마리아 사람들이 보인 반응을 에스라 4:4~5이 이렇게 증거한다.

"이로부터 그 땅 백성이 유다 백성의 손을 약하게 하여 그 건축을 방해하되 바사 왕 고레스의 시대부터 바사 왕 다리오가 즉위할 때까지 관리들에게 뇌물을 주어 그 계획을 막았으며"

이 때로부터 그들은 성전건축을 훼방하기 시작했다. 훼방의 방법이 3가지였는데, 유다 백성의 손을 약하게 하였고, 건축을 방해했고, 뇌물로 계획을 막았다. 다시 말하면 그들은 심리적으로 불안감을 갖게 하여 낙심하게 했고 일이 진척되지 못하도록 저지하는 짓을 했다는 것이다. 이와 같이 우리가 올바른 삶을 살려고 하면 악한 세력은 언제나 방해공작을 하고 길을 막는다.

성전건축을 방해하는 일이 언제까지 계속되었는지 에스라 4:24이 이렇게 증거한다.

"이에 예루살렘에서 하나님의 성전 공사가 바사 왕 다리오 제 이년까지 중단되니라"

성전건축을 방해하는 일은 바사 왕 고레스 때부터 시작이 되었다. 그 이후로 성전건축이 중단된 것은 다리오 왕 제2년까지 계속되었다. 그러니까 감격적으로 시작된 성전 건축이 주전 536~520년까지 약 16년 동안 기초만 놓은 채 미완성으로 남아 있었다는 것이다.

페르시아의 아닥사스다 왕에게 상소를 올린 사람들은 자신들을 '신하'라고 표현하는데, 원문의 뜻은 '노예'나 '종'이다. 즉 자신들은 아닥사스다 왕의 노예라고 표현하고 있다. 포로에서 돌아온 사람들이 예루살렘 성벽을 재건하려고 하는데, 그들은 그 예루살렘을 패역하고 악한 성읍-범죄와 반역을 일삼던 악한 도시라고 한다. 그리고 예루살렘 성벽을 완성하고 나면 "저 무리는 다시는 조공과 관세와 통행세를 바치지 아니할 것이라"고 한다. 이것은 악의적인 모략이었다. 사실 그들에게는 온전한 독립을 하고 싶은 생각이 없었던 것이다. 그리고 "조상들이 남긴 기록들을 살펴보면 알겠지만, 예루살렘은 늘 반역을 일삼던 곳이라 이곳을 멸망시켰는데, 성벽이 재건되고 나면 다시 그 일이 반복되어 이 지역을 잃게 될 것"이라고 하는 것을 보면 그들은 나라가 독립을 하는 것보다 페르시아의 지배를 받는 것이 훨씬 더 낫고, 그 영향력 아래에서 페르시아의 공무원으로 편안한 생활을 하고 싶다는 것이었다. 이런 방해들이 성전건축 때와 예루살렘 성벽 재건 때에 있었던 것이다.

오늘 성경을 읽으면서 생각해 보아야 할 것은 우리가 하나님의 말씀을 따라 순종한다고 해서 사람들이 지지를 해 주고 하나님의 뜻을 행한다고 해서 사람들이 언제나 박수를 쳐주는 것은 아니라는 사실이다.

기 도

"하나님 아버지!

이스라엘 백성들이 포로가 되어 바벨론으로 끌려가, 그 곳에서 강제노역을 당함은 물론, 나라 없는 백성으로, 하나님을 제대로 섬길 수 없는 영적으로 서글픈 삶을 참 오랫동안 살았습니다. 하지만 하나님께서 기적같은 은총으로 말미암아 다시 고국으로 돌아와 초막절 절기를 지키고, 성전까지 지어야 되겠다고 결심했지만, 반대자들을 만나서 또 난관에 봉착했음을 오늘 말씀을 통해서 봅니다.

하나님 아버지, 혹 우리도 하나님을 바르게 섬기고 살고자 할 때에 혹 우리를 지지하지 않는 사람들을 만나거나, 우리에게 곱지 않은 시선을 보내는 사람을 만나게 될지라도 실망하거나 낙심하지 않게 해 주시옵소서. 예수님의 이름으로 기도드립니다." 아멘.

● 오늘의 말씀에 대한 나의 묵상 ●

오늘의 본문 성경을 읽으시고 깨달은 점이나 기억하고 싶은 점 혹은 기도문을 기록합니다.

....

....

....

....

....

....

....

....

....

5월 1일

1년 1독 365일 성경통독, 꿀송이 보약큐티

스 7장~9장

● 묵상 자료 ●

1. 다시 범죄한 포로귀환 공동체

법 교육과 신앙교육을 통해서 예루살렘 공동체를 다시 회복하겠다는 거룩한 소명을 가지고 예루살렘으로 돌아온 에스라는 예루살렘의 영적 상태를 보고 큰 충격을 받게 되었다. 우선 이스라엘의 일반 백성은 물론이고 특히 제사장과 레위 사람들 방백들과 고관들조차도 당시 주변 나라 사람들과 혼인을 하고 주변 나라의 종교와 문화에 흡수가 되어서 하나님 보시기에 가증한 삶을 살아가고 있는 모습을 본 것이다. 특히 1차 포로귀환과 성전재건에 앞장섰던 제사장 예수아의 자손들까지 이방 여인들과 혼인하여 범죄하였으니(스 10:18) 다른 일반인들은 말할 것도 없었다. 일반 백성들을 율법으로 잘 지도해야 할 지도자들이 이 일에 더 많이 연루되어 있었으니 얼마나 에스라의 충격이 컸는지 모른다. 그는 자기 옷을 찢고 수염을 뜯으며 금식하고 통곡하였다. 에스라는 자기가 생각했던 것보다 예루살렘 포로귀환 공동체의 영적 상태가 더 심각함을 보았고 가슴 치며 금식하고 애통해 했다. 그의 절규하는 기도 소리를 들어 보자.

"말하기를 나의 하나님이여 내가 부끄러워 낯이 뜨뜻하여 감히 나의 하나님을 향하여 얼굴을 들지 못하오니 이는 우리 죄악이 많아 정수리에 넘치고 우리 허물이 커서 하늘에 미침이니이다 우리의 열조 때로부터 오늘까지 우리 죄가 심하매 우리의 죄악으로 인하여 우리와 우리 왕들과 우리 제사장들을 열방 왕들의 손에 붙이사 칼에 죽으며 사로잡히며 노략을 당하며 얼굴을 부끄럽게 하심이 오늘날과 같으니이다 이제 우리 하나님 여호와께서 우리에게 잠시 동안 은혜를 베푸사 얼마를 남겨 두어 피하게 하신 우리를 그 거룩한 처소에 박힌 못과 같게 하시고 우리 눈을 밝히사 우리로 종노릇 하는 중에서 조금 소성하게 하셨나이다. 우리가 비록 노예가 되었사오나 우리 하나님이 우리를 그 복역하는 중에 버리지 아니하시고 바사 열왕 앞에서 우리로 긍휼히 여김을 입고 소성하여 우리 하나님의 전을 세우게 하시며 그 퇴락한 것을 수리하게 하시며 유다와 예루살렘에서 우리에게 울타리를 주셨나이다 우리 하나님이여 이렇게 하신 후에도 우리가 주의 계명을 배반하였사오니 이제 무슨 말씀을 하오리이까 전에 주께서 주의 종 선지자들로 명하여 이르시되 너희가 가서 얻으려 하는 땅은 더러운 땅이니 이는 이방 백성들이 더럽고 가증한 일을 행하여 이 끝에서 저 끝까지 그 더러움으로 채웠음이라. 그런즉 너희 여자들을 그들의 아들들에게 주지 말고 그들의 딸들을 너희 아들들을 위하여 데려오지 말며 그들을 위하여 평화와 행복을 영원히 구하지 말라 그리하면 너희가 왕성하여 그 땅의 아름다운 것을 먹으며 그 땅을 자손에게 물려주어 영원한 유산으로 물려주게 되리라 하셨나이다 우리의 악한 행실과 큰 죄로 말미암아 이 모든 일을 당하였사오나 우리 하나님이 우리 죄악보다 형벌을 가볍게 하시고 이만큼 백성을 남겨 주셨사오니 우리가 어찌 다시 주의 계명을 거역하고 이 가증한 백성들과 통혼하오리까 그리하면 주께서 어찌 우리를 멸하시고 남아 피할 자가 없도록 진노하시지 아니하시리이까 이스라엘의 하나님 여호와여 주는 의로우시니 우리가 남아 피한 것이 오늘날과 같사옵거늘 도리어 주께 범죄 하였사오니 이로 말미암아 주 앞에 한 사람도 감히 서지 못하겠나이다 하니라" 스 9:6~15

이렇게 에스라가 말씀 앞에서 회개하기 시작하자 예상하지 못했지만 순수한 믿음과 애통의 심령을 가진 사람들이 모여들었다. 그리고 회개운동에 함께 동참했다. 포로귀환 공동체는 역사를 통해서 은혜와 심판을 다 체험했음에도 불구하고 다시 죄의 유혹에 넘어지게 되었다. 그만큼 죄의 유혹과 세속의 시험은 강력하고 사람을 넘어지게 하는 큰 힘이 있다. 우리는 결코 죄와 사탄과 세속, 그리고 우리 안에 역사하는 육체의 정욕을 가볍게 생각해서는 안 된다. 매일 매 순간 하나님의 능력과 그리스도의 십자가를 의지하지 않으면 죄에 미혹될 수밖에 없는 타락하고 믿을 수 없는 존재가 바로 우리다. 결국 에스라와 함께하는 백성들은 회개를 행동으로 실천하기로 했다. 이방인들과 혼인한 자들의 명부를 만들어 공개적으로 발표하고 그들은 모두 자발적으로 그들의 이방인 파트

너들을 돌려보내기로 한 것이다. 이미 아이가 있는 자들은 그 아이까지 돌려보냈다. 지금 생각하면 '꼭 그 방법밖에 없었나…' 하고 달리 생각할 수도 있다. '이왕 결혼했으니 그들을 다 여호와 신앙으로 개종시켜 룻이나 라합처럼 함께 살면 더 좋지 않았을까' 생각할 해 볼 수도 있다. 그러나 그때 상황은 지금의 일반적인 상황이 아니었다. 그들은 70년의 포로생활을 마치고 꿈에 그리던 여호와 신앙의 삶으로 돌아 온지 불과 얼마되지 않은 시점이었다. 한두 명의 죄가 아니라 집단적인 범죄였다. 그래서 에스라는 어떤 희생을 치르더라도 발본색원하여 두고두고 오는 세대들에게 하나님의 말씀대로 살아야 한다는 교훈을 남기고 싶었던 것이다.

기도

"하나님 아버지,

지도자 에스라의 창자가 끊어지는 애통의 회개기도를 읽으며 함께 회개합니다. 또한 기도로만 끝나는 신앙이 아니라 삶 속에서 구체적으로 실천하는 개혁신앙을 봅니다. 정든 아내와 자식까지도 눈물로 보내야 했던 뼈저린 회개의 현장을 보면서 이것이 참된 부흥임을 고백합니다. 한국교회가 숫자만 늘리는 부흥이 아니라 죄악에서 떠나는 실천을 통해서 참된 부흥의 역사를 이루게 하소서. 예수님의 이름으로 기도합니다." 아멘.

● 오늘의 말씀에 대한 나의 묵상 ●

오늘의 본문 성경을 읽으시고 깨달은 점이나 기억하고 싶은 점 혹은 기도문을 기록합니다.

....

....

....

....

....

....

....

5월 2일

1년 1독 365일 성경통독, 꿀송이 보약큐티

스 10장~느 2장

● 묵상 자료 ●

1. 페르시아 궁전에서 조국의 소식을 듣고 울다

오늘의 느헤미야의 본문을 읽으면 눈물과 기도의 사람이 등장한다. 느헤미아 1:4에 그는 이국 땅 페르시아 수산궁에서 조국의 남은 자들의 소식을 듣고 앉아 울면서 수일 동안 슬퍼하며 밥을 굶고 하늘의 하나님께 기도했다고 한다. 참으로 느헤미야는 조국 사랑이 뜨거웠던 사람이었다. 자신은 비록 남의 나라에 포로로 잡혀 왔지만 하나님의 은혜를 입어 이방 황제의 술을 담당하는 높은 관직에 있고 궁궐에 근무하는 남부러울 것 없는 처지였다. 그러나 그는 자신이 홀로 누리는 부귀영화에 만족하지 않았다. 자나 깨나 조국 이스라엘과 시온성 예루살렘에 대한 사무치는 그리움이 그를 감싸고 있었다. 하나님을 너무나 사랑했기에 그럴 수밖에 없었다. 시인 황대우님은 언젠가 자신의 아내에게 이런 편지를 썼던 적이 있다.

"내가 말했잖아. 정말, 사랑하는 사람들은 너, 나 사랑해? 묻질 않아.
그냥, 그래, 그냥 살어. 그냥 서로를 사는 게야.
말하지 않고, 확인하려 하지 않고. 그냥 그대 눈에 낀 눈곱을 훔치거나 그대 옷깃의 솔밥이 뜯어주고 싶게 유난히 커 보이는 게야.
생각나? 지금으로부터 14년 전, 늦가을,
낡은 목조 적산가옥이 많던 동네의 어둑어둑한 기슭, 높은 축대가 있었고 흐린 가로등이 있었고 그 너머 잎 내리는 잡목 숲이 있었고 그대의 집, 대문 앞에선 이 세상에서 가장 쓸쓸한 바람이 불었고 머리카락보다 더 가벼운 젊음을 만나고 들어가는 그대는 내 어깨 위의 비듬을 털어 주었지. 그런 거야, 서로를 오래오래 그냥, 보게 하는 거.

그리고 내가 많이 아프던 날 그대가 와서, 참으로 하기 힘든, 그러나 속에서는 몇 날 밤을 잠 못 자고 단련시켰던 뜨거운 말: 저도 형과 같이 그 병에 걸리고 싶어요.

그대의 그 말은 에탐부톨과 스트렙토마이신을 한 알 한 알 들어내고 적갈색의 빈 병을 환하게 했었지. 아, 그곳은 비어있는 만큼 그대 마음이었지. 너무나 벅차 그 말을 사용할 수조차 없게 하는 그 사랑은 아픔을 낫게 하기 보다는, 정신없이, 아픔을 함께 앓고 싶어 하는 것임을 한 밤, 약 병을 쥐고 울어 버린 나는 알았지. 그래서, 내가 살아야 할 이유가 된 그대는 차츰 내가 살아갈 미래와 교대 되었고…"

나는 황대우님의 이 글을 읽을 때, 사랑은 내가 병들었을 때 아픔을 낫게 하기 보다는 정신 없이 그 아픔을 함께 앓고 싶어하는 것임을 밤새 약병을 쥐고 울며 깨달았다는 대목에서 목이 뜨거워 왔다. 사랑은 이토록 사람을 놀라게 하는 무언가의 뜨거움이다. 신비한 능력이다. 그래서 예수님이 나를 위해 그 모든 아픔을 대신한 것이었다. 그리고 마침내 나를 살리시고 자신을 죽음에 던지셨던 것이다. 사랑은 죽음같이 강하다(아 8:6~7). 많은 물도 이 사랑을 끄지 못하고 홍수라도 삼키지 못한다. 느헤미야의 하나님 사랑, 조국 사랑은 그의 금식과 눈물의 기도로 표현되었다.

"하늘의 하나님 여호와 크고 두려우신 하나님이여 주를 사랑하고 주의 계명을 지키는 자에게 언약을 지키시며 긍휼을 베푸시는 주여 간구하나이다 이제 종이 주의 종들인 이스라엘 자손을 위하여 주야로 기도하오며 우리 이스라엘 자손이 주께 범죄한 죄들을 자복하오니 주는 귀를 기울이시며 눈을 여시사 종의 기도를 들으시옵소서 나와 내 아버지의 집이 범죄하여 주를 향하여 크게 악을 행하여 주께서 주의 종 모세에게 명령하신 계명과 율례와 규례를 지키지 아니하였나이다 옛적에 주께서 주의 종 모세에게 명령하여 이르시되 만일 너희가 범죄하면 내가 너희를 여러 나라 가운데 흩을 것이요 만일 내게로 돌아와 내 계명을 지켜 행하면 너희 쫓긴 자가 하늘 끝에 있을지라도 내가 거기서부터 그들을 모아 내 이름을 두려고 택한 곳에 돌아오게 하리라 하신 말씀을 이제 청하건대 기억 하옵소서 이들은 주께서 일찍이 큰 권능과 강한 손으로 구속하신 주의 종들이요 주의 백성이니이다 주여 구하오니 귀를 기울이사 종의 기도와 주의 이름을 경외하기를 기뻐하는 종들의 기도를 들으시고 오늘 종이 형통하여 이 사람들 앞에서 은혜를 입게 하옵소서 하였나니 그 때에 내가 왕의 술 관원이 되었느니라" 느 1:5~11

느헤미야서를 읽으면 읽을수록 그의 눈물과 그의 기도와 그의 조국 사랑과 하나님 사랑의 열정을 실감하게 된다. 자신의 개인적인 부귀영화를 분토처럼 다 내어버리고 황제에게 구하여 연약한 자기 조국의 성벽재건을 위해 물자와 도움을 청하고 사명의 길을 자원해서 나서는 그의 발걸음이 너무나 존경스럽다. 산발랏과 도비야 같은 사단의 무리들이 끊임없이 위협하고 괴롭히며 방해했지만 그는 결코 포기하지 않고 싸우며 예루살렘 성벽재건의 대업을 결국 완수하고야 만다. 총독 월급도 받지 않은 채 그는 자기 백성들의 솔선수범이 되어 그들을 돌보았다. 머나먼 페르시아 왕국을 왕래하면서 그는 누가 시키지도 않은 어려운 일을 자원해서 하나님을 위하여 수고를 마다하지 않았다.

● 오늘의 말씀에 대한 나의 묵상 ●

오늘의 본문 성경을 읽으시고 깨달은 점이나 기억하고 싶은 점 혹은 기도문을 기록합니다.

....

....

....

....

....

....

....

1년 1독 365일 성경통독, 꿀송이 보약큐티

느 3장~5장

● 묵상 자료 ●

1. 성문 이름들 정리

성벽재건을 하는 느헤미야를 따라 가다 보면 예루살렘 성을 출입하는 여러 성문 이름이 등장한다. 한국의 남대문, 동대문처럼 그때도 성문마다 이름을 붙이고 관리했다.

1) 양문(羊門) - sheep gate, 동물 양의 문이다. 느 3:1에 언급된다. 요 5:2을 보면 양문 곁에 베데스다라 하는 연못이 있었다고 한다. 제물로 쓸 양들을 이 연못에서 씻어서 성문으로 들어갔기 때문에 양문이라는 이름이 붙었다. 성곽의 북동쪽에 위치해 있었다.

2) 어문(魚門) - fish gate, 성 북쪽에 위치한 이 성문은 요단강과 갈릴리 호수에서 잡은 고기를 운반하여 들여온데서부터 붙여진 이름. 느 3:3, 느 12:39에 언급됨.

3) 옛문 - old gate, 지금의 다메섹 문에 해당된다고 추측되는 문. 느 3:6, 느 12:39에 언급됨.

4) 골짜기 문 - vally gate, '흰놈의 골짜기'를 향하여 있는 문이기 때문에 붙여진 이름. 느 2:13, 느 3:13에 언급됨.

5) 분문(糞門) - dung gate, 성안의 모든 오물들을 실어 내는 문. 냄새

때문에 이 문을 지키는 자들의 수고가 훨씬 컸을 거라 짐작됨. 느 2:13, 느 3:13~14, 느 12:31에 언급됨.

6) 샘문 – fountain gate, 실로암 못가에 위치하여 붙여진 이름. 느 2:14, 느 3:15, 느 12:37에 언급됨.

7) 수문(水門) – water gate, 성전에서 쓰는 물을 실어 들였던 문. 에스라가 '수문 앞 광장'(느 8:1,3)에 사람들을 모아 놓고 율법을 들려준 것을 보아 이 문은 성전 가까이에 있었던 문이었다.

8) 마문(馬門) – horse gate, 이 곳으로 말들을 출입시켰음. 느 3:28에 언급됨.

9) 동문(東門) – east gate, 학자들은 수문과 동일한 문으로 여김. 느 3:26에 언급됨.

10) 에브라임 문 – gate of Ephraim, 이 문은 죄수들을 실어 나르는 감옥으로 통하는 문. 느 12:39에 언급됨.

이 외에도 몇 개의 문이 더 있었다. 요한계시록 21장에는 장차 하늘에 있을 예루살렘 성의 높은 성곽과 문들이 소개되어 있는데 12개의 문들이 있다고 하였다. 그 문들의 이름은 이스라엘 12지파의 이름을 따서 지어져 있다. 동서남북에 각각 세 문씩 위치 해 있는데 문마다 천사가 지키고 있다고 하였다.

크고 높은 성곽이 있고 열두 문이 있는데 문에 열두 천사가 있고 그 문들 위에 이름을 썼으니 이스라엘 자손 열두 지파의 이름들이라. 동쪽에 세 문, 북쪽에 세 문, 남쪽에 세 문, 서 쪽에 세 문이니 그 성의 성곽에는 열두 기초석이 있고 그 위에는 어린 양의 열두 사도의 열두 이름이 있더라…. 그 성곽은 벽옥으로 쌓였고 그 성은 정금인데 맑은 유리 같더라 계 21:12~18

아, 우리도 머지않아 세상 떠나면 그 정금으로 된 황금성에 이르고 12문들 중 한 성문을 통과하여 새 예루살렘 성 안으로 발을 내 디딜 것이다. 성문을 지키는 천사가 당신에게 신분을 묻거든 무조건 예수님 이름을 선포하라. 그 이름이 우리의 여권이요, 비자요, 열쇠이다. 천사는 예수의 이름을 부르는 당신에게 미소를 지으며 황금성문을 열어 줄 것이다. 함께 237장을 찬송해 보자.

저 건너편 강 언덕에 아름다운 낙원 있네 믿는 이만 그 곳으로 가겠네 황금문을 들어가서 주님 함께 살리로다 너와 날 위해 황금종 울린다.

은빛 바다 저 너머로 우리 모두 건너가서 죄와 고통 모든 슬픔 잊겠네 예수님의 사랑 속에 영원토록 살리로다 너와 날 위해 황금종 울린다.

우리 일생 다 지나고 주의 품에 편히 쉴 때 나의 영혼 자유함을 얻겠네 괴로운 짐 모두 벗고 주와 함께 살리로다 너와 날 위해 황금종 울린다. 아멘.

〈후렴〉 저 울리는 종소리와 천사들의 노랫소리 영광일세 할렐루야 기쁘다 빛나는 저 강 건너편 아름답고 영원한 곳 너와 날 위해 황금종 울린다.

2. 방해꾼들과 맞서는 느헤미야

느헤미야가 마침내 아닥삭스다 1세의 공식 조서를 손에 쥐고, 주전 445년 당당히 '예루살렘'으로 귀환한다. 그가 수사(Susa)에 위치한 수산 궁에서 출발하여 예루살렘으로 돌아오는 여정은 만만찮은 거리였다. 그럼에도 불구하고 그의 발걸음은 가벼웠을 것이며, 더할 나위 없는 기쁨으로 고향 땅을 향하여 나아갔다. 이 기쁨의 순간에 성경은 앞으로 발생하게 될 문제를 복선으로 미리 보여 준다. 느헤미야 2:10은 느헤미야가 예루살렘으로 향한다는 소문이 예루살렘 주변에서 정치적 입지를 굳히며 이스라엘 백성들을 압박하였던 사람들에게 심각한 근심거리가 된다고 쓰고 있다. 호론 사람 산발랏은 바벨론식 이름을 가진 자로, 당시 사마리아를 통치하던 총독이었다. 사마리아는 앗수르에 의하여 주전 722년 함락된 뒤, 정치적으로 메소포타미아와 시리아 주민들을 강제 이주시킴으로 이민자들과 이스라엘 백성들 간의 혼혈 민족으로 지역을 형성하였다. 혼혈이었음에도 불구하고 사마리아 사람들은 자신들의 정체성은 유대인이라 여기면서 유다 땅에 대한 권한을 주장했다. 결국 산발랏은 이전에는 정치적으로 유다에 대하여 지속적인 간섭이 용이 했는데, 아닥삭스다 1세의 조서를 들고 등장한 느헤미야로 인하여 더 이상 간섭할 명분이 상실되는 문제로 근심하면서 그를 대적하는 자가 되었다.

이처럼 예루살렘을 둘러싼 사방의 공격적이고 위협적인 압박에도 불구하고 느헤미야는 당당히 '예루살렘'으로 입성한다. 예루살렘으로 들어온 느헤미야는 특별한 행동 없이 평안한 시간을 보내며 하나님을 바라 본다. 어쩌면 그를 주시하고 있던 주변 총독들의 눈을 의식하고 있었는지도 모른다. 이후 3일이 지나던 날 밤, 느헤미야는 몇몇 사람들과 밖으로 향한다. 느헤미야의 동선을 살펴보자. 그는 늦은 밤에 '골짜기 문'을 통하여 밖으로 나와 용정을 지나서 분문으로 향하였다. 여기서 '용정'이라는 것은 다른 말로 '용 샘'이라고 부르는 것인데, 아마도 지진이나 그 외 지형의 변화로 발생한 샘일 것이다. 그 모양이 마치 뱀 또는 용의 눈과 닮았다 하여 용 샘이라고 불렀다. 용정을 지나 배설물을 내보내는 분문을 지나며 느헤미야가 본 것은 무너진 성벽과 불에 탄 성문이었다. 이 처참한 모습에 안타까워하면서 샘 문과 왕의 못에 이르렀을 때 탄 짐승이 더는 앞으로 갈 수 없다는 것을 알게 되었고, 갈 수 없는 막힌 길에서 느헤미야는 기드온 골짜기로 이동하면서 주변에 무너진 성벽의 상태를 확인하고 나서야 다시 왔던 길을 돌아 골짜기 문으로 들어온다. 그리고 이 일은 아무도 모르게 조용히 나갔다 왔으며, 예루살렘의 어느 누구도 알지 못했다고 성경은 쓰고 있다. 그리고 사람들을 모아 논의한다.

바로 그때, 느헤미야의 예루살렘 입성과 성벽 재건에 대하여 불편함을 느꼈던, 산발랏, 도비야, 게셈은 의도적으로 느헤미야를 비롯한 이스라엘 백성들을 향하여 업신여기고 비웃는다. 그리고 이 방해는 지속적으로 쉬지 않고 증폭된다. 그러나 그때 그때 느헤미야는 하나님께 기도로 그들의 악행을 아뢰며 결코 물러서지 않았다. 심지어 한 손에 칼을 들고 한 손에는 건축 장비를 들고 일을 하기까지 했다. 결국 기도와 헌신으로 생명 걸고 성벽 재건에 힘쓴 결과 숱한 난관을 뚫고 마침내 성벽을 완성하기에 이른다.

● 오늘의 말씀에 대한 나의 묵상 ●

오늘의 본문 성경을 읽으시고 깨달은 점이나 기억하고 싶은 점 혹은 기도문을 기록합니다.

● 묵상 자료 ●

1. 52일 만의 기적

느헤미야가 성벽을 52일 만에 건축하는 것은 불가능한 일이었다. 그런데 어떻게 그게 가능했을까? 그 해답은 다음과 같다.

첫째, 하나님의 은혜와 도움이다. 하나님의 도움이 없었다면 성벽건축은 애초부터 불가능했다. 세상을 살다보면 내가 할 수 있는 일과 내가 할 수 없는 일이 있다. 내가 할 수 있는 일은 내가 하면 되지만, 내가 할 수 없는 일은 하나님이 돕지 않으면 안 된다. 때때로 우리는 내가 한 것이 별로 없는데 무엇인가가 이뤄진 경험을 하곤 한다. 그것이 바로 하나님이 하신 일이다.

둘째, 느헤미야의 기도와 믿음, 그리고 비전이다.

큰일은 비전을 가진 사람이 비전에 목숨을 걸어야 가능해진다. 느헤미야가 그런 사람이었다. 만약 느헤미야가 하나님의 음성을 듣지 않고 기도를 하지 않았다면 이 비전은 생기지 않았을 것이다.

셋째, 좋은 동역자들이다. 아무리 좋은 지도자가 있어도 같이 일할 사람이 없으면 해내지 못한다. 이스라엘 백성들은 느헤미야의 비전에 동조해 열정을 쏟아가며 헌신했다. 이렇듯 교회도 비전 공동체이다. 습관적으로 다니는 곳이 아니다. 교회를 생각하면 괜히 흥분이 되고 속에서 불이 나야 한다. 성벽을 건축하는 데에는 하나님의 은혜와 느헤미야의 비전, 그리고 백성들의 열정이 한데 어우러졌다. 그런데 여기에 한 가지 중요한 요소가 더 있다. 그것은 반대자들의 박해와 음모이다. 역설적이게도 반대자가 없었다면 성벽건축은 성공하지 못했을 지도 모른다. 반대하는 사람이 없으면 긴장하지 않기 때문이다. 반대하는 사람으로 인해 파수꾼이 생긴다. 결과적으로 반대하는 사람들은 정말 고마운 일을 한 것이다.

시편에 주님께서 내 앞에 원수를 두셨다는 말씀이 있다. 원수가 있기 때문에 하나님이 크게 부각된다는 것이다. 우리들 주변에는 마음을 어렵게 만드는 사람이 꼭 있다. 학교나 직장에 가보면 '저 사람만 없으면 좋겠다'는 생각을 하게 만드는 사람이 있게 마련이다. 그러나 그 사람들에게 감사하자. 그 사람이 나로 하여금 성벽을 짓게 하는 동기부여를 해주고 있기 때문이다.

성벽건축에 마귀의 공격이 계속되었다. 밖으로는 산발랏과 도비야를 중심으로 공격이 있었고, 안으로는 귀족들의 부패로 인한 문제가 있었다. 그러나 그 모든 시험을 느헤미야는 영적 리더십으로 원망과 불평까지 잠재웠다. 느헤미야는 백성들을 야단치지 않고 지도자들을 야단쳤다.

언제든지 마귀의 공격은 굉장히 합리적이고 이성적이고 심리적이다. 물리적 공격에도 불구하고 성벽이 완성 단계에까지 이르자 그들은 심리적 공격으로 방법을 바꿨다.

느헤미야 6장 1절부터 4절까지의 말씀을 읽어 보면 "내가 성벽을 건축해 허물어진 부분들을 남김없이 다 메웠다는 것을 산발랏과 도비야와 아라비아 사람 게셈과 그 나머지 원수들이 들었습니다. 그러나 그때까지도 나는 아직 성문의 문짝을 달지 못했습니다. 그때 신발랏과 게셈이 내게 이런 전갈을 보냈습니다. '오시오, 우리가 오노 평지의 한 마을에서 만납시다.' 그러나 사실은 나를 해치려는 수작이었습니다. 그래서 나는 그들에게 사람을 보내 다음과 같이 대답했습니다. '내가 큰 공사를 하고 있으므로 내려갈 수가 없소. 어떻게 내가 자리를 비워 일을 중지시키고 당신들에게 내려가겠소?' 그들은 네 번씩이나 똑같은 전갈을 내게 보냈고 나 역시 매번 똑같이 대답했습니다."라고 한다.

느헤미야는 그들의 목적이 자신을 끌어내서 공사를 중지시키고 살해하려는 것임을 알고 있었다. 그들이 느헤미야에게 오라고 한 오노평지라는 곳은 이스라엘에서 68킬로미터 떨어져 있는데 거기 가면 언제, 어떻게, 무슨 일을 당할지 알 수가 없었다.

공격하는 사람들은 늘 명분을 만든다. 또한 계속해서 심리적으로 공격을 한다. 사람이 한 번은 거절할 수 있지만 네 번씩이나 같은 전갈을 받고 거절하기는 미안해서, 그들의 요구를 들어줄 것이라고 생각한 것이다. 그러나 느헤미야는 마음이 확실했기 때문에 속지 않았다. 그랬더니 다섯 번째 편지를 보냈다. 그들은 이전보다 더욱 교활한 심리전을 펼쳤다. 다섯 번째 전갈은 봉인되지 않은 채 전달되었다. 모든 사람들에게 소문을 내려는 수작이다.

소문은 아주 무서운 공격수단 중 하나이다. 조직이나 회사에서 근거 없는 소문으로 한 사람을 망가뜨려 놓기도 한다. 당해보면 얼마나 억울한지 표현하기조차 어렵다.

봉인되지 않은 채 도착한 편지의 내용은 느헤미야 6:6~7에 있다.

"당신과 유다 사람들이 반역을 꾀하고 있고 그래서 성벽도 건축하는 것이라는 소문이 여러 나라에 돌고 있으며 게셈도 그 말이 맞다고 했소. 게다가 이 소문에 따르면 당신이 그들의 왕이 되려고 하며 심지어 예언자를 세우고 예루살렘에서 당신에 대해 '유다에 왕이 있다!' 라고 선포하려고 한다는 말을 들었소. 이제 이 소문이 황제께도 보고될 것이오. 그러니 이제 우리가 만나서 함께 의논합시다."

'의논합시다'라는 말이 요점이 아니고 모든 사람들이 전갈을 읽게 하는 데에 목적이 있었다. 이런 협박과 공갈에 느헤미야는 어떤 태도를 취했을까? 느헤미야 6:8~9의 내용이다.

"나는 그에게 이런 회답을 보냈습니다. '당신이 한 말은 모두 거짓이오. 당신이 꾸며낸 것일 뿐 실제로 그런 일은 없소.' 그들은 우리에게 겁주려 했습니다. 그렇게 하면 우리가 낙심해 공사를 끝내지 못할 것이라고 생각한 것입니다. 그러나 하나님이여, 이제 제 손을 강하게 하소서"

느헤미야는 물질적인 문제든 심리적인 문제든 자신을 어렵게 만드는 상황이 생길 때마다 기도를 했다. "하나님이여 이제 제 손을 강하게 해주십시오. 하나님이 가라고 하신 그 길을 계속해서 갈 수 있도록 도와주십시오"라고 기도하는 것이 그의 모습이었다.

우리가 제일 많이 해야 할 기도는 "나에게 용기를 주십시오. 은혜를 베풀어

주십시오. 죄가 있으면 덮어주시고 부족한 것이 있으면 채워주시고 연약한 것이 있으면 강하게 만들어주셔서 나를 붙잡아주십시오."라는 기도이다. 느헤미야에게 이러한 기도와 믿음이 없었더라면 그는 쉽게 무너졌을 것이다.

느헤미야를 공격하는 적들은 느헤미야가 쉽게 무너지지 않으니까 내부 지도자를 이용해 넘어뜨리려는 전략을 썼다. '스마야'라는 사람을 이용했는데 스마야는 느헤미야가 직접 그의 집을 찾아갈 만큼 중요하고 가까운 사람이었다.

"어느 날 므헤다벨의 손자며 들라야의 아들 스마야가 두문불출하므로 내가 그 집에 갔더니 그가 말했습니다. '사람들이 당신을 죽이러 올 것이니 우리가 성전 안 하나님의 집에서 만나 성전 문을 닫읍시다. 그들이 밤에 당신을 죽이러 올 것입니다.'" 10절

스마야가 두문불출하니까 느헤미야가 그를 찾아간 것이다. 느헤미야를 본 스마야가 본심을 드러냈다. 그것은 그들이 밤에 당신을 죽이러 올 것이니 일단 성전으로 피하자는 것이었다. 이 말을 들은 느헤미야는 즉시 그의 말이 잘못됐다는 것을 알았다. 그 이유는 성전으로 도망가자는 말 때문이었다. 당시 밤에 성전에는 제사장은 들어갈 수 있지만 그 외 사람들은 왕이라도 함부로 들어갈 수 없었기 때문이다. 느헤미야가 밤에 성전에 들어갔다는 오명을 씌워 그를 잡기 위한 방법이었다.

"그러나 내가 말했습니다. '나 같은 사람이 도망가야 되겠소? 나 같은 사람이 성전 안으로 들어가 목숨이나 구하겠소? 나는 가지 않겠소!" 10절

우리는 종교적 속임수에 넘어가서는 안 된다. 그러기 위해서는 영적으로 바로 서 있어야 한다. 확실하고 분명하게 서 있으면 흔들리지 않는다. 만약 그렇지 않으면 믿음이 뿌리째 뽑힐 수 있다.

"그 순간 나는 하나님이 그를 보내지 않았다는 것을 알았습니다. 도비야와 산발랏이 그를 매수해 그가 나에 대해 이런 예언을 했습니다. 그들이 나를 협박하려

고 그를 매수해 내가 두려움에 휩싸인 나머지 그렇게 하다가 죄를 짓게 하며 오명을 쓰게 해 결국 나를 비방하려는 것이었습니다." 12~13절

예수님은 "놀라지 말라. 두려워 말라. 내가 너희와 함께 한다"는 말씀을 많이 하셨다. 그것은 사람들이 틈만 나면 걱정하고 염려하기 때문이었다. 지나친 걱정과 염려는 마귀의 생각에 빠져들게 만든다. 두려움에 붙잡히면 죄를 짓게 되고 죄를 짓게 되면 힘이 빠지게 된다. 두려움에 빠지면 마귀의 속셈에 넘어가게 된다. 느헤미야는 기도했다.

"하나님이여, 도비야와 산발랏의 소행을 보시고 그들을 기억하소서. 또한 여 예 언자 노야다와 저를 위협하려던 그 나머지 예언자들도 기억하소서." 14절

그들의 공격은 이것으로 끝나지 않았다. 성전을 완성하고 나서도 그들의 공격은 계속되었다.

"또한 그 즈음 유다의 귀족들은 도비야에게 여러 통의 편지를 보냈고 도비야의 답장도 계속 왔습니다. 도비야는 아라의 아들 스가냐의 사위였고 또 그 아들 여호하난은 베레갸의 아들 므술람의 딸과 결혼한 사이였으므로 유다에는 그와 동맹한 사람들이 많았습니다." 17~18절

도비야와 유다 귀족들이 편지를 계속 주고받은 이유는 혼인을 했기 때문이었다. 성경에는 이방인과 결혼하지 말라고 했다. 그것은 종교적 간음이 생기기 때문이다. 남들이 좋다고 해서 다 하지는 말아야 한다. 독버섯이 있다. 우리 모두 정신을 똑바로 차리고 살아야 한다. 그래야 마지막 시대에 사탄의 전략에 말려들지 않고 승리할 수 있다.

오늘의 본문 성경을 읽으시고 깨달은 점이나 기억하고 싶은 점 혹은 기도문을 기록합니다.

1년 1독 365일 성경통독, 꿀송이 보약큐티

느 9장~11장

1. 은혜 받고 헌신한 사람들

느헤미야 11장을 읽으면 '예루살렘 성안에서 살게 된 사람들'이 나온다.

예루살렘 성안에 살게 된 사람들이 왜 중요할까? 그 당시 예루살렘 성은 사람들이 안전하고 편안하게 살만한 도시가 아니었다. 비록 성벽을 재건하고 성문을 다시 세웠지만 아직도 예루살렘 성안은 썰렁하고 강도와 도적이 창궐했다. 누가 거기에서 살려고 하겠는가? 그곳을 모두 피하고 싶었을 것이다. 언제 어느 곳에서 피해를 볼지 모르기 때문이다. 느헤미야와 하나님의 종들은 힘을 합쳐서 성벽을 건축했다. 성벽을 건축하고 나니까 일단 외부세력으로부터의 공격은 막게 됐는데 이스라엘 백성들은 이상하게도 허전했다. 인간의 심리가 큰 일을 치루고나면 허전함을 느낀다. 이스라엘 백성들이 모두 고향으로, 자기 집으로 돌아갔지만 어쩔 줄 몰라했다. 집을 지을 때는 집 짓는 게 목적이었는데 집을 다 짓고 나니까, 성벽을 고치고 나니까 마음이 갈급했던 것이다. 그래서 학사 에스라를 불러서 하나님의 말씀을 읽었다. 학사 에스라가 설교를 한 것은 아니다. 그냥 말씀을 그대로 읽었다. 이스라엘 백성들이 말씀을 듣다 보니까 마치 거울을 보듯이 자기 자신을 보는 것 같았다. 이스라엘 백성들은 말씀을 듣는 순간 '내가 잘못 살아왔구나, 내가 위선적으로 살아왔구나'라는 생각을 하게 되었다. 그 생각을 하는 순간 이 사람들은 마음 가운데 찔림을 받고 하나님의 말씀 앞에서 통곡하며 울었다. 거기서 좀 더 깊어져서 금식하기 시작한다. 이것이 바로 성벽을 재건한 후 이스라엘 사람들의 모습이었다. 그 결과 그들은 무엇을 잘못했는지 생각만 한 것이 아니라 조목조목 적기 시작했다. 그리고 서명했다. 이것이 느헤미야 10장까지의 이야기이다.

그런데 문제가 생겼다. 그러면 과연 누가 예루살렘성에 들어가서 살겠느냐는 것이다. 느헤미야 11:1의 내용이다.

"백성들의 지도자들은 예루살렘에 살게 됐습니다. 나머지 백성들에 대해서는 제비를 뽑아 10분의 1은 거룩한 성 예루살렘에서 살게 했고 그 나머지 10분의 9는 각자 자기의 성읍에서 살게 했습니다."

잡풀이 무성하고, 집은 고쳐야 하고 여우들과 쥐가 들락날락하는 성 안에 들어가서 살겠다고 나서는 사람들은 백성들의 지도자였다. 지도자가 모범을 보이면 백성들은 기쁘게 따라간다. 지도자가 희생하면 따르는 자도 희생한다. 그러면 고통이 축제가 되고 슬픔이 기쁨으로 변하기 시작하고 그 도시는 살아나기 시작한다.

두 번째로 재미있는 것이 나오는데 제비를 뽑아 10분의 1은 예루살렘 성안에 살게 했다는 것이다. 왜 제비를 뽑았을까? 성안에 들어가고 싶은 사람이 많았기 때문이다. 그러한 상황을 피하는 것이 정상인데, 이스라엘 백성들은 말씀을 받고 나자 '내가 하나님의 집을 이렇게 버려둘 수 없다. 쓰레기를 치우고 부서진 집을 다시 재건하고 도로를 만들고 깨끗하게 해야되겠다'는 마음이 불타기 시작한 것이었다. 자원하는 사람이 너무 많아서 제비를 뽑았다. 그래서 10분의 1을 예루살렘 성안에 살도록 했다.

제비를 뽑는 것은 하나님의 선택이다. 제비뽑기란 하나님이 나를 선택했다는 확신이다. 하나님의 선택을 받은 것에는 고난이 따르지만 기쁨이 있다. 그래서 더 열심히 최선을 다해 살 수 있는 것이다. 여호수아가 가나안 땅을 정복한 후에 땅을 분배할 때도 제비뽑기를 하였다. 땅을 분배할 때 각 족속들이 서로 좋은 땅을 가지려고 하자 제비뽑기를 한 것이다. 또 이스라엘 백성들이 왕을 세워달라고 할 때도 제비를 뽑았다. 가룟 유다 대신에 맛디야를 선택할 때도 제비를 뽑았다. 결국 제비뽑기라는 것은 사람이 후보자를 세웠지만 선택은 하나님이 하신다는 믿음을 나타낸다.

모두 예루살렘 성안에 들어가서 살기를 원했지만 하나님께서는 10분의 1만 그 성에 들어가도록 했다. 성안에 들어간 사람들이 어떻게 살았을까? 그들은 고난과 고통을 두려워하지 않았을 것이다. 위험한 밤도 무섭지 않았을 것이다. 먹을 것도 없고, 험악한 도시지만 그들은 최선을 다해 그 도시를 깨끗하게 만들기 시작했다.

이스라엘을 여행해 본 사람들은 팔레스타인 쪽으로 가면 매우 지저분하지만 이스라엘은 일본처럼 깨끗하다고 한다. 반듯하고 냄새도 나지 않는 것이 팔레스타인과 대조적이라는 것이다. 하나님의 백성들이 사는 곳은 그렇게 깨끗하고 늘 단정한 것 같다. 왜냐하면 최선을 다해 열심히 살기 때문이다. 그리고 이스라엘의 특징 중 하나가 바로 거지가 없다는 것이다. 이스라엘 민족은 거지를 만들지 않는다.

허드슨 테일러가 중국에서 떠나려고 했을 때 하나님이 열감기로 쓰러지게 하셨다. 그때 그가 본 환상이 있었다. 그는 수많은 중국의 영혼들이 지옥으로 떨어지는 것을 본 것이다. '내가 가지 않으면 누가 가겠는가'라는 생각에 자진해서 다시 중국에 남아 헌신하였다.

이스라엘 백성 중 제비뽑기에서 뽑히지 못한 10분의 9가 있다. 그 사람들은 예루살렘성에 못살고 성 밖에서 살았다. 성 밖에서 어떻게 살았을까? 느헤미야 11:2을 보면 다음과 같은 내용이다.

"또 모든 백성들은 예루살렘에 살기로 자원하는 사람들을 축복해 주었습니다."

그들은 비록 예루살렘 성안에 들어가서 청소도 못하고 집도 못 짓고 예루살렘 성전을 복구하는 일에 참여하지 못했지만 성 밖에서 살면서 성안에서 고생하는 사람들을 축복해 주었다.

여기서 보냄을 받는 사람들과 축복해주는 사람들이 있다는 것을 발견할 수 있다. 얼마나 아름다운 광경인가! 내가 비록 제비뽑기에서 뽑히지 못했다고 할지라도 제비 뽑힌 사람을 축복하고, 뒤에서 기도해주고 응원해주어야 한다는 것이다. 느헤미야 7:4을 읽어 보면 이러한 내용이다.

"그 성은 크고 넓은데 성안에 사는 사람들은 얼마 없고 제대로 지은 집들도 아직 얼마 없었습니다."

그 당시 예루살렘 성안이 형편없었다는 것이다. 누구든지 깨끗한 곳에서 살고 싶어 한다. 누구든지 안전한 곳에서 살고 싶어 한다. 그런데 이스라엘 백성들은 하나님의 성벽만 중요한 게 아니라 성전과 그 도시가 중요하다는 것을 알고 서로 자원해서 거기 가서 살고자 했다는 것이다.

한 번도 예수님의 이름을 들어보지 못한 원주민들 속에 들어가서 죽음을 각오하고 복음을 전하는 사람도 있다. 브라질의 밀림에서 일어난 유명한 이야기가 있다. 휘튼대학을 졸업한 매우 똑똑한 청년들이 결혼하자마자 다섯 가정이 아오카족을 전도하기 위해 그 땅을 밟았다. 그런데 아오카족들은 외부 사람들을 만나면 그냥 죽였다. 자기 동족이 아니면 죽여버렸다. 다섯 명 모두 냇가에서 원주민들에게 피살당했다. 그래서 미국 군인들이 들어가서 시체를 찾았다. 그런데 남편을 잃은 부인 중 몇 사람이 다시 아오카족에게 갔다. 아오카족들이 "너희 남편을 우리가 죽였는데 왜 또 왔냐"고 물었을 때 순교한 선교사들의 부인들이 "예수를 전하러 왔다"고 대답했다. 그래서 그 원주민들이 감동해서 마을 전체가 모두 예수를 믿게 되었다는 실화가 있다.

이게 바로 우리가 할 일이다. 이것이 바로 우리가 사는 이유이다. 우리가 사는 세상을 깨끗하고 행복하고 아름다운 도시로 만들어야 한다. 죽어가는 영혼들이 예수 믿고 구원받게 만들어야 한다.

느헤미야 11장에는 이렇게 예루살렘 성안팎에 사는 사람들의 명단이 나온다. 11장 3절부터 9절까지 지도자들의 이름이 기록되어 있다. 10절부터 14절까지에는 레위 자손의 이름이 기록되어 있다. 19절부터 24절까지에는 성 문지기의 이름이 기록되어 있다. 그리고 25절부터 36절까지에는 성 밖에 살게 된 사람들의 이름이 기록되어 있다. 성안에서 살든지, 성 밖에서 살든지 모두 하나님 나라의 일에 참여했다는 의미이다. 성벽은 이미 세워졌고 성안의 도로를 다시 건설하고 건물도 다시 지었다. 이스라엘 백성들의 생활이 얼마나 고단했겠는가? 여기서 우리는 하나님의 백성들의 열정과 헌신을 볼 수 있다. 아멘.

오늘의 본문 성경을 읽으시고 깨달은 점이나 기억하고 싶은 점 혹은 기도문을 기록합니다.

5월 6일

1년 1독 365일 성경통독, 꿀송이 보약큐티
느 12장~13장

● 묵상 자료 ●

1. 느헤미야의 종교개혁

느헤미야 13장에는 매우 중요한 네 가지 종교개혁에 대한 내용이 있다. 1~9절은 성전을 깨끗하게 하라는 말씀이고, 10~14절은 십일조를 철저하게 하라는 말씀이다. 15~22절은 안식일을 철저하게 지키라는 말씀이고, 23~31절은 이방인과 결혼하지 말라는 말씀이다. 이러한 것들은 우리에게 익숙한 말씀이기 때문에 소홀하기 쉽다.

첫 번째, 신앙 개혁은 성전을 깨끗하게 하라는 것이다. 성전은 구약에서는 제사를 지내는 임무가 있었고, 신약에 와서는 예배와 양육과 파송이라는 임무가 있다. 느헤미야 13:1~9에는 느헤미야가 성전 건축을 하고 12년 지난 후에 다시 조국으로 돌아온 사건이 기록되어 있다. 왕을 알현하러 갔다가 허락을 받고 다시 예루살렘 성전으로 돌아왔는데 성전이 부패하고 사유화되어가는 모습을 보고 분노하며 신앙 개혁을 시작한 것이다.

두 번째, 신앙 개혁은 십일조에 대한 것이다. 우리가 이 세상에 살면서 돈에 대해 자유로운 사람은 없다. 사람들이 돈에 대해 매우 예민한데, 여기에도 원칙이 있다. 십일조라는 원칙이다. 이 원칙을 지키지 않으면 평생 고생하게 된다. 그래서 느헤미야는 이 원칙을 다시 이야기한다. 왜 십일조 문제를 다시 꺼냈을까? 이스라엘 백성들이 십일조를 드리다가 중단했기 때문이다.

세 번째, 안식일에 대한 것이다. 하나님께서 우리에게 안식일을 거룩하게 지키라고 말씀하셨는데도 불구하고 너무 바빠서, 세상이 좋아서 안식일마저 지키지 않는다. 오늘날 많은 성도들이 안식일을 겨우 두 시간 정도만 지킨다. 교회 오가는 시간과 예배 드리는 시간을 뺀 나머지 시간은 모두 자신의 시간이라고 생각하는 것이다. 예배 드리는 한 시간을 제외하고 나머지 시간에는 사람 만나고 일하다 보니까 내부적으로는 신앙이 썩어간다. 마치 충치가 생기는 것처럼 썩어가는 것이다.

그리고 이스라엘 백성들이 쉽게 무너지는 부분이 결혼이었다. 성경의 원리에 따라 결혼하지 않고 자기 마음대로, 세상의 방법대로 이성을 만나서 결혼했다. 또 결혼하고 나서도 우상을 섬기는 일이 생기곤 했다. 한 발은 하나님께, 한 발은 세상에 걸쳐놓고 세상에서는 세상의 방법대로, 교회에서는 교회의 방법대로, 두 가지 태도로 신앙생활을 했기 때문에 가정이 위기에 빠졌다. 그래서 느헤미야는 네 가지 신앙 개혁을 선언한 것이었다.

이 네 가지 신앙 개혁은 구약이지만 신약까지 연결돼 있다. 십일조나 안식일이나 십계명이나 모두 구약의 얘기로만 생각하면 안 된다. 신약시대를 사는 많은 사람들이 성령님이 우리 가운데 오셨기 때문에, 예수님이 오셨기 때문에 구약에서 말하는 율법적인 것은 모두 안 지켜도 된다고 생각한다. 무교회주의자들은 교회가 왜 필요하냐고 말한다. 특히 일본에 무교회주의자들이 많다. 그래서 일본에 교회가 많지 않다. 교회는 신앙의 어머니와 같은 것임을 우리는 명심해야 한다. 결혼하면 아이를 낳듯이 끊임없이 교회는 교회를 생산해야 된다. 그래야 그 시대가, 그 나라가 구원을 받게 된다. 개혁이란 시대와 문화와 상황을 뛰어넘어서 말씀으로 돌아가는 것이다. 느헤미야 13:1의 내용이다.

"그날 백성들이 듣는 앞에서 모세의 책을 큰 소리로 낭독했습니다. 그런데 거기에 암몬 사람과 모압 사람은 영원히 하나님의 회중에 들지 못한다는 기록이 나왔습니다."

이 말씀을 듣고 사람들이 소스라치게 놀랐다. 모압과 암몬 사람과도 통혼했기 때문이다. 신명기 23:3~6을 보자.

"암몬 사람이나 모압 사람이나 그 자손들은 10대까지도 여호와의 총회에 들어올 수 없다. 그들은 너희가 이집트에서 나올 때 빵과 물로 너희를 맞아 주지 않았고 메소포타미아의 브돌 사람 브올의 아들 발람을 고용해 너희를 저주하게 했기 때문이다. 그러나 너희 하나님 여호와께서는 발람에게 귀 기울이지 않으셨고 그 저주를 복으로 바꾸셨다. 너희 하나님 여호와께서 너희를 사랑하시기 때문이다. 너희가 사는 동안 그들에게 평화의 조약을 구하지 말라"

개혁은 하나님의 말씀으로 돌아가는 것이다. 성벽을 건축할 때가 아닥삭스 왕 20년인데, 느헤미야가 12년 후인 아닥삭스 왕 32년에 예루살렘 성전으로 돌아왔을 때 성전이 변질되어 있었다. 첫 사랑을 잊어버린 것이다. 부부도 신혼의 사랑을 잊어버리면 상대방의 약점과 단점만 보이고 권태기가 오고 괜히 다른 이성이 좋아 보이게 된다.

말씀을 듣는 것이 바로 개혁의 시작이다. 말씀을 들을 때 우리가 어떻게 틀렸는지 얼마나 틀렸는지 알게 된다. 느헤미야 13:3의 내용이다.

"이 율법을 들은 백성들은 이방 피가 섞인 사람들을 이스라엘에서 몰아냈습니다."

이 말씀은 국제결혼을 하지 말라는 뜻이 아니다. 믿음의 순결성을 지키라는 것이다. 신앙에 있어서 가장 중요한 것이 진정성과 순결이다. 신앙에 있어 가장 위험한 것이 바로 영적인 간음과 혼음이다. 세상에서도 간음은 가정파괴의 주범으로 생각한다. 영적으로도 마찬가지이다. 하나님도 섬기고 귀신과 우상도 섬기는 것은 영적인 간음이다. 이것은 하나님의 진노를 사는 일이다.

이스라엘 백성들은 하나님의 말씀을 듣고 소스라치게 놀랐다. 회피하고 싶었던 문제들을 정면으로 들었기 때문이다. 그러자 백성들은 즉시 회개했다. 우리는 하나님 중심, 성경 중심, 교회 중심의 삶을 살아야 한다.

또 한 가지 문제가 있었다. 도비야와 관련된 문제였다. 도비야는 성전을 건축할 때 산발랏과 함께 느헤미야를 괴롭힌 사람이었다. 성벽을 짓지 못하도록 얼마나 나쁜 방법으로 모함하고 음모를 꾸미고 괴롭혔는가? 그런데 도비야와 친했던 한 제사장이 있었다. 창고를 맡던 제사장이 도비야에게 창고방을 내줬다. 느헤미야가 성전에 돌아와서 보니까 성전 방안에 도비야가 있는 것을 발견했다. 도비야가 제사장과의 개인적인 친분을 이용해 그 방을 사용한 것이다. 하나님의 일을 위해 사용하는 창고의 모든 물건을 밖으로 던지고 대신 도비야가 들어가 살았다. 성전건축 후 오랜 세월이 지나자 사람들의 생각이 무뎌진 것이다. 성전을 비롯해 십일조와 안식일도 형식적으로만 지키게 되었다. 내용을 타협하다 보니 암몬 사람, 모압 사람을 받아들이기도 하고 성전건축을 방해했던 도비야까지 성전 창고에 방을 주어 살게 한 것이다. 어떤 일을 할 때 10년이 지나면 점검을 다시 해봐야 한다. 원형과 달라지는 경우가 많기 때문이다. 변질되기 때문이다. 국가나 사회, 가정, 교회도 마찬가지이다. "그까짓 방 하나 빌려주면 어떠냐"고 말할 수도 있다. 그러나 작은 일일지라도 신앙적으로는 간과해서는 안 되는 일은 철저해야 한다.

교회에서 도비야는 누구일까? 교회를 핍박하고 음해하면서도 하나님의 교회에서 행세하고 다니는 사람들이다. 왜 교회에서 싸울까? 기도하지 않는 사람이 교회의 주도권을 쥐고 있기 때문이다. 그들이 하나님의 집을 어지럽힌다.

주여, 오늘의 한국교회도 느헤미야의 개혁이 일어나게 하소서. 교회를 도비야와 같은 자들에게서 지켜 주소서. 아멘.

● 오늘의 말씀에 대한 나의 묵상 ●

오늘의 본문 성경을 읽으시고 깨달은 점이나 기억하고 싶은 점 혹은 기도문을 기록합니다.

1년 1독 365일 성경통독, 꿀송이 보약큐티

에 1장~3장

1. 에스더서는 어떤 책인가?

성경에 나오는 66권의 책 중에서 '하나님'이라는 이름이 단 한 번도 언급되지 않는 책이 에스더서이지만 하나님의 절묘하신 섭리와 분명하게 역사하시는 손길이 선명하게 나타나는 책이 또한 에스더서이다. 이스라엘 백성의 절기 가운데 하나인 부림절의 유래를 보여주는 책으로서 바사 제국에 남아 포로로 살던 수백만 명의 유대인들이 어떻게 전멸당할 위기에서 역전되어 오히려 원수들을 제압하게 되었는가를 드라마틱하게 보여주는 책이다.

아말렉 사람인 하만이 황제의 총애를 업고 자기에게 무릎 꿇고 절하지 않는 모르드개와 그 종족인 유대인들 전부를 몰살할 계획을 세운다. 경건하고 민족의식이 투철했던 유대인인 모르드개로서는 아말렉인인 하만에게 절을 할 수 없었다. 출애굽기 17장에서 하나님은 아말렉과 대대로 싸우시겠다고 선언하셨고, 신명기 25:17~19에서는 아말렉이 이스라엘을 어떻게 방해했는지를 반드시 기억하고 천하에서 아말렉에 대한 기억을 지워버리는 일을 잊지 말라고 명령하셨기에 모르드개는 원수의 나라 출신인 하만에게 경의를 표할 수 없었던 것이다. 이는 생명을 담보로 하는 용기 있는 신앙인이 아니면 불가능한 일이었다. 하만은 분노가 충천하여 부인과 친구들의 조언을 받아 모르드개를 달아 죽일 장대를 자기 집 뜰에 세웠는데 장장 23미터나 되는 높은 형틀을 만들어 누구나 볼 수 있게 만들어 놓았다. 그러나 하나님은 바로 그날 밤에 왕에게 잠이 오지 않게 하시고 역대왕들의 일기를 읽게 하셨는데 거기서 모르드개의 공적을 발견하고 모르드개를 높이고 하만을 오히려 그 장대에 달아 죽이는 대역전극을 연출하셨다. 큰 승리를 얻은 후 모르드개는 다음과 같은 글을 바사 각 지방에 보내어 부림절을 이스라엘의 영구한 절기가 되게 하였다.

해마다 아달월 십사일과 십오일을 지키라. 이달 이날에 유대인들이 대적에게서 벗어나서 평안함을 얻어 슬픔이 변하여 기쁨이 되고 애통이 변하여 길한 날이 되었으니 이 두 날을 지켜 잔치를 베풀고 즐기며 서로 예물을 주며 가난한 자를 구제하라 에 9:21~22

부림절은 기쁨의 날이요, 서로 예물을 주고받는 날이요, 가난한 자들을 구제하는 날이다. 하나님이 자기 백성을 돌아보시고 지켜주신 은혜를 기억하는 날이다. 하나님은 예수 그리스도를 통하여 우리를 저주에서 축복으로 사망에서 생명으로 역전시켜 주셨다. 날마다의 우리의 날들이 예수 안에서는 부림절인 것이다.

또 다른 관점에서 에스더를 들여다보면 핵심 포인트는 이것이다. 우리는 아직도 하나님의 언약 백성인가? 조국 이스라엘로 돌아가지 않고 희생을 싫어하고 익숙한 이방인의 삶에 길들여져 유월절이나 안식일도 제대로 지키지 못하고 죄악 세상에 사는 디아스포라 유대인이지만 그래도 하나님은 우리에게 관심을 가지시는가? 대답은 "그렇다"이다. 에스더서는 언약 아래 있는 이스라엘 백성의 보호하심을 증거하는 책이다.

2. 우연인가 필연인가?

에스더는 원래 히브리 이름으로는 "하닷사(하얀 매화라는 뜻)"이다(에 2:7). 그녀가 바사 땅에서 살면서 페르시아식 이름 에스더로 불렸는데 그 뜻은 바로 "별" 곧 스타라는 뜻이다. 에스더는 그 이름 그대로 별처럼 빛나는 스타가 되어 하나님의 영광을 나타내고 민족을 멸망의 위기로부터 구원해 낸다. 그리고 그녀의 이름은 이스라엘의 절기 부림절을 통해 오늘까지 길이 길이 빛나고 있다. 5장 이후 그녀는 "왕후 에스더"로 불리고 있다. 에스더가 왕후가 된다는 것은 상상조차 할 수 없는 일이었다. 바사 왕 아하수에로에게는 엄연히 왕후가 있었고 에스더는 포로로 끌려온 이민족 노예 출신에 불과했다. 그녀는 또한 부모 없는 고아로서 사촌 오빠 모르드개를 부모처럼 의지하고 외롭게 자랐다. 그러나 환경을 초월하는 하나님의 섭리의 손길은 이방 역사의 배후에서도 놀라운 시나리오를 짜고 계셨다.

우선 왕후 와스디가 폐위되는 일이 일어났다. 아하수에로 왕이 잔치를 베풀었는데 180일의 성대한 잔치가 끝나고 후속으로 다시 베푼 잔치의 7일째 되던 날 술에 취해 자기 왕후를 단장하고서 잔치 자리에 나오도록 명령을 내렸다. 뭇 백성과 지방 관리들에게 자기 왕후의 아름다움을 자랑하고 싶어서였다. 그런데 하필이면 왕후 와스디도 그때 왕궁에서 여인들과 잔치를 베풀고 있었다. 그래서인지 왕후가 왕명을 따르지 않게 되었고 이로 인해 왕의 심기가 편치 않았다. 왕이 어떻게 하면 좋을지를 신하들에게 묻자 신하들은 왕후를 폐위하라고 진언한다. 그대로 두었다가는 모든 바사의 여인들이 남편의 말을 듣지 않게 될 것이라는 이유에서였다. 왜 하필이면 그때 왕후가 왕의 명령을 듣지 않았을까? 왜 하필이면 그때 신하들이 그렇게 심한 처벌을 청했을까? 우리는 그 이유를 알고 있다. 하나님께서 에스더를 왕후로 세우시기 위한 프로젝트를 가동하셨던 것이다.

새 왕후 간택에 관한 조서와 명령이 반포되자 모르드개가 사촌 동생인 에스더를 간택장에 내 보낸다. 왜 모르드개는 그런 불가능해 보이는 엄청난 착상을 했을까? 포로로 잡혀와 살고 있는 이민족 출신인 유대인 에스더가 왕후가 된다는 것은 거의 불가능한 일인데 말이다. 간택을 위해 수산성에 들어갔을 때 궁녀들의 관리를 담당하는 헤개라는 황제의 신하를 만나게 되었는데 그가 에스더를 특별히 좋게 보았고 특별한 배려를 아끼지 않았다. 결국 이 헤개라는 궁녀 총책임자의 도움이 왕후 간택에 큰 힘이 되었다. 아하수에로 왕이 간택에 나온 모든 여자들 중에서 에스더를 최고로 총애하는 일이 벌어졌다. 그리하여 마침내 에스더가 왕후가 되는 기적이 일어난 것이다. 왜 하필이면 왕궁에서 헤개라는 사람을 만나서 큰 도움을 받게 되었을까? 왜 하필이면 왕이 그 많은 여자들 중에서 에스더를 총애하게 되었을까? 답은 말하지 않아도 알 것이다. 인간의 편에서는 모두가 우연 같지만 하나님 편에서는 필연이었다.

인도의 성자 썬다싱이 기차 안에서 사람들에게 복음을 전하고 있었다. 기차 승객들에게 요한복음이 기록된 작은 책자를 나눠주며 말씀을 전했는데 어떤 사람이 보지도 않고 책자를 찢어 창 밖으로 내 던져 버렸다. 그런데 철로 변을 지나던 한 사람이 종이가 날리는 것을 보고는 호기심에 한 장을 주웠다. 읽어보니 거기 "생명의 떡"이란 글이 씌어 있었다. 그 말의 뜻이 궁금해서 그 종이가 성경이라는 것을 알고는 성경을 한 권 샀다. 그리고 생명의 떡이라는 말이 어디 나오는지 찾기 위해 성경을 한 장 한 장 읽어 내려가기 시작했다. 이 사람은 성경을 읽으면서 자신이 죽을 수밖에 없는 죄인이고, 예수 그리스도께서 자신을 위해 이 땅에 오셔서 죽으시고 부활하신 사실을 알게 되었고 생명의 떡이신 예수 그리스도를 영접하고 후에 인도 교회를 위해 큰일을 하게 되었다. 왜 하필이면 그때 썬다싱이 그 기차에서 복음을 전했을까? 왜 하필이면 그때 그 사람이 성경책을 찢어 창 밖으로 버렸을까? 왜 하필이면 그때 그 사람이 철로 변을 지나게 됐을까? 모두가 알고 보니 하나님이 하신 일이었던 것이다. 에스더서는 계속 이러한 진리를 독자들에게 각인시킨다. 아멘.

● 오늘의 말씀에 대한 나의 묵상 ●

오늘의 본문 성경을 읽으시고 깨달은 점이나 기억하고 싶은 점 혹은 기도문을 기록합니다.

....

....

....

....

....

....

에 4장~10장

1. 이때를 위함이 아닌지 누가 알겠느냐?

에스더 4장을 보면 분위기가 갑자기 바뀌어 아말렉 사람 하만의 무서운 계획에 따라 유대인들이 모두 죽음을 당할 위기가 다가온다. 이때 강인한 믿음의 사람 모르드개가 자기의 옷을 찢고 굵은 베 옷을 입고 재를 뒤집어쓰고 공중 앞에서 대성통곡을 한다. 그리고 4장 3절을 보면, "유대인들도 크게 애통하여 금식하며 울며 부르짖고 굵은 베 옷을 입고 재에 누운 자가 무수하더라"고 기록되어 있다. 유대인들은 민족적 위기가 다가오자 자신들의 죄를 하나님 앞에 통회 자복 하며 전능하신 하나님께 전심을 다해 금식과 기도로 매달렸다.

이때까지도 에스더는 사태의 심각성을 전혀 모르고 궁중에서 호화롭게 지내고 있었다. 그녀는 모르드개가 비상사태를 맞아 민족적 위기 앞에 하나님 앞에 부르짖어 기도하고 있을 때 좋은 옷을 하인들을 통해 보내 모르드개의 베옷을 벗기려고 하기도 하였다. 절체절명의 민족의 위기 앞에 전심으로 몸부림치는 모르드개의 마음을 그녀는 그때까지 제대로 이해하지 못하고 있었던 것이다. 이때 모르드개는 에스더에게 비장한 어조로 분명하게 말을 전한다.

너는 왕궁에 있으니 모든 유대인 중에 홀로 목숨을 건지리라 생각하지 말라 이 때에 네가 만일 잠잠하여 말이 없으면 유대인은 다른 데로 말미암아 놓임과 구원을 얻으려니와 너와 네 아버지의 집은 멸망하리라 네가 왕후의 자리를 얻은 것이 이 때를 위함이 아닌지 누가 알겠느냐 하니 에 4:13~14

이 말씀이 그녀에게 잘 박힌 못처럼 심령에 꽂혔다. 그녀는 결단을 내렸다. 내가 "죽으면 죽으리라" 하고 3일 금식 후 왕에게 나아가 자기 민족의 구원을 요청한 것이다. 왕후가 될 수 없는 상황 속에서 왕후를 만드신 하나님이 자신을 도와 이스라엘을 살리실 것을 확신하고 생명을 걸고 나아간 것이다.

"이 때를 위함이 아닌지 누가 알겠느냐?"

이 말씀이 지금도 나의 귓전을 때린다. 이 말씀이 어쩌면 에스더서의 핵심 요절인지 모른다. 나의 나 된 것은 다 하나님의 영광을 위해 쓰이려고 주어진 것이다. 내가 가진 모든 것들, 건강이든 재능이든 물질이든 권세이든… 다 하나님이 필요하신 때에 쓰시려고 내게 주신 것이라는 것이다.

과테말라에 '알모롱가'라는 작은 산악 도시가 있다. 이 도시는 우상의 도시인데 그 지역의 수호신 '마시몽'이란 우상을 섬기는 도시로 인구 2만여 명이 사는 이 소도시에 성인 남자들은 대부분 알콜중독자들이고 폭력과 살인 등의 범죄가 너무 심하여 4개의 교도소가 항상 만원 상태였다고 한다. 이때 그 알모롱가 도시에는 기독교 시설이라고는 단 하나의 카톨릭 성당만이 있었는데 그 성당에 다니던 '리스카우체 아리아노'라는 남성이 어느 무명의 전도자에게 복음을 받고 은혜를 체험하게 되었다. 그는 성경 공부를 통해 예수님을 인격적으로 영접하고 자기 도시가 변화되려면 오직 복음의 능력밖에는 다른 길이 없음을 확신하고 목사가 되어 개신교회인 갈보리 교회를 그 도시에 개척하게 되었다. 그는 먼저 자기 자신의 죄를 회개하기 시작하였고 자기 도시의 죄를 부둥켜 안고 금식하며 회개하였다. '마시몽' 우상을 버리고 사람들이 예수 앞에 돌아오기를 위해 금식하며 중보기도에 전심전력 했다. 어느 날 기도 가운데 성령의 충만함을 입은 그는 자기 교인들에게 오늘부터 영적 전쟁을 선포한다고 설교했다. 그리고 교인들도 합심하여 이 전쟁에 기도와 전도로 동참하자고 호소했다. 그 후 점점 그 도시에 변화가 찾아왔다. 그러자 위기를 느낀 폭력배들이 이 아리아노 목사님을 납치하여 끌고가 폭력을 휘두르고 총을 입 안에 넣고는 당장 이 도시를 떠나지 않으면 방아쇠를 당기겠다고 위협했다. 그때 이 목사님에게 성령님이 강력하게 역사하여 그는 목숨을 걸고 그들에게 자신은 결코 그 도시를 떠나지 않을 것이며 당신들이 회개하고 예수 믿기를 기도하겠다고 선언했다. 화가 난 그들은 방아쇠를 당겨버렸다. 그러나 아무리 당겨도 틱틱 소리만 나고 권총이 작동되지 않았다. 당황한 그들은 목사님을 풀어 주었고 그 일 이후 교회는 더욱 힘을 얻어 노방전도와 중보기도에 힘을 쏟았다. 시간이 지나면서 알모롱가는 조금씩 변하기 시작했다. 술집 34곳이 문을 닫았고 교도소는 죄수가 없어 문화센터로 바뀌었다. 마침내 그 도시의 94%가 그리스도에게 돌아오는 놀라운 부흥의 역사가 일어났다. 사람들은 그 도시를 거룩한 도시, 교회 도시라고 별명을 붙이기에 이르렀다. 어둠의 도시가 빛의 도시로 탈바꿈한 것이다. 지역 경제가 살아나고 살기 좋은 도시로 변모했다. 리스카우체 아리아노 목사님은 이렇게 간증한다. 자신이 의지한 말씀은 역대하 7:14이었는데 이 말씀을 붙잡고 자기 도시를 위해 금식과 눈물로 기도하고 영적 싸움을 했더니 하나님이 역사하셨다는 것이다. 아멘.

> 이름으로 일컫는 내 백성이 그들의 악한 길에서 떠나 스스로 낮추고 기도하여 내 얼굴을 찾으면 내가 하늘에서 듣고 그들의 죄를 사하고 그들의 땅을 고칠지라
>
> 대하 7:14

이처럼 오늘날도 모르드개와 에스더 같은 믿음의 사람들이 여기저기서 일어나 자기가 처한 직장과 도시를 위해 중보하고 기도할 때 하나님은 우리를 통해 부흥의 물꼬를 트실 것이다. 한 사람의 헌신이 천 명을 변화시키고 열 사람의 기도가 만 명을 변화시킬 것이다.

모르드개는 에스더 10장에 유대인 중에 크게 존경받고 그의 백성의 이익을 도모하며 그의 종족을 안위하였다고 하였다. 그러나 10년 후 아하수에로 왕은 피살당하였고 그 후의 모르드개와 에스더의 상황은 알 수 없다. 모르드개가 이스라엘을 위해 10여 년 남짓 해낸 일을 예수 그리스도는 그의 백성의 안위를 위한 일에 영원토록 헌신하신다. 에스더서를 읽으며 우리는 1500년 전에 하나님이 아브라함에게 약속하신 약속을 기억하게 된다. 하나님은 아브라함에게

약속하시기를 너와 네 후손을 저주하는 자가 있으면 내가 그들을 저주하리라 (창 12:3)고 하셨었다. 이런 약속을 가진 아브라함의 후손들을 감히 겁도 없이 멸절하려고 덤볐던 하만은 자기가 오히려 저주를 당해 장대에 달려 죽고 그 아들들 10명도 함께 죽었으며 자기 민족의 백성들 수만 명이 함께 목숨을 잃었다. 하나님은 이처럼 항상 살아 계시고 어제나 오늘이나 영원토록 동일 하시어 그 백성들을 지키신다. 에스더의 하나님, 모르드개의 하나님이 우리의 하나님이시다. 아멘.

● 오늘의 말씀에 대한 나의 묵상 ●

오늘의 본문 성경을 읽으시고 깨달은 점이나 기억하고 싶은 점 혹은 기도문을 기록합니다.

● 묵상 자료 ●

1. 욥은 어떤 책인가?

욥기, 시편, 잠언, 전도서, 아가서 5권을 시가서 혹은 지혜서라고 분류한다. 이 다섯 권의 책은 앞의 율법서와 역사서 그리고 뒤에 나오는 선지서들과는 성격이 매우 다르다. 이전까지의 책들은 분명하고 쉬운 역사적 사실에 대한 이야기여서 이해하기가 비교적 쉬웠다. 그러나 시가서는 마치 고급반의 교재처럼 그 뜻을 얼른 파악하기가 쉽지 않다. 우리의 마음과 생각을 집중하여 살펴야 그 안의 보화를 캐낼 수 있다. 이제 시가서의 첫 번째 책인 욥기에 도착했다. 내가 개인적으로 제일 설교하기 좋아하고 친근히 하는 책이라 나는 욥기가 넘넘 반갑다. 사실 나도 욥기 38장에서 폭풍우를 대동하시고 무대에 등장하시는 하나님을 이해하기 전 까지는 욥기가 참 어려웠다. 그토록 "하나님 한 번 대답 좀 해주세요" 하고 수없이 고통 속에서 절규하는 욥에게 하나님이 나타나셔서 욥의 질문에 대한 답변은 한마디도 안 해 주시고 오히려 욥에게 거꾸로 질문세례를 쏟아 부으신다. 하나님은 욥에게 동문서답을 하신 것이다. 욥기 38장 이후에 나오는 하나님이 욥에게 하신 질문들을 이해하고 나자 나는 비로소 전에는 욥기를 귀로 듣는 수준이었더니 이제는 눈으로 보는 것 같은 생각이 들고 욥기서가 너무 친구처럼 편해졌다. 함께 통독학교에 동참하는 학생들도 앞으로 이 교사의 설명을 주의 깊게 듣고 성경을 읽으면 욥기를 이해하는 통찰력이 뻥~ 뚫릴 것이다. 기대하셔도 된다. 욥기는 등장하는 친구들의 말들이 시어체로 되어 있어서 어렵게 느껴진다. 소소한 것에 너무 매달려 리워야단이 뭔지 베헤못이 뭔지 신경 쓰지 말고 욥기 38장에 등장하는 하나님의 질문의 핵심만 이해하면 욥기는 이해하기가 훨씬 쉬워진다.

2. 어리석은 사탄의 자신감

욥의 신앙을 두고 천상에서 하나님과 사탄의 내기가 벌어졌다. 욥기 1:11에는 사탄의 근거 없는 자신감이 나온다.

"이제 주의 손을 펴서 그의 모든 소유물을 치소서 그리하시면 틀림없이 주를 향하여 욕하지 않겠나이까"

사탄은 확신했다. 만일 욥의 소유물을 다 빼앗아 버리면 '틀림없이' 주를 향하여 욕을 할 것으로 그는 내다봤다. 욥이 하나님을 잘 섬기는 이유는 당연히 축복을 쏟아 부어 주시니까 잘 섬기는 것이지 그게 아니라면 욥도 별수 없이 하나님을 원망하고 돌아설 것이라는 자기 수준에서 나온 자신감이었다.

이처럼 욥이 하나님을 배신하게 만들 수 있다는 사탄의 자신감은 틀림없이 이전에 거룩한 천사들이 반역에 가담하도록 성공한 전력에서 기인했을 것이다. 그는 하늘의 천사들 삼분의 일을 끌어다가 타락하게 만들어 땅에 내어 쫓기도록 했다(계 12:3~4). 또한 낙원에서도 한 번도 죄의 경력이 없던 아담과 하와를 보기 좋게 타락시키는데 성공했던 그는 이미 타락한 인류의 한 명인 욥쯤이야 문제없이 자신의 시험을 이기지 못할 것이라고 확신했고 이를 통해 하나님의 생각이 틀렸음을 하나님께 똑똑히 증명해 보이고 싶어했다.

그러나 하나님은 욥의 순수한 신앙을 의심하지 않았다. 욥이 세상에서 받은 물질적 축복 때문에 하나님을 사랑하는 것이 아님을 하나님은 알고 계셨다. 결국 사탄은 최대한 자신의 생각이 옳음을 반드시 증명하려고 전광석화처럼 욥의 소유물들을 숨 돌릴 틈도 없이 파괴해 버렸다. 결정타는 7명의 아들들과 3명의 딸들을 토네이도 광풍을 불어 건물을 붕괴시키고 모든 자녀들을 한꺼번에 죽게 만든 것이었다. 하루아침에 욥은 알거지가 되었을 뿐 아니라 눈에 아른거리는 자신의 생명보다 귀한 열 자녀가 사고로 세상을 떠나 버렸다. 이 순간 사탄은 확신에 찬 표정으로 욥의 하나님을 향한 원망을 기대했을 것이다. 그러나 어찌된 일인지 성경은 놀라운 증언을 한다.

"욥이 일어나 겉옷을 찢고 머리털을 밀고 땅에 엎드려 예배하며 이르되 내가 모태에서 알몸으로 나왔사온즉 또한 알몸이 그리로 돌아가올지라 주신 이도 여호와시요 거두신 이도 여호와시오니 여호와의 이름이 찬송을 받으실지니이다 하고 이 모든 일에 욥이 범죄하지 아니하고 하나님을 향하여 원망하지 아니하니라" 욥 1:20~22 아멘. 아멘. 아멘.

놀라운 일이다! 어떻게 이럴 수가 있단 말인가? 인간으로서 그토록 무서운 시험을 당해 모든 것을 잃은 상황에서 그는 여전히 '예배했고' 하나님을 원망하지 않았다. 오히려 찬송을 받으셔야 한다고 했다. 사탄의 생각이 틀렸던 것이다! 여기서 우리는 사탄의 약점을 분명하게 파악할 수 있다. 사탄은 무식하다. 그는 스스로 모든 것을 다 아는 척 큰 소리치고 교만하지만 믿음의 영역에 있어서는 거의 멍텅구리에 가까울 정도로 무식한 존재이다. 그는 사랑을 모른다. 사랑을 해 보지 않았으니 사랑의 속성을 알 리가 없다. 어둠의 일들, 죄짓는 일들, 교만한 일들, 쾌락을 누리는 일들은 전문가지만 빛에 관한 거룩한 일에는 무식하기 짝이 없다.

참사랑은 항상 의리를 수반한다. 참사랑은 배신하지 않는다. 마귀는 그걸 잘 몰랐다. 사랑은 하나님께 속한 것이니 마귀는 그 영역에는 무지하다. 자기 전공 분야가 아니니 모를 수밖에… . 마귀는 자기 수준에서 생각했다. 사랑도 환경이 바뀌면 변할 거라 믿은 것이다. 아니다. 사랑은 언제나 변함이 없는 것이다.

완벽하게 한 방 먹은 사탄은 여기서 하나님께 순순히 물러서지 않고 "가죽으로 가죽을 바꾸오니 사람이 모든 소유물로 자기의 생명을 바꾸올지라" 하면서 건강을 치면 틀림없이 이번에는 하나님을 욕하고 배신할거라고 했다. 사탄의 이 말은 욥이 자기 가죽(생명)을 위하여 모든 소유물을 포기할 수 있다는 것이며 만일 생명을 위협받게 되면 욥이 틀림없이 하나님을 배반할거라고 한 것이다. 이번에도 허락을 받은 사탄은 너무나 심한 질병으로 욥을 무자비하게 공격했다. 제대로 누울 수도 없고 잠도 이룰 수 없고 온 몸에 종기가 번져 욱신욱신 쑤셔 오는데 신음소리가 하루종일 터져 나오고 끝없는 고통 속에서 죽는 것이 차라리 낫겠다는 생각이 들 정도로 비참한 상태로 신음하게 만들었다. 이 눈 뜨고 보기 힘든 처참한 광경을 보고 마침내 욥의 부인은 하나님을 저주하고 자살해 버리자고 사탄이 원하던 모습을 보였다. 그러나 욥은 달랐다. 부인의 말을 꾸짖으며 자신의 신앙의 순전함을 지켰다. 내가 하나님께 복도 받아 누렸으니 화도 주시면 받아야 하지 않겠느냐고 말했다. 이번에도 사탄이 또 졌다. 하나님이 이기셨다!! 믿음이 승리했다. 이유를 알 수 없는 갑작스런 고난 앞에 욥은 하나님을 원망하지 않았다. 오히려 나의 가는 길을 오직 그가 아시나니 나를 단련하신 후에는 내가 정금같이 되어 나오리라고 아름답게 고백했다(욥 23:10).

사탄의 근거 없는 자신감으로 괜히 하나님의 사람만 어려움을 겪었다. 그러나 하나님도 다 생각이 있으시다. 무조건 마귀 의견을 따라 행하신 것은 아니다. 사탄이 "어찌 까닭 없이 여호와를 경외 하리이까?"라고 했을 때 "사탄아 물러가라!"고 말씀하시지 않고 그의 제안을 받아들이신 것은 다 하나님의 깊은 경륜이 있었기 때문이다. 야고보 선생님은 그 부분을 이렇게 주석했다.

"보라 인내하는 자를 우리가 복되다 하나니 너희가 욥의 인내를 들었고 주께서 주신 결말을 보았거니와 주는 가장 자비하시고 긍휼히 여기는 이시니라" 약 5:11 아멘.

마귀가 읽은 수읽기의 그 너머를 하나님은 더 깊게 파악하시고 모든 일을 진행하신 것이다. 야고보 선생님의 결론을 우리도 믿어야 한다. 주는 가장 자비하시고 긍휼히 여기시는 분이다. 어떤 상황 속에서도 이 진리는 변함이 없다. 고난의 현실이 도무지 이해가 안되어도 우리는 이 진리를 꼭 붙잡고 살아가야 하리라. 아멘.

오늘의 본문 성경을 읽으시고 깨달은 점이나 기억하고 싶은 점 혹은 기도문을 기록합니다.

1년 1독 365일 성경통독, 꿀송이 보약큐티

욥 4장~7장

● 묵상 자료 ●

1. 회복된 욥의 아내는 후처였을까?

욥기 2:9에 욥의 아내는 하나님을 저주하고 죽으라는 무지막지한 말을 남편에게 한다. 이것 때문에 욥기의 독자는 과연 욥이 회복 후 재혼을 했는지에 대해 궁금해한다.

욥기 전체의 이야기에는 욥의 아내가 본처인지 후처인지에 대해서 관심이 없다. 그것은 욥의 이야기에서 중요하지 않기 때문이다. 대부분의 주석가들은 이 부분에 대해서 침묵을 지킨다. 그러나 위어스비 목사님은 욥은 본처와 재결합했다고 괄호 속에 넣어서 한 문장으로 표현했다. 부산 고신대에서 구약을 가르치는 신득일 교수님도 같은 의견을 나타내었다. 비록 회복을 설명하는 구절에 아내가 빠져있다고 하더라도 거기에 아내가 포함되었다고 생각할 수 있다는 것이다. "이에 그의 모든 형제와 자매와 이전에 알던 이들이 다 와서"(욥 42:11). 이 본문의 의도는 '모든 관계가 회복되었다'는 것이다. 욥이 고난 중에 있을 때 그에게 나아온 사람은 그의 아내와 세 친구와 엘리후였는데 사실 어리석게 행하기는 욥의 아내나 세 친구나 마찬가지였다(욥 2:10, 42:7). 그런데 욥에게 원수처럼 여겨지던 세 친구도 욥과 그 관계가 회복되었다. 욥의 아내의 경우 처음부터 그녀가 몹쓸 여인이라고 단정해서는 안 된다. 그녀는 적어도 하나님으로부터 세상에서 가장 경건한 사람으로 인정받는 욥이라는 사람의 아내였고 자녀를 믿음으로 양육한 내용도 나오는데 자녀 양육에 어머니의 역할도 아버지와 똑같이 중요하기 때문이다. 또 욥의 아내가 "여호와를 저주하고 죽어라"고 사탄적인 말을 한 상황을 이해할 필요가 있다. 욥이 잃은 재산은 곧 그녀가 잃은 재산이고 욥이 잃은 자녀들도 그녀의 자녀들이었다. 즉 함께 재난을 당한 것이다. 더욱이 사탄의 계략으로 심하게 훼손된 남편의 몰골은 그녀가 인간으로서 견디기 힘든 상황이었을 것이다. 한평생 욥과 같이 살면서 그렇게 경건한 남편에게 재난을 주시는 하나님을 순간적으로 이해하기 어려웠을 것이다.

사탄은 그 어려운 상황에서 마지막 위로를 기대할 수 있는 아내를 이용해서 욥이 믿음을 버리도록 역사한 것이었다. 즉 욥의 아내는 그 순간 연약하여 사탄의 도구가 된 것이다. 이것은 예수님의 대속의 죽음을 가로막은 베드로가 사탄으로 정죄 받는 것과 같은 상황이라고 할 수 있을 것이다(마 16:23). 욥의 친구들이 회개의 제사로 회복될 수 있었듯이 욥이 회복되었을 때 그의 아내도 회개하고 돌아왔을 것으로 보인다. 욥은 재산의 몰락, 자녀의 죽음, 건강의 훼손, 가장 가까운 사람인 아내로부터의 시험, 그리고 친구들로부터의 집요한 사탄의 시험을 모두 다 통과하며 극심한 영혼의 연단을 받은 후 마침내 하나님의 갑절의 축복을 받았다.

2. 욥이 두려워했던 것

욥기 3:25에 욥이 평소에 두려워하던 것이 자기에게 임했다고 했다.

"내가 두려워하는 그것이 내게 임하고 내가 무서워하는 그것이 내 몸에 미쳤구나"

하나님을 경외하며 악에서 떠나 경건한 삶을 살았던 욥이 평소에 무엇을 그렇게 두려워했을까? 물론 육체에 퍼진 질병의 아픔이 평온과 휴식을 빼앗아 가서 고통스러워하는 것을 보면 그가 평소에 육체의 질병을 두려워했었다고 짐작할 수도 있다. 그러나 그렇게만 생각하고 넘어가면 욥의 귀한 신앙을 과소평가하는 것이다. 욥기 23:17을 읽어 보면 욥이 이런 말을 한다.

"내가 두려워하는 것이 어둠 때문이나 흑암이 내 얼굴을 가렸기 때문이 아니로다"

자기의 두려움이 단순히 질병으로 인한 고통이나 흑암의 권세 때문만은 아니라고 분명히 말한다. 그가 진정으로 두려워했던 것은 고난 때문에 자신의 마음이 약해져 하나님을 배신하는 것이 정말 두려웠던 것이다. 달리 말하면 하나님과의 관계가 두절될까 봐 그걸 두려워했던 것이다. 욥기 23:14에 욥이 고백한 것처럼 하나님은 그 작정하신 것을 반드시 이루시는데 자기에게 임한 고난이 하나님의 진노와 작정에서 온 것이라면 행여 이 일로 하나님과 멀어질까 봐 두려워한 것이었다.

고통 속에서 욥이 왼쪽을 봐도 하나님을 뵐 수 없었고 오른쪽을 봐도 하나님을 만날 수 없었다. 앞으로 가도 뒤로 가도 하나님은 침묵하셨다. 이것이 진짜 욥이 두려워했던 일이었다. 겟세마네 동산에서 눈물로 이 잔을 지나가게 해 달라고 기도하셨던 주님도 단순히 육체의 고통이 두려워 그렇게 간구한 것이 아니었다. 다만 영원 전부터 단 한 번도 아버지와 불화해 본 적이 없고 항상 사랑의 관계 속에서 지내 오셨던 주님이 이제 우리의 죄 때문에 아버지에게 외면당해야 하는 그 순간이 괴로우셨던 것이다. 아버지에게 버림받는 아들의 아픔이 주님의 진정한 두려움이었던 것이다. 주님은 오늘의 우리에게 아무것도 염려하지 말고 항상 기뻐하고 모든 일에 감사하라고 하신다. 만일 그럼에도 내가 두려워해야 할 것이 있다면 다른 것이 아니고 바로 하나님에게서 멀어지는 일이 내게 일어날까 봐 그것을 두려워해야 한다.

3. 옳은 말이 어찌 그리 고통스러운고!

욥기 6:25에서 네 명의 친구들에게 집중 공격을 당하고 있던 욥은 이렇게 소리 쳤다.

"옳은 말이 어찌 그리 고통스러운고, 너희의 책망은 무엇을 책망함이냐" 욥 6:25

친구들의 말이 그 자체로는 틀린 말이 아니었다. 죄가 있기 때문에 고난을 당하는 것이니 지금이라도 회개하면 하나님이 긍휼히 여길 것이라는 그들의 논

조는 욥도 다 알고 있는 사실이었다. 친구들의 문제는 천상에서 벌어진 일을 까마득히 모르고 그 사실을 배제한 채 다른 곳에서 고난의 이유를 찾으니 그저 상식적인 뻔한 소리만 할 뿐 욥의 사태에 전혀 도움이 되지 않았다. 도움은 커녕 오히려 욥을 더 고통스럽게 했다.

자기 교회 성도가 사고로 자식이 죽어 울고 있는데 권사님이 찾아가서 하는 말이 "원래부터 없던 걸로 쳐…"라고 했다면 위로가 되겠는가? 우리는 종종 욥의 친구들 같은 말 실수를 범한다. 성경에 있는 말이라고 하여 때로는 성경을 인용하여 말하지만 상대방을 괴롭히고 가시로 찌르는 고통을 줄 때가 있다는 것이다. 목사님 가정에서 부부 싸움을 하는데 성경을 인용하여 부인이 남편에게 충고한다. "성경에 뭐라고 했어요? 예수님이 교회를 위해 생명을 버린 것처럼 아내를 사랑하라 했잖아요? 목사님이 돼가지고 그것도 몰라요?" 이런 경우가 완전 욥의 친구들의 경우와 똑같다. 우리는 다투면서 나의 주장을 강조하기 위해 하나님이나 성경을 내 편으로 끌어들여서는 안 된다. 성경을 인용하려면 상대방을 공격하는 말씀을 인용하지 말고 나를 돌아보는 말씀을 인용해야 한다. "아내는 남편에게 복종하라 했는데… 이렇게 덤벼서 죄송해요." 이렇게 나와야 다툼이 그치고 평화가 임하는 것이다. 타락한 인간들은 남의 눈에 있는 티는 잘 보면서 자기 눈의 들보는 못 본다. 항상 자기 눈의 들보를 보는 자가 겸손한 자이다. 우리는 욥기를 읽으면서 항상 욥의 친구들 같은 우를 범하지 않도록 경고를 받아야 한다. 옳은 소리가 항상 덕을 세우거나 위로가 되는 것은 아니다.

● 오늘의 말씀에 대한 나의 묵상 ●

오늘의 본문 성경을 읽으시고 깨달은 점이나 기억하고 싶은 점 혹은 기도문을 기록합니다.

....

....

....

● 묵 상 자 료 ●

1. 시작은 미약하였으나 나중은 심히 창대하리라 (욥 8:7)

문맥을 보면, 욥기 8:7의 말씀은 수아 사람 빌닷이 한 말이다. 하나님의 말씀도 아니고 욥의 고백도 아니다. 하나님께 책망받았던 욥의 친구 중 한 사람의 말이다. 그래도 우리는 이 말씀을 아멘으로 받아들이고 나의 삶에 적용해도 되는가? 나는 된다고 믿는다. 그 이유는 다음과 같다.

첫째, 8장의 모든 빌닷의 말을 듣고 난 후 욥의 반응을 보라. 9장 1~2절에 욥은 빌닷의 말을 긍정했다. 그 말 자체의 내용은 참으로 진리라고 수긍한 것이다. 예수님도 신약에 바리새인들의 말조차도 다 틀리다고 하지 않으셨다. 그들의 말은 듣되 그들의 행위는 본 받지 말라고 하신 적이 있다. 빌닷의 말의 내용은 옳은 말이었지만 그것을 욥의 상황에 적용시키는 것이 잘못이었던 것이다. 욥의 친구들이 욥에게 하나님은 의로우신 분이라고 했다면 무조건 욥의 친구들 말이기에 그 내용을 부인해야 하는가? 그것은 아닐 것이다. 하나님이 의로운 분이신 것은 누가 말을 했던 간에 만고불변의 진리이기 때문이다.

둘째는, 사실 기독교 전체의 가르침에 이 말은 부합하기 때문이다. 기독교의 시작은 참으로 미약하였다. 예수님이 마구간에 태어나셨을 때에 그때에는 천사들에게 가르침을 받은 소수의 목자들과 예수님의 부모 외에는 아무도 예수님이 하나님의 아들이심을 믿는 기독교인이 없었다. 그러나 시간이 지나면서 점점 기독교는 창대하여져 갔다. 주께서 비유하신 천국은 마치 겨자씨와 같고 누룩과 같다. 수많은 박해와 환란을 당하면서도 기독교는 시작은 미약하였으나 끝은 심히 창대하리라는 말씀대로 진행되고 있다. 나중에는 얼마나 창대하게 될까? 성경대로 표현하자면 물이 바다를 덮음 같이 여호와를 아는 지식이 온 세상에 충만하게 될 것이다. 기독교의 창시자인 예수님께서 새 하늘과 새 땅을 지으시고 만왕의 왕으로 등극하시는 날 우리는 욥기 8:7을 실감하게 될 것이다. 아멘. 아멘.

2. 욥의 말 실수(욥 10장)

욥기 10장을 읽다 보면 욥이 친구들과 말로 격한 토론을 벌이다가 그만 자기도 모르게 하나님의 심기를 상하게 하는 말실수를 하는 장면을 포착하게 된다. 욥기 10:3에서 욥은 하나님이 악인의 꾀에 빛을 비추기를 선히 여긴다고 심히 망령된 말을 내 뱉었다. 쉽게 말하자면 하나님이 마귀의 꾐에 빠져서 마귀의 생각을 선하게 생각한다고 언급한 것이다. 독자들은 설마 욥이 그런 말을 했을까 하고 귀를 의심할 수도 있다. 그러나 분명 그렇게 언급했다. 거기에 한 술 더 떠서 욥기 10:4에는 하나님도 사람처럼 눈이 있어 볼 수 있느냐고 질문을 던졌다. 참으로 기가 막힌다. 아니 사람의 눈을 누가 만드셨는데 하나님께 그런 말도 안 되는 질문을 한단 말인가? 눈을 만드신 분이 보지 않겠는가? 귀를 만드신 분이 듣지 않으시겠는가? 우리는 여기에서 왜 하나님이 욥기 38장에서 폭풍우를 대동하고 나타나셔서(하나님은 그냥 나타나셔도 인간은 거의 기절한다) 욥을 몰아 부쳤는지 그 이유를 알게 된다. 욥이 이렇게 입술로 하나님의 분노를 일으키는 부적절하고 믿음 없는 소리를 했기 때문이다.

모세도 말 한마디 잘못 하는 바람에 가나안에 못 들어갔다. "내가 이 백성을 위해서 물을 내랴" 정면으로 하나님께 불순종하는 말을 화를 참지 못하고 내 뱉어버린 것이다. 사실 욥기 1장에는 하나님이 욥을 엄청 높게 평가하는 내용이 많이 나온다. 하지만 독자인 우리는 여기에서 착각하면 안 된다. 하나님이 사랑의 눈으로 봐 주셔서 그런 것이지 욥이 절대적으로 의로운 것이 아니기 때문이다. 나와 모든 그리스도인들도 마찬가지다. 예수님의 십자가 사랑으로 우리가 하나님을 부르고 섬기는 것이지 우리 자체는 감히 주 앞에 설 수 없는 죄인들에 불과한 것이다. 우리의 자랑은 영원히 십자가 밖에 없다. 아멘.

오늘의 본문 성경을 읽으시고 깨달은 점이나 기억하고 싶은 점 혹은 기도문을 기록합니다.

욥 11장~14장

● 묵상 자료 ●

1. 욥은 회개치 않아 벌을 받는가?

> 그러나 악한 자들은 눈이 어두워서 도망할 곳을 찾지 못하리니 그들의 희망은 숨을 거두는 것이니라 욥 11:20

욥기 11장에서 소발은 욥이 회개하지 않으면 도망할 곳을 찾지 못할 것이라고 한다. 소발은 악인의 비참한 최후를 묘사함으로써 욥에 대하여 회개를 촉구하고 있다. 그는 앞에서(욥 11:15~19) 묘사된 회개한 자의 형통과 대조를 하면서 말한다. 욥이 고난에서 벗어나기 위해서는 죄를 회개해야 한다는 것이다.

우리가 고난 중에 하나님 앞에서 죄를 발견하고 회개해야 하는 것은 맞다. 죄를 회개할 때 하나님께서 은총을 베풀어 주시는 것도 맞다. 모든 선지서의 주제가 회개이다. 하나님은 상하고 통회하는 마음을 멸시치 않으신다. 그러나 그것이 그 상황에서 욥에게 적용되지는 않는다. 욥은 죄인이지만 지금 질병과 고난은 죄 때문에 온 것이 아니고 사탄의 시험 때문에 온 것이다. 하나님 앞에서 죄를 회개하면 복이 온다고 하지만, 회개한다고 욥의 이 질병이 떠나는 것도 아니다.

지금 욥에게 필요한 것은 무엇인가? 욥은 지금 하나님의 사랑에 대해 의심하고 있다. 하나님을 폭군처럼 생각한다. 그는 하나님의 절대적 사랑을 확신하지 못하고 있다. 이런 욥에게 하나님의 사랑을 신뢰하고 고난을 참고 견디도록 돕는 것이 필요했는데 소발은 그렇게 하지 못하고 있다.

사단이 노리는 것이 고난 중에 하나님의 사랑을 불신하게 하는 것이다. 그러므로 욥에게 하나님의 절대적인 사랑과 섭리를 말했어야 했다. 로마서 5장에서처럼 환난은 인내를, 인내는 연단을, 연단은 소망을 이룬다는 사실을 말해야 했다. 우리는 고난 중에 있는 형제에게 하나님의 사랑을 확신하도록 도와야지, 회개하는 것만 도와서는 안 된다.

2. 허망한 인생(욥 14장)

욥이 소발의 말에 대답하는 내용이 14장에 계속 나오는데 욥기 14장의 핵심은 둘로 나눌 수가 있다.

하나는, 허무하고 절망적인 인생의 고백이다. 1절을 보면, "여인에게서 태어난 사람은 생애가 짧고 걱정이 가득하며"라고 했다. 인간은 누구나 여자의 몸에서 태어난다. 남자의 몸에서 태어나거나 동물의 몸에서 태어난 사람은 아무도 없다. 모든 사람은 어머니의 몸에서 태어난다. 그런데 욥이 이야기하기를, "여인에게서 태어난 사람은 생애가 짧고, 걱정이 가득하다"는 것이다.

결국 인생은 누구나 다 영원히 살 수 없는 것이고, 짧은 인생을 살면서 모두가 다 수많은 걱정을 안고 살아간다고 말하고 있다. 그 후의 말씀을 보면, "그는 꽃과 같이 자라나서 시들며 그림자 같이 지나가며 머물지 아니하거늘"이라고 했다. 아무리 꽃이 화려하고 아름답고, 좋은 향기를 낸다고 해도 그것은 영원하지 않다. 때가 되면 시들고 땅에 떨어지고 마는 것이다.

그리고 욥기 14:7~9에는 인간은 한갓 나무보다도 못한 존재라고 한탄한다. 나무는 찍혀도 다시 자랄 수 있지만 인간은 한 번 죽어 버리면 그걸로 끝이라는 것이다. 물론 욥이 살던 시기에는 예수 그리스도의 부활의 소식이 전해지지 않던 시절이기에 이렇게 일반적으로 말할 수 있다. 그러나 오늘날의 우리는 죽어도 다시 사는 예수님 안에서의 부활의 소망을 가지고 있다. 그러므로 우리는 욥기 14장을 읽으면서 우리 인간이 허무하기는 하지만 그렇다고 나무보다도 못한 존재라는 욥의 의견에는 선뜻 동의하지 못한다. 인간은 다 죄인이고 죽음을 향해 달려 가고 있으며 인생은 단 한 번뿐인 것을 인정하지만 예수 안에 우리는 소망이 있다. 죄사함의 은혜와 영광의 천국 소망이 있다. 다시 오실 그리스도를 기다리며 새 하늘과 새 땅을 바라보고 산다. 우리는 죽어도 다시 사는 부활을 믿는다.

할렐루야!!!

오늘의 본문 성경을 읽으시고 깨달은 점이나 기억하고 싶은 점 혹은 기도문을 기록합니다.

1년 1독 365일 성경통독, 꿀송이 보약큐티

욥 15장~19장

● 묵상 자료 ●

1. 욥이 본 부활의 예수님(욥 19장)

욥기 19장은 욥기 중에 절정을 이루는 장(章)이라고 말할 수 있다. 로마서에서 8장이 반지의 보석이라고 한다면, 욥기에서는 19장이 바로 그렇게 말할 수 있는 보석과 같은 장이다.

욥은 빌닷의 말을 듣고 마음에 위로가 되기는커녕 오히려 번뇌와 고통이 더해졌다. 욥기 19:2~3에, "너희가 내 마음을 번뇌케 하며 말로 꺾기를 어느 때까지 하겠느냐 너희가 열 번이나 나를 꾸짖고 나를 학대하고도 부끄러워 아니하는구나"라고 쓰여있다.

"나의 형제들로 나를 멀리 떠나게 하시니 나를 아는 모든 사람이 내게 외인이 되었구나 내 친척은 나를 버리며 가까운 친구는 나를 잊었구나 내 집에 우거한 자와 내 계집종들은 나를 외인으로 여기니 내가 그들 앞에서 타국 사람이 되었구나 내가 내 종을 불러도 대답지 아니하니 내 입으로 그에게 청하여야 하겠구나 내 숨을 내 아내가 싫어하며 내 동포들도 혐의하는구나 어린아이들이라도 나를 업신여기고 내가 일어나면 나를 조롱하는구나 나의 가까운 친구들이 나를 미워하며 나의 사랑하는 사람들이 돌이켜 나의 대적이 되었구나 내 피부와 살이 뼈에 붙었고 남은 것은 겨우 잇꺼풀뿐이로구나 나의 친구야 너희는 나를 불쌍히 여기라 나를 불쌍히 여기라 하나님의 손이 나를 치셨구나 너희가 어찌 하나님처럼 나를 핍박하느냐 내 살을 먹고도 부족하냐" 욥 19:13~22

이 말씀 속에서 우리는 욥의 고난을 짐작할 수 있다. 형제들이 멀리 떠난다.

아는 사람이 외인들처럼 되어 버렸다. 친척이 그를 버렸다. 가까운 친구가 그를 잊었다. 계집종이 그를 외인으로 여겨 불러도 대답하지 않는다. 그의 아내도 가까이하기를 싫어한다. 어린아이들도 업신여긴다. 기가 막힌 일이다. 이것이 우리가 사는 세상이다. 더구나 욥의 몸이 얼마나 쇠하여졌는가? "내 피부가 뼈에 붙었구나" 피골이 상접했다. 그의 잇몸과 입술밖에는 상하지 않고 남아 있는 것이 거의 없었다. 그러한 상황에서 위대한 계시의 말이 욥의 입에서 튀어나왔다. 욥기 19:23~29은 욥의 위대한 신앙 고백이다. 25절을 다 같이 읽어 보자.

"내가 알기에는 나의 대속자가 살아 계시니 마침내 그가 땅 위에 서실 것이라" 아멘.

우리는 욥과 그 친구들과의 대답 속에서 이보다 더 무게 있고 중요한 구절을 발견할 수가 없다. 이 구절에서 그리스도와 하늘에 대한 많은 것이 언급되어 있다. 욥은 하나님을 알며, 살아 계신 구속자를 믿고 "죽은 자의 부활과 장차 다가올 세상의 생을 기대"했다. 참으로 구약에서 보는 놀라운 계시의 말씀이다. 시편 49:15에 보면, "하나님은 나를 영접하시리니 이러므로 내 영혼을 음부의 권세에서 구속하시리로다" 하고 말한다. 바로 이처럼 하나님께서 욥의 영혼을 음부의 권세에서 구속하시고 부활의 축복을 입을 것을 말하였다. 욥은 성령의 도우심으로 음부의 권세에서 스스로도 놀랄 정도로 하나님의 계시를 받게 되었다.

이제 계속 욥기를 읽어 내려가면서 우리가 느끼겠지만 이 부분을 고비로 하여, 욥에게 어울리지 않는 까다로운 불평 같은 것은 더 이상 찾아볼 수가 없게 된다. 이 부활의 소망이 그의 영혼을 진정시켰고, 그 폭풍우를 가라앉혔던 것이다. 어떻게 욥이 이와 같은 놀라운 신앙 고백을 하게 되었을까? 욥은 고통의 절정에서 세상의 친구들과 주변 사람들에게 향하던 눈을 돌이켜 하늘을 바라보았다. 그는 갑자기 세상 사람에게 호소하던 말을 중단하고 즐거운 환호를 부르짖고 있다. 욥은 구속자의 부활의 영광을 믿었고 그 자신도 거기에 참여할 것을 믿었다.

"내가 알기에는 나의 구속자가 살아 계시니 후일에 그가 땅 위에 서실 것이라 나의 이 가죽, 이것이 썩은 후에 내가 육체 밖에서 하나님을 보리라" 아멘.

후일에 땅 위에 오실 것이다. 이것은 구속자의 성육신을 말한다. 땅으로부터 들리신다는 것은 십자가에 못 박히시고 부활 승천하실 것을 말한다. 욥의 신앙은 최고의 승리의 경지에 도달한다. 이것은 외적으로 보기에 모든 상황이 절망적인 상태였을 때 그의 입에서 나온 말이었다. 이 고백은 기독교 신앙의 본질이다. 욥의 믿음은 문자 그대로 바라는 것들의 실상이요 보지 못하는 것들의 증거였다. 그는 보이지 않는 것을 믿었다. 희망이라고는 조금도 찾아볼 수 없는, 거의 절망적인 상황에서도 그는 이 부활의 소망을 버리지 않았다.

● 오늘의 말씀에 대한 나의 묵상 ●

오늘의 본문 성경을 읽으시고 깨달은 점이나 기억하고 싶은 점 혹은 기도문을 기록합니다.

욥 20장~22장

● 묵상 자료 ●

1. 내려 놓음(욥 22:21~30)

어떤 사람이 한적한 밤길을 걷다가 실족(失足)하여 언덕 밑으로 굴러 떨어졌다. 다행이 떨어지면서 밖으로 뻗어있는 나무뿌리를 움켜잡아 땅바닥으로 떨어지지는 않아서 잠시 안도의 숨을 몰아 쉬고 있다가 위로 올라가려고 했으나 올라갈 수가 없었다. 게다가 주변이 너무 캄캄하여 아래쪽 상황을 알 수가 없었다. 그래서 밑으로 내려갈 수도 없었다. 도와달라고 소리쳤으나 아무도 돕는 자가 없었다. 그저 필사적으로 매달려서 날이 밝기만을 기다리는 것밖에 도리가 없었다. 그렇게 시간을 보내고 기진맥진 해 있는데 날이 밝아오자 주변이 점점 밝아지기 시작했고, 이 사람은 한심한 자신의 모습에 쓴 웃음을 지었다고 한다. 왜냐하면 그가 매달려 있는 곳은 땅에서 불과 1미터도 안 되는 높이였기 때문이다. 붙잡은 것을 놓기만 했다면 안전하게 땅에 닿을 수 있었을텐데, 붙잡고 있다가 밤새 죽을 고생을 한 것이다.

또 이런 이야기가 있다. 우리나라 초대교회 시절이다. 어느 선교사가 본국에서 보내준 차를 타고 선교지를 방문한 중에 일어난 일이다. 무더운 여름날 시골길을 가고 있는데, 한 할머니가 큰 보따리를 머리에 이고 가고 있었다. 이를 안타깝게 여긴 선교사가 차를 세우고 이 할머니를 차에 태웠다. 한참 가고 있는데 자꾸 뒤쪽에서 무슨 소리가 났다. 그래서 돌아보니 이 할머니가 보따리를 머리에 이고서 앉아 있는 것이다. 그리고는 힘이 드니까 자신도 모르게 소리를 낸 것이다. 선교사가 짐을 내려놓으라고 권하자, '이 몸 하나 태워준 것도 감사한데 염치도 없이 어떻게 짐까지 내려놓을 수 있느냐'며 완강히 거절했다고 한다.

첫 번째 이야기가 불신자들의 모습이라면, 두 번째 이야기는 우리 신자들의 모습일 수 있다. 무엇이든 놓아버리면 평안하고 행복할 텐데 그것을 놓지 못하는 우리들이다. 자기가 붙들고 가려 하니 인생이 곤고하고 힘들고 어렵다.

욥기 22:24~25 말씀, "네 보배를 진토(塵土)에 버리고 오빌의 금을 강가의 돌에 버리라 그리하면 전능자가 네 보배가 되시며 네게 귀한 은이 되시리니" 이 말씀은 우리 신앙생활의 핵심을 교훈하는 말씀이다. 우린 버림으로써 얻는다. 내 자신을 버림으로써 주님을 얻고, 육적인 생각을 버리고 진리를 믿음으로 영원한 생명을 소유한다. 세속적인 정과 욕심을 버림으로 성령을 얻게 되고, 나의 야망을 버림으로 주님이 주시는 비전을 품게 된다. 어떤 전도사님이 기도원에서 기도하다가 욥기의 이 말씀을 읽게 되었다. 네 보배를 진토에 버리라는 말씀에 따라 그는 자기의 보배가 무엇인지 먼저 메모지에 적었다고 한다. 그리고 하나씩 기도하면서 지웠다. 나중 버림을 통해 채워주시는 주님의 은혜를 체험했다고 한다.

D.L.무디는 모세의 생애를 3기로 나누어 설명을 하였는데, 제1기는 I am Something, 나는 할 수 있다고 생각하는 시기이다. 제2기는 I am Nothing, 나는 아무것도 아니고, 아무것도 할 수 없다고 생각하는 시기이다. 그리고 제3기는 I am Nothing을 통해 주님께서 오셔서 그의 손에 사로 잡혀 쓰임 받은 시기라고 한다. 그런데 하나님은 I am Something 시기의 모세를 사용하지 않고, I am Nothing 시기의 모세를 사용하셨다는 것을 우리는 기억해야 한다.

이용규 선교사님이 쓰신 『내려놓음』이란 책에 나온 몽골자매 이야기다. 예배 시작 시간이 거의 다 되어 한 자매가 땀이 범벅이 되어 교회를 들어왔다. 사연인즉 소를 잃어버렸는데, 소를 찾다가 예배시간이 다 되어 소 찾기를 포기하고 예배를 드리기 위해 왔다는 것이다. 하나님께 예배를 드리기 위해 그 소중한 소까지 포기한 그 자매의 믿음에 교회의 모든 지체들이 놀라며, "예배를 위해 소를 포기한 이 자매를 실망시키지 말아달라며" 위하여 기도를 드렸다. 그리고 예배를 마쳤는데, 예배당 밖에서 소 울음소리가 들려 나가보았더니 그토록 찾아 다녔던 소가 예배당 앞에 와있었다고 한다. 내려놓고 포기했더니 주님께서 놀랍게 역사하신 것이다.

"네 오빌의 금을 강가에 던져 버리라, 그리하면 전능자가 네 보배가 되리라"
아멘.

오늘의 본문 성경을 읽으시고 깨달은 점이나 기억하고 싶은 점 혹은 기도문을 기록합니다.

5월 15일

욥 23장~26장

● 묵상 자료 ●

1. 욥기 23:10의 정확한 해석

욥기 23장 10절-"내가 가는 길을 그가 아시나니 그가 나를 단련시킨 후에는 내가 정금(순금)같이 나오리라"-은 많은 크리스찬들에게 사랑받는 대표적인 구절들 중의 하나이다.

특히 여러 가지 이유로 고통받고 있는 사람들이 이 구절을 근거로 내가 받는 고통을 잘 참고 견디면 더욱 성숙된 사람이 되리라고 위안을 삼는 구절이기도 하다. 물론, 그런 신앙 자세가 틀린 것은 아니지만 상기 구절의 본래 의미는 약간 다른 뉘앙스를 가지고 있다.

개역성경에서 "단련하다"로 번역된 단어는 히브리어 원문에서는 "시험하다 혹은 검사하다"라는 의미를 가지고 있기 때문에 영어성경은 이를 "test 또는 try"로 번역했다. 동일구절을 우리말의 다른 번역본으로 비교하면 아래와 같다.

공동번역 : 털고 또 털어도 나는 순금처럼 깨끗하리라.

새번역 : 나를 시험해 보시면 내게 흠이 없다는 것을 아실 수 있으련만!

그러므로, 개역성경만 읽어보면 10절의 의미를 "하나님이 나에게 시련을 주셔서 단련하면 내가 정금처럼 순수하게 변할 것이다"라고 생각하기 쉽지만, 다른 번역본을 참고해 보면 그런 뜻이 아니라, 욥이 "나는 원래부터 순금처럼 깨끗하고 결백한 사람인데 왜 하나님이 나를 알아주시지 않는가" 하는 자기 변호 및 탄원을 하고 있는 내용이라는 것을 알 수 있다.

이러한 의미를 좀 더 깊이 이해하려면 욥기 23:2~10까지 전체를 연결해서 이해를 해야 하는데, 특히 7절을 읽어보면 욥이 자신의 무죄를 주장하고 있으며 이것이 10절과 상통하는 내용이라는 것을 짐작할 수 있다. 개역성경만 읽으면 7절의 의미가 조금 모호해질 수 있는데, 새번역과 공동번역 등을 함께 참고

하면 욥이 자신의 무죄를 주장하고 있다는 것을 잘 알 수 있다.

개역성경 : 거기서는 정직자가 그와 변론할 수 있은즉 내가 심판자에게서 영영히 벗어나리라.

새번역 : 내게 아무런 잘못이 없으니, 하나님께 떳떳하게 말씀드릴 수 있을 것이다. 내 말을 다 들으시고 나서는, 단호하게 무죄를 선언하실 것이다.

공동번역 : 그러면 나의 옳았음을 아시게 될 것이고 나는 나대로 승소할 수 있을 것일세.

그러므로 욥기 23:1~10까지의 내용을 요약하면, "나는 무죄함에도 불구하고 하나님이 주시는 고통이 너무 심하구나. 하나님이 어디 계신지 알면 그분을 찾아가서 무죄를 하소연하겠다만 도무지 알 수가 없구나. 하지만 그분은 내가 어디에서 무엇을 하는지 잘 알고 있으니 나를 평가해보시면 내가 순금처럼 깨끗함(무죄함)을 아실 수 있을텐데" 이런 뜻이 된다.

이렇게 앞부분과 연결해서 10절을 이해하여야 전체의 문맥이 자연스러워진다. 그렇지 않고 10절만 떼어서 "하나님이 내게 시련을 주셔서 단련시키면 내가 순금처럼 변할 것이다"라고 해석하면 앞의 1절부터 9절까지 욥이 하나님께 자신의 무죄함을 탄원하지 못해서 괴로워하는 내용과 서로 연결이 되지 않는다.

이어지는 욥기 23:11부터 끝까지의 내용 역시 자신은 무죄하지만 도무지 하나님의 뜻을 바꿀 수 없으니 낙심하고 두렵다는 내용들이다. 이런 뉘앙스는 개역성경만으로는 알기 어렵고 다른 번역본들을 비교해서 읽으면 이해하기 쉽다.

욥기를 읽으며 우리는 "하나님이 고난을 주셨지만 욥이 원망하지 않고 잘 참아서 나중에 더 큰 복을 받았다"는 식으로 해석하는 경향이 많이 있지만, 욥기의 내용은 그러한 것이 아니라 처음부터 끝까지 욥이 자신에게 왜 고난이 닥친 것인지 이해하지 못하고 괴로워하는 내용으로 가득 차 있다. 욥처럼 이유 없는 고통을 당하는 사람에게, "이 고통을 통해서 너도 정금처럼 단련될 것이니 잘 참아야 한다"고 섣불리 위로하는 것은 어쩌면 어설픈 종교적 가르침으로 욥을 야단치고 훈계하려던 욥의 세 친구들과 다를 바 없는 일인지도 모른다. 아파하는 사람에게 어설픈 해석을 하기보다는 그저 함께 아파하고 같이 울어주는 것이 최선의 위안이 아닌가 생각한다. 우리 주변에는 고통 당하는 많은 이웃들이 있다. 욥기를 읽으며 우리는 고통받는 우리 이웃들에게 어떻게 실제적인 위로가 될 수 있을까 고민해 봐야 한다. 아멘.

오늘의 본문 성경을 읽으시고 깨달은 점이나 기억하고 싶은 점 혹은 기도문을 기록합니다.

....

....

....

....

....

....

....

....

....

....

....

....

....

....

....

....

....

....

....

....

욥 27장~29장

● 묵상 자료 ●

1. 아, 옛날이여!!

욥기 29장은 욥이 자신의 화려했던 과거의 일들을 기억하는 내용이 주를 이룬다.

하나님의 보호 가운데 큰 부를 가졌던 자신의 모습, 어렵고 힘든 사람들을 도와주던 욥의 성숙한 태도, 그랬기에 다른 사람들에게 영향력 있는 삶을 살 수 있었던 자신의 복된 과거의 삶을 회상하며 추억하고 있다. 그랬던 그가 어느 날 갑작스럽게 찾아온 고난에 직면하고, 친구들은 욥의 마음을 헤아리지 못하고 고난은 죄의 결과라는 인과응보적인 논리로 책망하며 아주 어렵고 힘든 시간을 보내고 있다. 그리고 무엇보다도 하나님과 친밀한 삶을 살다가 아무런 이유도 모른 채 더 이상 응답하지 않으시는 것 같은 하나님의 침묵으로 인해 무척이나 힘들게 고통스런 하루하루를 살아가고 있는 상황이다.

욥의 기억 속에서 체험되었던 하나님의 은혜는 어떤 것이었는가? 욥기 29:3에서 욥은 하나님의 등불이 그의 머리를 비치시어 어둠 가운데에도 올바르게 걸어 다닐 수 있었음을 이야기한다. 하나님께서 지혜를 주셨기에 그는 올바른 판단을 내릴 수 있었고, 하나님께서 어둠을 이길 수 있도록 도와주셨음을 기억하고 있는 것이다.

우리 역시 살면서 수많은 판단과 결정을 해야 하는 순간, 지난날의 성공적인 경험 혹은 실패를 통해 얻은 교훈, 혹은 다른 사람들의 충고를 통해 어떤 일들을 결정하기 쉽다. 당연한 것 같으나 그 속에는 머리로는 하나님께 뜻을 구하고 하나님께서 원하시는 방법대로 일을 처리해야 함을 알면서도 막상 일을 처리할 때에는 신앙적인 모습의 결정을 하지 못하는 우리의 약한 모습을 본다. 내가 평소에 선교지에서 늘 의지하는 성경 구절이 있다.

고린도전서 1:25, "하나님의 어리석음이 사람보다 지혜롭고 하나님의 약하심이 사람보다 강하니라" 아멘.

살아가는 매 순간 온전히 하나님을 의지하고 철저히 하나님께 지혜를 구할 때 하나님께서 능히 이겨나갈 수 있는 길들을 열어 주심을 기억해야 할 것이다.

욥은 29:4에서 자신이 원기 왕성하였고 하나님이 자신의 장막에 기름을 발라주셨던 과거를 또한 이야기하며 그 시절을 그리워하고 있다. 몸이 아픈 사람은 건강했던 때를 떠 올리며 현실의 아픔을 잠시 잊으려 한다. 나도 한 때는 건강하여 축구를 참 좋아했었다. 그러나 2008년에 선교지에서 교통사고를 당하였고 뼈를 10개나 부러트린 후에는 더 이상 뛰지를 못한다. 장애인이 되어 주차할 때는 장애인 딱지가 있어 편하지만 축구하고 싶을 때에도 그저 구경으로 만족할 뿐이다.

욥은 맹인의 눈도 되고 다리 저는 사람의 발도 되어 주었었다. 빈궁한 자의 아버지도 되며 억울한 자들의 송사도 살펴 주었었다. 욥은 그 영광스러웠던 과거를 반추하며 그 때에는 전능자가 아직도 나와 함께 있었다고 욥기 29:5에 고백하고 있다. 이 말은 지금은 전능자가 나를 떠나 버렸다는 회한이 서린 말이다. 그러나 우리는 욥기의 성경을 읽으며 욥과 같은 잘못된 결론을 내리면 결코 안 된다. 욥은 결정적인 판단착오를 하고 있다. 하나님이 자신을 그토록 잘 나가게 복 주셨던 화려한 과거에는 전능자가 함께 계셨고, 지금같이 누추한 현실에는 하나님이 함께 계시지 않는다고 생각하는 것은 철저히 진리를 왜곡하는 일이다. 그것은 욥 자신의 인간적인 생각일 뿐이지 진실이 아니다. 사실인즉, 하나님은 그 고통의 때에도 욥을 떠나지 않으셨고 욥과 항상 함께 계셨으며 그의 눈이 깜박일 순간에도 그를 돌보고 계셨다는 것이다. 예수 그리스도는 어제나 오늘이나 영원토록 동일하신 분이시다.

우리는 믿음으로 우리의 현실과 상황을 판단해야지 내 감정으로 해서는 안된다. 임마누엘!! 주는 나와 영원히 함께 계심을 어떤 순간이라도 우리는 의심치 말아야 한다. 아멘.

오늘의 본문 성경을 읽으시고 깨달은 점이나 기억하고 싶은 점 혹은 기도문을 기록합니다.

욥 30장~33장

● 묵상 자료 ●

1. 욥의 고난에 대한 엘리후의 새로운 발상(욥 33장)

엘리후가 욥을 비판한 핵심은 욥의 결백성에 대한 주장이다. 엘리후는 욥이 자기의 무죄를 주장하면서 했던 말들을 인용하면서 하나님은 그 어떤 사람보다도 크신 분인데 어떻게 감히 그 위대하신 분 앞에서 자기 의를 주장할 수 있느냐고 따진다.

그 후 엘리후의 발언에서 아주 중요한 전환점을 하나 발견할 수 있는데 그것은 고통의 이유만 따지지 말고, 고통의 원인이 되는 과거로부터 하나님께서 이 특별한 고통을 통하여 이루시려는 목적이 어디에 있는가를 깨닫는 미래로 선회하라는 충고였다. 이 생각은 그동안 욥의 어떤 친구들의 어떤 발언보다 훨씬 유익하다. 이와 같은 엘리후의 입장은 친구들이 물고 늘어졌던 인과응보론과는 매우 색다른 엘리후만의 공헌이라고 할 수 있다. 이런 맥락에서 엘리후는 하나님께서 다양한 방법으로 인간에게 말을 걸어오실 수 있는데 고통도 그 중에 하나라는 사실을 강조한다. 그러면서 엘리후는 사람이 충분히 주의를 기울이지 못해서 그렇지 하나님께서 인간에게 말 걸어오시는 두 가지 사례를 든다.

1) 꿈을 통하여 하나님께서 당신을 드러내실 수 있다는 것이다.

사람이 꿈을 꿀 때에 하나님께서 말씀을 듣게 하셔서 여러 가지 경고도 주시고 죄짓지 않게도 하시며 교만하지 않게도 하신다는 것이다(욥 33:15~18).

물론 특별한 경우에 하나님이 엘리후의 말처럼 꿈을 통해서도 필요하시면 말씀하시고 우리를 인도하실 수 있다. 그러나 신약시대에 사는 우리 성도들이 지나치게 꿈이나 직통계시를 의존하면 자칫 이단에 빠지기도 쉽고 마귀의 꾐에 넘어가기도 쉽다. 신약시대에는 확실한 66권의 성경이 우리 손에 주어져 있다. 우리는 성경 중심의 신앙생활을 해야 한다. 그것이 가장 안전하고 건강한 신앙생활의 비결이다. 신비주의나 신사도주의에 빠지는 위험성을 우리는 항상 경계해야 한다.

2) 하나님은 질병과 질병의 회복을 통하여 하나님의 섭리와 경륜을 깨닫게 하신다는 것이다(욥 33:19~25).

예수님 시대에 수많은 병자들이 질병 때문에 예수님을 만나고 영혼과 육신이 구원받았던 것처럼 병과 치유가 하나님의 계시 수단이 될 수 있다는 것이다. 하나님은 병든 자를 중보자 같은 천사(욥 33:23)를 보내서 고쳐 주실 수도 있고 병든 자의 기도를 응답하셔서 고쳐 주실 수도 있다. 신약의 우리들에게 중보자 같은 천사는 우리 주 예수 그리스도이시다.

이러한 엘리후의 논점을 정리하자면 요점은 간단하다. 하나님은 우리의 질병이나 고통을 통하여 우리에게 말을 건네 오시는 분이라는 것이다. 질병과 고통을 통해 우리가 정신을 똑바로 차리고 하나님께 돌아와 하나님의 뜻을 준행하도록 이끄시는 좋은 방편이 될 수 있다는 것이다! 이와 같은 고통에 대한 교육 훈련용 해석, 혹은 섭리 목적론적 해석이 물론 친구들의 발언 속에 간간이 내포되어 온 것이 사실이지만 엘리후의 발언에서 가장 눈여겨봐야 할 공헌이라 할 수 있을 것이다. 이런 각도에서 본다면 욥이 현재 당하는 고통은 결코 불행만이 아니고 하나님의 음성에 귀 기울여 더욱더 환한 생명의 빛(욥33:30)을 보게 하시려는 하나님의 섭리로서 받아들일 수 있다는 것이다.

고통이 하나님의 계시를 수반할 수 있다는 엘리후의 생각은 욥의 친구들과 달리 고통에 대한 미래지향적이고 더욱더 긍정적인 해석의 문을 열어 놓았다는 점에서 고무적이다. 엘리후는 등장인물들 가운데 최연소자이지만 그동안 크게 의식하지 못했던 차원들을 생각해 볼 수 있도록 도와준다. 바로 고난에 대한 연단론적 혹은 목적론적 해석이다. 하나님은 좋은 일만 통하여 역사하지 않으시고 나쁜 일을 통해서도 교통한다는 말씀이다. 수없이 다양한 방법으로 당신을 계시하시는 하나님은 그 대표적인 예로 꿈과 질병을 들었듯이 고통을 통해서도 인간과 교통하신다는 것이다.

사실 고난을 받지 않았을 때는 하나님의 음성에 귀를 기울일 수 없었는데 의외로 고통 때문에 하나님의 뜻을 깨닫는 경우가 있지 않은가? 예수님도 나면서 소경 된 사람이 자기 죄나 조상의 죄 때문이 아니고 그를 통해 하나님의 영광을 드러내기 위함이라고 말씀하심으로써(요 9:1~12) 긍정적인 해석을 내리셨다.

잠언 16:4절에, 여호와께서 온갖 것을 그 쓰임에 적당하게 지으셨나니 악인도 악한 날에 적당하게 하셨느니라 하는 말씀이 있다. 사람을 포함해서 이 세상의 모든 것을 하나님이 쓰시기 위해서 다 지으셨고 그 모든 것을 적당하게 쓰신다는 말씀이다. 심지어는 악인까지도 하나님이 쓰시려는 목적이 있다는 것이다. 이 말씀을 보면 북한의 김정일도 하나님이 쓰실 일이 있기 때문에 지으셨고 지금도 모든 일이 하나님의 목적대로 되어가고 있는 것을 성경은 말한다(우리 인간이 다 이해할 수 없지만…). 사람뿐만 아니라 이 세상에 일어나고 있는 모든 일들이 하나님의 섭리 밖에서 일어나는 일이 없는데 그 모든 일들이 하나님이 쓰시는 도구라는 말씀이다.

요셉시대에 전 세계적인 기근이 있었다. 애굽 땅뿐만 아니라 온 세계에 임했던 심한 기근이었다. 하나님은 그 기근을 사용하셔서 야곱의 가족들이 애굽으로 가서 살게 하셨고 이스라엘 나라의 토대를 만드셨으며 요셉의 꿈이 이루어지도록 기근을 통해 역사하셨고 요셉의 형제들은 그 앞에 엎드려 절하였다.

하나님은 오늘날 우리들에게도 코로나 같은 우리가 원치 않는 환경과 여건에 처하게 하시면서 아직까지 하나님 앞에서 숨기거나 감추고 있는 은밀한 죄가 있다면 전부 드러내서 하나님께 고백하고 하나님과의 관계를 회복하여 깨끗하게 살게 하기 위해서 혹은 더 영적인 축복과 은총을 내려주시기 위해서 우리가 원치 않는 재난과 고통과 질병을 주실 수도 있다. 아멘.

오늘의 본문 성경을 읽으시고 깨달은 점이나 기억하고 싶은 점 혹은 기도문을 기록합니다.

1년 1독 365일 성경통독, 꿀송이 보약큐티
욥 34장~37장

● 묵상 자료 ●

1. 욥의 잘못을 지적하는 엘리후 (욥 35장)

엘리후는 욥이 자기 의를 주장하는 것과, 그가 고난을 받는 것을 보니 하나님 앞에 죄를 범한 것이 분명하다고 하는 세 친구의 주장에 대해 계속해서 자신의 변론을 펼치고 있다. 욥 35장은 특별히 욥이 주장한 내용에 대한 변론인데 엘리후는 욥34장에서 욥이 주장한 내용을 가져와 그것이 어떻게 잘못되었는지 반론을 제시한다.

> "욥이 말하기를 내가 의로우나 하나님이 내 의를 부인하셨고… 이르기를 사람이 하나님을 기뻐하나 무익하다 하는구나" 욥 34:5, 9

먼저는 욥기 34:5에서 내가 하나님 앞에 의로우나 하나님은 고난 가운데 나를 두심으로 내 의를 부인하셨다는 주장이다. 두 번째는 욥기 34:9에서 내가 하나님을 기뻐하는 삶을 살았지만 그것이 고난 가운데 있는 자신에게 아무 유익을 주지 못한다는 것이다. 이에 엘리후는 하늘 아래, 어떤 피조물이 하나님 앞에 자신의 의로움을 주장할 수 있는가?라고 욥의 주장에 대해 반문한다. 즉 자신의 삶을 근거로 하나님 앞에 나아갈 수 있다고 자기 의를 주장하는 것 자체가 잘못이라는 것이다.

두 번째는 우리의 의가 있다고 하더라도, 자신의 의나 또는 불의가 하나님에게는 아무 상관이 없다는 것이다. 즉, 하나님은 우리의 삶의 어떤 내용들을 근거로 과학적 법칙처럼 인과응보를 즉각 취하시는 분이 아니라는 것이다. 그러기에 내가 하나님 앞에 이렇게 경건하게 살았는데 내게 아무런 유익을 주지 못한다고 말하는 욥의 두 번째 주장 역시 맞지 않는다는 것이다.

이런 엘리후의 주장은 옳은 부분도 있고 잘못된 부분도 있다. 옳은 것은 그의 주장처럼 우리는 하나님 앞에 우리의 삶을 근거로 나아갈 수 없다는 것이다. 우리가 얼만큼 선하고, 의로워야지 하나님 앞에 내 의로 나갈 수 있다고 할 수 있겠는가? 율법의 기준에 100프로 다 맞게 산 인생은 성경에 아무도 없고 모두가 다 죄를 범하였다고 선언하는데 누가 감히 자신의 행위를 근거로 하나님께 무엇을 요구할 수 있단 말인가? 그리고 설사 경건하게 살았지만 고난이 왔다고 하더라도 그것을 근거로 경건이 무익하다고 하는 것은 명백한 잘못이다. 생사화복은 하나님의 주권 아래 달려 있는 문제이다. 축복을 받기 위해 경건하게 사는 것이 아니라 하나님의 자녀로서 마땅히 할 바이기에 경건하게 살아야 하는 것이다.

엘리후의 주장에서 그가 간과한 것이 있다면 이러한 하나님이 "사랑의 하나님"이시라는 것이다. 공의로 모든 것을 심판하시며 스스로 충분히 영광스러우신 하나님께서 우리를 사랑하셔서 이러한 죄인 된 우리들과 "언약적 관계"를 맺으시고 언약 당사자인 우리의 부족과 불순종에도 불구하고 당신의 의로 그것을 덮으심으로 구원하시기를 기뻐하셨다는 것이다.

하나님은 어떠한 법칙이나 원리가 아니라 인격적이신 분이시다. 그 하나님께서 우리를 사랑하셔서 우리의 삶이나 행위가 아닌 오직 십자가의 사랑에 근거해 믿음으로 은혜로 하나님 앞에 나아가게 하셨고 그 은혜를 받아 누리게 하셨다. 우리가 우리 자신을 돌아보며, 하나님 앞에 나아갈 어떠한 의도 우리 자신에게 없음을 인식하고, 하나님의 사랑으로 인한 전적인 은혜로 이루어지는 구원과 삶임을 고백하고 하나님께만 영광 돌려야 한다. 혹여나 우리 자신의 의를 주장하는 모습이거나 아니면 우리 자신의 연약함으로 하나님께 나아가기를 주저하는 모습이 있다면 십자가의 은혜를 힘입어 하나님 앞에 담대히 나아가는 우리가 되어야 한다. 그리고 욥처럼 경건하게 사는 것이 고난의 날에 무익하다고 결론을 내리거나 하나님을 기뻐하며 사는 것이 고난의 때에 아무 소용이 없다고 고백하는 것은 삼가야 한다. 고난이 오더라도 그리고 고난의 때에 경건이 아무런 효과를 발휘하지 못하는 것 같더라도 우리는 거룩한 삶을 목표로 해야 하고 하나님을 늘 기뻐하는 삶을 살아야 할 그의 백성들임을 오늘도 잊지 말자. 아멘.

오늘의 본문 성경을 읽으시고 깨달은 점이나 기억하고 싶은 점 혹은 기도문을 기록합니다.

욥 38장~40장

○ 묵상 자료 ○

1. 하나님의 동문서답

하나님은 왜 아무 연고도 없이 그의 백성을 고난으로 몰아 부치는지 욥은 도무지 이해할 수 없었다. 그래서 하나님께서 좀 나타나셔서 속 시원히 말씀해 주시기를 학수고대했다. 드디어 하나님이 등장하셨다. 그런데 폭풍우를 대동하고 나타나셨다. 그냥 나타나셔도 인간은 하나님의 출현에 사시나무처럼 떨리고 무서울텐데 폭풍우까지 대동하고 나타나셨으니 욥이 얼마나 무서웠겠는가? 폭풍우 가운데 하나님이 나타나신 이유는 욥의 말에 하나님이 분노하셨기 때문이다. 하나님은 욥에게 대뜸 "무지한 말로 생각을 어둡게 하는 자"라고 꾸짖으셨다(욥 38:2). 보통의 욥기서 독자들은 하나님의 이런 책망을 잘 모르고 그냥 1장 1절 말씀만을 기억하고 욥기서를 생각하기 때문에 욥기를 이해하는데 방해를 받고 왜 하나님이 고난당하는 욥에게 도리어 화를 내시는지를 이해하지 못한다.

> 우스 땅에 욥이라 불리는 사람이 있었는데 그 사람은 온전하고 정직하여 하나님을 경외하며 악에서 떠난 자더라 욥 1:1

사실 위의 말씀은 하나님이 한 수 접어주시고 은혜로 덮으셔서 평가해 주시는 말씀이다. 실상은 인간 중에 누구도 절대적으로 온전한 사람은 아무도 없다. 아브라함도, 모세도, 다윗도, 욥도 다 연약한 죄인들이다. 그래서 욥도 고난의 처음에는 믿음으로 잘 견디고 마귀를 부끄럽게 했지만 그도 연약한 죄성을 지닌 인간인지라 친구들에게 억울하게 집중 공격을 받으며 자신을 변호하는 과정에서 하나님의 심기를 건드리는 실수를 범하였다. 욥의 말 중에서 그가 크게 실언한 것은 욥기 10장에 많이 나타난다. 욥기 10:3에서 그는 하나님이 "악인의 꾀에 빛을 비추시기를 선히 여긴다"고 발언했다. 참으로 무지한 말이었고 이치를 가리는 말이었다. 자신이 하나님께 무고히 학대를 받고 있다고 생각한 욥은 하나님이 마귀의 꾐에 속으셔서 마귀가 좋아하는 일을 하고 있다고 발언한 것이다. 이는 완전히 하나님의 깊은 수읽기를 무시하는 참람하고 망령된 말이었다. 마귀만 꾀가 있고 하나님은 생각이 없으시단 말인가? 하나님이 마귀의 꾀를 분별하시지 못할 만큼 어리석으신 분이란 말인가? 욥은 조금 전에는 하나님을 마귀의 꾀에 속아 악인의 꾀에 빛을 비춘다고 하더니 이제는 한 술 더 떠 인간들처럼 눈이 있어 모든 것을 살펴보시는 분이신가 하고 의문을 품는다. 눈이 없기에 자신의 이런 처지를 방관하시는 것 아니냐는 것이다. 너무 억울하고 고통이 심해 잠시 욥이 제 정신이 아니었던 것 같다. 도대체 인간의 눈을 누가 만드셨는가? 하나님이시다. 눈을 만들어 인간에게 볼 수 있도록 하신 하나님이 왜 못 보시겠는가? 귀를 만드신 하나님이 왜 못 들으시겠는가? 코를 만드신 하나님이 왜 냄새를 못 맡으시겠는가?

욥이 이토록 망령된 말을 했기 때문에 친구인 엘리후도 욥을 책망했었고 하나님도 폭풍우 가운데 나타나셔서 무지한 말로 이치를 가리는 이가 욥이라고 지적하신 것이다. 아무리 욥이 자신의 처지가 억울하고 하나님이 도무지 쳐다보시지도 않는다는 '느낌'이 들더라도 말은 바로 했어야 했다. 나의 느낌이 진리는 아니지 않는가? 우리는 느낌이나 감정으로 하나님을 섬기는 자들이 아니라 믿음으로 섬기는 자들이다. 욥의 말과는 정반대로 실상은 하나님은 욥의 모든 고난을 하나도 빠짐없이 다 바라보고 계셨다. 눈깜짝할 동안도 하나님은 지켜보셨고 그의 신음에도 하나님은 마음 아파하셨다. 다만 하나님이 정한 시간표가 이를 때까지 잠시 그 아픔을 당하도록 하신 것이었다.

그래서 하나님은 욥의 어리석음을 깨우쳐 주시기 위해서 나타나신 것이다. 욥에게 나타나신 하나님은 욥의 질문에 대답하시는 대신 오히려 욥에게 역질문을 하셨다. 우선 하나님이 천지를 창조하실 때 욥은 어디에 있었는지부터 물으셨다. 첫 질문부터 말문이 턱 막혔다. 그토록 하늘을 향해 억울하다고 하나님이 이상하다고 열변을 토하던 욥이었건만 하나님의 가벼운 첫 질문 한마디부터 말문이 막히고 말았다. 꿀먹은 벙어리처럼 대답 못하는 욥을 향해 하나님은 계속해서 끝없는 질문세례를 퍼 부었다. 나는 하나님의 수많은 질문 가운데 한 가지가 너무나 인상 깊게 다가와 머리를 끄덕이며 그 성경에 밑줄과 동그라미를 수없이 쳤던 기억이 있다. 바로 욥기 38:26이다. 이 본문으로 설교도 많이 했다.

> "누가 사람 없는 땅에 사람 없는 광야에 비를 내리며 황무하고 황폐한 토지를 흡족하게 하여 연한 풀이 돋아나게 하였느냐" 욥 38:26~27

이 본문을 가지고 "사람 없는 광야에 내리는 비"라는 제목으로 설교를 많이 했다. 시적 감수성을 가진 나에게 이 성경 구절은 잘 박힌 못처럼 내 가슴에 선명하게 다가온다. 하나님은 인간들이 인지하지 못하는 장소에도 태고부터 자신이 지은 피조세계를 홀로 돌보시며 관리해 오셨다. 하나님은 그 사실을 가지고 욥을 신문하신 것이다. 누가 사람도 안 사는 광야에까지 비를 내리게 하는가? 욥은 속으로 '하나님이시지요…' 하고 대답했을 것이다. '그래, 그렇다면 그런 세밀한 하나님이 왜 너의 삶에는 간섭을 안 한다고 생각한 거니?' 하고 물으실 게 뻔하였다. 아무리 너의 작금의 현실이 광야처럼 허허롭다 하여도 사람 없는 광야에까지 비를 뿌리시는 하나님이신데 왜 너를 돌보지 않겠느냐는 하나님의 반어법이었다.

욥은 이런 하나님의 질문 앞에 점점 고개를 끄덕이며 수긍하고 자신의 믿음 없었던 모습을 회개하기 시작한 것이다. 그 후의 계속되는 하나님의 질문도 다 이런 복선을 깔고 있다. 하나님은 욥이 잘 모르는 베헤못이나 리워야단 같은 거대 동물들을 예로 들면서 이런 공룡이나 수천 톤 되는 거대 고래들도 하나님이 만드시고 돌아보시는데 왜 욥 너를 하나님이 못 돌보겠느냐고 따지신 것이다. 이런 끝없는 하나님의 질문 앞에 욥은 죄송하여 더 이상 견디지 못하고 항복하고 말았다. 두 손으로 그 어리석은 말을 뱉었던 자기 입을 가리며 재를 뒤집어쓰고 하나님께 용서해 달라고 빌었다. 하나님의 질문을 듣고 보니 자기의 믿음 없었던 모습이 너무나 부끄러워 견딜 수 없었던 것이다. 그는 하나님의 말씀을 들은 후, 전에는 내가 귀로 듣기만 하였는데 이제는 하나님을 눈으로 본다고 고백했다. 이제는 어떤 상황 속에서도 하나님을 끝까지 신뢰하고 흔들리지 않겠다는 다짐을 하게 되었다. 확실히 욥처럼 우리도 하나님의 말씀을 듣고 깨달음이 오면 우리의 믿음이 강해진다. 믿음은 하나님의 말씀을 들음에서 오게 되어 있는 것이다. 그리고 그 말씀을 통해 하나님이 어떤 분이신지를 확실히 깨달을 때 우리의 믿음은 한 단계 업그레이드 되는 것이다. 결국 욥이 회개하고 돌이키자 하나님은 먹구름처럼 그를 감싸고 있던 고난들을 다 제거해 주셨다. 그는 다시 회복되었고 갑절의 축복을 받게 되었다. 모든 소유가 두 배로 회복되었다. 자녀들도 10명은 이미 하늘나라에 가 있었으니 역시 두 배가 된 것이다.

2. 베헤못과 리워야단

욥기 40:6~41:34까지의 말씀을 읽다 보면 우리에게 낯설은 베헤못과 리워야단이란 동물이 나온다.

첫 번째 취조로 성이 차지 않으신 하나님은 욥을 두 번째로 심문하시는데 이번에는 피조물 가운데 특이한 두 동물을 등장시키셔서 욥을 몰아 부친다. 베헤못은 하마나 코끼리를 가리킨다는 학자들도 있지만 지금은 사라진 공룡이었을 것으로 추측된다. 공룡은 본문이 묘사하는 특징과 상당히 일치하기 때문이다. 리워야단은 사람들에게 공포감을 일으키는 힘센 짐승이었는데 바다 괴물이었다. 어떤 사람들은 오늘날의 악어라고 말하기도 하지만 악어는 사실 바다 생물이 아니다. 식인 상어나 식인 고래였을 것으로 추측된다. 하나님은 이렇게 베헤못과 리워야단을 등장시켜 이렇게 무섭고 힘센 동물을 만드신 이가 하나님이시며 그런 동물들과 비교도 안 될 능력을 가지신 분임을 부각시키려 하신다. 욥이 그 짐승들도 대항할 수 없는데 하물며 어떻게 그들을 지은 하나님을 대항할 수 있겠느냐는 것이다. 먼저 공룡이나 식인 상어를 대항하고 와서 하나님께 따지라는 것이다.

오늘의 본문 성경을 읽으시고 깨달은 점이나 기억하고 싶은 점 혹은 기도문을 기록합니다.

1. 욥기의 결말

욥이 회복 되고 난 후 다시 일곱 아들과 세 딸들을 얻었고 140년을 더 살면서 손자의 손자 4대손까지 보고 죽었다고 성경은 기록하고 있다. 그리고 욥을 그토록 마음 아프게 했던 욥의 네 친구들은 하나님의 지시를 따라 욥이 그들을 위해 화목을 위한 제사를 하나님께 드림으로 용서받았다.

욥의 영혼은 한결 맑아졌고 전에는 귀로만 듣던 하나님이었지만 이제는 눈으로 보는 믿음의 수준에 이르렀다. 그리고 자녀의 복을 다시 받았는데 욥의 아들들의 이름은 기록하지 않았지만 세 딸들의 이름은 성경에 기록해 놓았다. 딸을 낳아 보지 않은 사람하고는 인생을 논하지 말라는 속담도 있듯이 확실히 딸들은 가정에 윤활유다. 남자들만 있는 세상을 생각해 보라. 얼마나 삭막한가?

"여미마"는 비둘기의 의미도 있고 "햇빛 찬란한 낮"이라는 의미도 있다. 주석가 메튜헨리는 욥이 첫째 딸의 이름을 부를 때마다 캄캄한 고통의 밤이 지나고 형통의 빛이 비치는 아침 빛을 생각했을 것이라고 하였다.

"굿시아"는 "향기로운 냄새"(계피 향)라는 뜻이다. 고난 후의 나날들이 얼마나 달콤하고 향기로운 냄새가 나는 날들이었음을 둘째 딸의 이름에서 미루어 짐작할 수 있다.

"게렌합북"은 "아름다운 색깔"이란 뜻이다(특별히 눈 화장할 때 사용하는 화장품

박스를 의미한다고 함).

그야말로 욥은 이 세 딸들로 인해 고통의 아픔을 까마득히 잊어버리고 아름답고 향기로운 날들을 행복하게 지냈을 것이다. 그래서 성경은 그 딸들에게도 욥이 그 당시의 관례를 깨고 재산을 나누어 주었다고 기록한다. 욥이 얼마나 딸들을 기뻐했는지 짐작할 수 있는 대목이다. 이 땅에 딸이 없이 사는 가정들에게 삼가 안타까운 위로를 전해 드리는 바이다.

이제 욥기를 마치면서 욥처럼 이해할 수 없는 고난의 긴 터널에 갇혀 지금도 신음하는 믿음의 형제자매들에게 이 말씀이 위로와 힘이 되었기를 소망해 본다. 주여, 고통 당하는 당신의 자녀들에게 힘을 더하여 주소서! 아멘.

● 오늘의 말씀에 대한 나의 묵상 ●

오늘의 본문 성경을 읽으시고 깨달은 점이나 기억하고 싶은 점 혹은 기도문을 기록합니다.

시 1편~4편

1. 시편은 어떤 책인가?

시편은 하나님을 찬양하는 내용이 주류를 이루기에 곡을 붙여 찬송하기에 유익한 책이다. 또한 기도와 회개와 믿음의 고백들이 석류알처럼 가득한 책이다. 신약에서 구약을 인용할 때 가장 많이 인용된 책이 시편이다. 150개의 시편 가운데 다윗이 73개의 시편을 지은 저자이고 찬양대장 레위인 아삽이 12개의 시편을, 고라 자손들이 10개, 그 외 저자로는 솔로몬, 모세, 헤만, 에단이 있다. 모든 구약 성경이 다 예수 그리스도를 드러내는 책이지만 특별히 시편에는 수없이 예수님이 생생하게 예시되고 예언된다. 시편 말씀이 성령에 감동된 책임을 그 자체로 증거하는 것이다. 시편은 우리의 찬송이나 기도처럼 수시로 읽고 또 읽어야 한다. 시편이 나의 찬송이 되고 나의 기도가 되어야 한다. 어렵게 의미를 파악하려는 노력보다는 말씀을 그대로 읽고 암송하고 친근히 하여 시편을 누리는 자세를 갖는 것이 우리 영혼에 유익을 줄 것이다.

2. 시냇가에 심기운 나무처럼 복 있는 인생

시편 1편은 그리스도인 이라면 누구나 거의 다 암송하는 성경구절이다. 성경은 누가 복이 있는 사람인지를 가르쳐 준다. 시편 1편에서는 먼저 죄인들을 멀리 하는 인생이 복이 있다고 한다. 악인들과 함께 걷지도 않고 서지도 않고 앉지도 않는 사람이 복이 있다는 것이다. 세상에서 상식으로 알고 있는 그런 복과는 판이하게 다르다. 우리는 성경이 제시하는 복된 인생이 되기 위해 제대로 방향을 잡고 살아야 한다. 속도보다 중요한 것이 방향이다. 우리 인생의 철학, 가치관이 성경의 가르침을 따라 정립되어야 한다. 세상이 뭐라고 해도 우리 그리스도인의 최고의 복은 죄를 멀리하고 사는 경건한 삶이라고 믿어야 한다. 소돔, 고모라 같은 이 타락한 세상에서 죄악의 자리에 있지 아니하고 날마다 은혜로운 삶을 유지하며 살아가는 그 사람이 가장 복된 인생을 사는 것이다. 또한 성경이 말하는 복된 인생은 하나님의 말씀을 즐거워하여 밤낮으로 그 말씀을 붙잡고 묵상하는 삶을 살아가는 사람이 복 있는 자라고 하신다. 1년에 한 번씩 성경을 읽는 보약큐티 통독학교 학생들이 복되다 할 것이다.

세 번째로 시편 1편이 말하는 복 있는 사람은 하나님이 그 길을 인정해 주는 인생이라고 증거한다. 악인들은 영구히 의인의 회중에 들지 못하고 결국 지옥의 심판으로 망하게 되지만 의인들은 하나님이 그 삶을 의미 있게 해 주시고 구원과 상급으로 보상해 주신다. 이처럼 하나님의 궁극적인 구원과 인정을 받는 인생이 성경이 말하는 성공한 인생, 복 받은 인생인 것이다. 시냇가에 심기운 나무는 사시사철 푸르고 철 따라 열매를 맺는다. 죄악을 멀리하고 말씀을 가까이 하며 욥처럼 여호와께서 인정해 주시는 신앙을 가진 자들은 성경의 관점에서 가장 성공한 인생들이다. 아멘.

3. 그 아들에게 입 맞추라!

시편 2편 말씀은 전형적인 메시아 예수 그리스도에 관한 예언을 담은 시편이다. 여기에는 왕이 등극하는 모습이 나온다. 왕에 대한 이야기가 나와서 제왕시라고 말하기도 한다. 시편 2편은 시의 운율을 따라서 3행 4연의 구절을 가지고 있다. 먼저 앞부분에 첫 3절은 우리들에게 세상은 하나님을 거부한다는 것을 보여준다.

"어찌하여 이방 나라들이 분노하며 민족들이 헛된 일을 꾸미는가 세상의 군왕들이 나서며 관원들이 서로 꾀하여 여호와와 그의 기름 부음 받은 자를 대적하며 우리가 그들의 맨 것을 끊고 그의 결박을 벗어 버리자 하는도다" 시 2:1~3

이방 나라들과 세상의 군왕들, 관원들이 나서서 우리가 '하나님과 그의 기름

부음 받은 자를 대적하자'라고 이야기한다. 기름 부음 받은 자는 메시아, 우리 주 예수 그리스도를 의미하는데 열왕과 민족들, 세상에 관리들은 하나님을 대적하고 예수 그리스도를 대항해서 반란을 일으키고자 한다. 하나님으로부터 벗어나고자 하고 자기 마음대로 살고자 하고 하나님을 인정하고 싶지 않은 것이다. 원래 하나님이 사람을 만들었을 때는 사람과 하나님은 좋은 관계였다. 하나님은 사람을 만들 때 만물과 자연과는 다르게 하나님의 형상을 따라 만드셨다. 하나님의 이미지가 사람들 안에는 있다. 하나님이 그렇게 사람을 만들었지만 죄를 지은 후부터는 결코 하나님을 기뻐하지 않고, 하나님으로부터 피하고자 하고 하나님을 거부하고자 하고 하나님으로부터 벗어나고자 하고 자기 마음대로 살아가려고 하고 있다. 이러한 패역한 세상을 보시고 하늘에서 하나님은 웃으신다고 말한다.

"하늘에 계신 이가 웃으심이여 주께서 그들을 비웃으시리로다 그 때에 분을 발하며 진노하사 그들을 놀라게 하여 이르시기를 내가 나의 왕을 내 거룩한 산 시온에 세웠다 하시리로다" 시 2:4~6

하나님이 웃으신다는 것은 한 마디로 가소롭다는 것이다. 하나님이 그들을 비웃으신다는 것이다. 하나님을 거부하고, 하나님 믿는 자를 핍박, 박해하고 마치 자기들이 주인인 것처럼 행세하고 있는 세상의 바벨탑을 보시며 하나님이 웃으신다는 것이다. 하나님은 이 세상이 얼마나 가소로운지 직접 나서지도 않으시고 하나님이 왕을 세우겠다고 하셨다. 그 왕이 누구인가? 예수 그리스도이시다. 하나님은 이 땅에 예수 그리스도를 세우셔서 이 땅을 심판하시려 하신다. 그 왕을 통해서 죄와 사망의 권세를 깨뜨리시고 그 왕을 통해 하나님을 모욕하고 하나님을 거부하는 자들을 징계하신다.

"내가 여호와의 명령을 전하노라 여호와께서 내게 이르시되 너는 내 아들이라 오늘 내가 너를 낳았도다 내게 구하라 내가 이방 나라를 네 유업으로 주리니 네 소유가 땅 끝까지 이르리로다 네가 철장으로 그들을 깨뜨림이여 질그릇 같이 부수리라 하시도다" 시 2:7~9

하나님께서 그 왕을 이 땅 가운데 시온에 세우시면서 왕에게 명령하신다. 너는 내 아들이라. 오늘 내가 너를 낳았도다. 여기 "낳았도다"는 말은 부활했다는 의미라고 신약 성경은 주석 한다.

> "곧 하나님이 예수를 일으키사 우리 자녀들에게 이 약속을 이루게 하셨다 함이라 시편 둘째 편에 기록한 바와 같이 너는 내 아들이라 오늘 너를 낳았다 하셨고"
> 행 13:33

이 말씀을 보면서 기억해야 할 사실은 시편 2편을 사도 바울도 밝히 알고 있었다는 것이다. 우리가 읽는 이 본문을 사도 바울도 알고, 읽고, 외웠고, 인용했구나 생각하면 우리가 시편을 어떻게 대하여야 하는지 그 중요성을 알 것이다. 바울은 그리스도의 부활이 시편 2편에 기록되어 있다고 인용한다. 십자가의 죽음을 통해 우리의 구원을 이루게 하시고 하나님은 그리스도를 부활시킴으로 영원한 그 백성들의 왕으로 등극시키셨다. 부활은 예수님이 사망권세를 깨뜨리시고 만왕의 왕으로 탄생하셨음을 온 세상에 선포하는 역사적 사건이었다.

> 그런즉 군왕들아 너희는 지혜를 얻으며 세상의 재판관들아 너희는 교훈을 받을지어다. 여호와를 경외함으로 섬기고 떨며 즐거워할지어다. 그의 아들에게 입맞추라. 그렇지 아니하면 진노하심으로 너희가 길에서 망하리니 그의 진노가 급하심이라. 여호와께 피하는 모든 사람은 다 복이 있도다 시 2:10~12

하나님을 경외함으로 그분을 섬기라고 이야기한다. 그의 아들에게 입맞추라고 이야기한다. 입 맞춘다는 것은 그분에게 복종하고 경배하는 상징의 표현이다. 하나님을 의지하는 자가 복을 받을 것이다. 여기 보면 하나님께 피하는 모든 사람은 복을 받는다고 말한다. 여호와께 피한다는 것은 하나님을 의지한다는 것을 의미한다. 시편 2편의 마지막 결론은 우리에게 두 갈래 길이 있으니 선택하라는 것이다. 예수 그리스도를 영접하여 주의 자녀로 살 것인가, 아니면 하나님 섬기기를 거부하고 그의 진노로 망할 것인가 하는 선택이다. 나는 그의 아들에게 입맞추기를 선택하여 살고 싶다. 부활하셔서 인류의 왕으로 등극하신 그분께 나는 나의 모든 것을 의탁하며 살고 싶다. 아멘.

오늘의 본문 성경을 읽으시고 깨달은 점이나 기억하고 싶은 점 혹은 기도문을 기록합니다.

1년 1독 365일 성경통독, 꿀송이 보약큐티

시 5편~8편

● 묵상 자료 ●

1. 사람이 무엇이기에 저를 생각하시나이까?

시편 8:4에는 다윗이 자신과 함께 해 주시고 끝없는 은혜를 베푸시는 하나님의 은혜가 너무 감사하여 하늘을 우러러 이렇게 고백하고 있다.

"사람이 무엇이기에 주께서 그를 생각하시며 인자가 무엇이기에 주께서 그를 돌보시나이까"

천지를 지으신 크고 위대하신 그분이 미미한 우리가 무엇이라고 친구처럼, 연인처럼 생각해 주시고 돌보아 주시는지 다윗은 너무나 감사하고 감격하여 이렇게 시를 적었다. 물론 구약에서의 인자라는 단어는 이 땅에 오신 하나님의 아들을 지칭하여 쓰인 경우가 대부분이다. 그러나 시편의 기법상 여기 나오는 사람이나 인자는 첫째는 다윗 자신을 말하는 것이고 동시에 하나님의 아들 예수 그리스도를 상징하는 중의법의 표현이라고 할 수 있다.

이 말씀을 묵상하다 보니 『연탄길』이라는 책을 써서 일약 유명 작가가 된 이철환 집사님의 간증이 마음에 떠오른다. 이철환 집사님은 지금은 연탄길이라는 책을 써 무려 430만 권이나 팔리게 한 베스트셀러 작가지만 등단 초기에는 너무나 가난하고 힘든 무명 작가였는데 그 가난한 시절에 친구가 베풀어 준 격려와 사랑을 평생 잊을 수 없다고 했다. 그의 잔잔한 얘기를 들어 보라.

깊은 절망에 빠져 있던 어느 겨울이었습니다. 저녁 무렵 친구 봉구의 전화를 받고 인사동으로 나갔습니다. 찻집 앞마당엔 잎이 모두 떨어진 감나무 두 그루가 서 있었습니다. 봉구는 감나무를 바라보며 지난 봄에 주인 몰래 이 집 감나무에서 따 간 어린잎으로 차를 끓여 마셨는데 맛이 기막혔다고 히죽히죽 웃으며 말했습니다.

봉구는 잠시 저를 바라보다가 새로 시작한 소설은 잘돼 가냐고 물었습니다. 그럭저럭 쓰고 있다고 말했지만 앞날에 대한 확신도 없이 제자리걸음만 하고 있을 때였습니다. 잘 다니던 직장을 그만두고 몇 년째 소설에만 매달리고 있었던 터라 형편도 넉넉지 않은 시절이었습니다. 제 쓸쓸함을 알아챈 듯 봉구는 저의 근황에 대해 더 이상 묻지 않았습니다. 봉구는 찻집 마당에 서 있는 감나무를 바라보며 나이가 들수록 나무가 좋아진다고 말했습니다.

어둑할 무렵 봉구와 함께 인사동 길을 걸었습니다. 길가 한쪽에서 할머니가 강아지를 팔고 있었습니다. "와! 예쁘다." 봉구가 호들갑을 떨며 강아지 앞에 쪼그려 앉았습니다. 싸게 드릴 테니 한 마리 사 가라고 할머니가 말했습니다. 할머니가 건넨 말에 봉구는 멋쩍게 웃기만 했습니다. 여섯 마리 있었는데 다 팔고 이제 두 마리만 남았다고 네 마리는 진즉에 팔았는데 두 마리가 남아 애를 태운다고 할머니가 말했습니다. "할머니, 강아지들도 예쁜 강아지가 먼저 팔리지요?" 봉구가 강아지 한 마리를 들어 올리며 할머니에게 물었습니다.

"그렇겠지요. 아무래도 예쁜 놈들이 먼저 팔리고 미운 놈들이 나중에 팔리겠지요. 그래도 이렇게 두 마리 남았을 땐 마음이 괜찮은데 한 마리만 남으면 보기 딱해요. 제일로 못나서 마지막까지 남았겠지 생각하면 마음이 짠하잖아요. 사람이든 짐승이든 못난 것들은 이리 치이고 저리 치이는 법이니까요. 싸게 드릴게 한 마리 사 가세요." 할머니는 간절한 눈빛으로 말했습니다.

"할머니, 죄송한데요. 차 마시고 밥 먹느라 돈을 다 써 버렸어요."
봉구는 반죽 좋은 웃음을 흘리며 할머니에게 말했습니다. 할머니도 봉구를 보며 호물호물 웃었습니다.

봉구와 헤어져 버스 정거장으로 갔습니다. 버스를 타고 집으로 돌아오는 내내 어린 딸아이를 생각했습니다. 딸아이는 오래 전부터 강아지를 사 달라고 제게

졸랐습니다. 그러나 돈이 여유가 없었습니다. 다음 날이 딸아이 생일이라 마음은 더 짠했습니다.

다음 날, 아내와 딸아이와 함께 명동으로 갔습니다. 칼국수도 먹었고 아내와 딸아이의 머리핀도 샀습니다. 이 집 저 집 돌아다니며 딸아이의 생일 선물로 강아지 대신 조그만 강아지 인형도 사 주었습니다. 집으로 돌아오는 버스에서 작은 목소리로 딸아이에게 노래를 가르쳐 주었습니다. 아이는 강아지 인형을 안고 제 품에서 잠들었습니다. 차창 밖에는 눈이 내리고 있었습니다.

버스에서 내려 집으로 가는 동안에도 눈은 계속 내렸습니다. 잠에서 깨어난 딸아이는 눈 내리는 하늘을 바라보며 길을 걸었습니다.

대문을 열고 집으로 들어섰을 때 딸아이 눈이 휘둥그레졌습니다.

저와 아내의 눈도 휘둥그레졌습니다. 작은 마당에 있는 살구나무 아래에서 강아지 한 마리가 눈을 맞고 있었기 때문입니다. 살구나무 밑동에 끈으로 매어져 있는 어린 강아지는 겁먹은 눈빛으로 우리를 멀뚱히 바라보고 있었습니다. 딸아이는 몇 걸음을 달려가 강아지를 덥석 품에 안았습니다. 살구나무 아래 편지가 놓여 있었습니다. 봉구가 남기고 간 편지였습니다.

〈봉구 다녀간다.

도둑처럼 주인도 없는 집 담을 넘었다. 네 딸내미가 생일 선물로 강아지 선물 받고 싶다고 했다기에 어젯밤 너하고 헤어진 뒤 강아지 파는 할머니한테 다시 갔었다. 남은 두 마리 중에 조금 더 미운 놈을 사 가지고 왔다. 우리 집에서 하루 재우고 오늘 데려왔어. 마지막까지 남겨질 것 같은 이 강아지가 문득 가엾다는 생각이 들었다. 학교 다닐 적 내 모습 같았거든. 나처럼 못나고 공부도 못하는 애들은 어디 가나 찬밥이었으니까… 예수님은 못난 사람들, 힘없는 사람들을 제일로 사랑하셨는데 말이야. 힘내라. 너는 멋진 소설가가 될 거야… . 나는 항상 너와 함께 있다…〉

봉구의 편지를 손에 들고 눈 내리는 하늘을 바라보았습니다. 금세 눈물이 흘러내려 눈 속에 한참 서 있었습니다.

이처럼 세상의 좋은 친구도 자신도 어려우면서 항상 생각해 주고 도와주려고 하는 것을 보면 도울 힘이 있으신 창조주께서 우리를 생각해 주시고 돌보아 주신다는 다윗의 고백이 마음에 더욱 와 닿는다. 아멘.

● 오늘의 말씀에 대한 나의 묵상 ●

오늘의 본문 성경을 읽으시고 깨달은 점이나 기억하고 싶은 점 혹은 기도문을 기록합니다.

5월 23일

1년 1독 365일 성경통독, 꿀송이 보약큐티
시 9편~11편

● 묵상 자료 ●

1. 여호와여, 일어나소서!(시 10편)

김을 매고 잡초를 제거하는 일은 농사를 지으면 하루도 빠짐없이 해야 하는 일이다. 분명히 파종을 할 때는 잡초를 없애고 알곡만을 심는다. 그런데도 논밭에는 어느새 잡초가 먼저 자란다. 그래서 논밭은 하루라도 김을 매지 않으면 알곡은 제대로 자라지 못하고 잡초만 무성하게 되기 쉽다. 그렇다고 누가 일부러 잡초를 갖다 심은 것도 아니다. 또 잡초는 보이는 대로 뽑아낸다. 그런데도 잡초는 쉽게 사라지지 않고 풍성한 수확을 방해한다.

우리 인간의 삶에도 이 잡초와 비슷한 것이 있다. 바로 죄와 악이다. 인간이 사는 곳은 어디든지 죄악이 함께 존재한다. 그러면서 의롭고 선하게 살고자 하는 성도를 끊임없이 방해하고 횡포를 부리는 것이 죄악이다. 지상 최고의 낙원이었던 에덴동산에도 결국 죄악이 스며들고 말았지 않는가? 그만큼 우리 인간은 죄악에 부대끼며 살 수밖에 없는 존재이다.

오늘 시편 10편 말씀도 악에 대한 탄원이 나온다. 악은 도대체 어디서 무엇 때문에 생겨났는지 또 죄악은 결코 쉽게 사라지지 않고 우리의 삶 가운데 함께 하면서 우리를 괴롭힌다면 이 죄악에 대해서 우리가 어떤 태도를 취해야 하는지 이런 것들에 대해서 성경은 수없이 우리를 가르치고 있다.

시편 10:1은 이렇게 외치고 있다.

"여호와여 어찌하여 멀리 서시며 어찌하여 환난 때에 숨으시나이까"

악인의 횡포 때문에 고통당하는 자기를 언제까지 하나님이 멀리하시겠는가 하고 외치고 있다. 하나님께서 이제는 절대로 악인들을 그냥 버려두지 않기를 간구하고 있다. 그러면서 시편 10편에서는 악인이 어떤 자인지를 아주 자세하게 소개하고 있다. 우선 2절을 보면 악인은 어려움을 겪고 있는 사람을 더욱 심하게 괴롭히기 위해서 온갖 나쁜 지혜를 짜내는 자라고 했다. 또 악인은 욕심만 가득한 자신의 악한 계획이 늘 성공할 것이라고 자랑한다고 했다. 그 누구도 자신의 악한 생각과 행동을 막을 수 없다는 것이다. 악인의 마음은 다른 사람을 넘어지게 하는 흉계로 가득하고 악인의 행동은 다른 사람의 진실을 무시하는 일만 일삼는다고 했다. 바로 이런 악인 때문에 "무죄한 자"가 죽임을 당하고 외로운 자가 넘어진다고 했다. 더 나아가 4절을 보면 악인은 이렇게 말한다고 고발한다.

"악인은 그의 교만한 얼굴로 말하기를 여호와께서 이를 감찰하지 아니하신다 하며 그의 모든 사상에 하나님이 없다 하나이다" 시편 10:4

또 5절에서는 설사 하나님께서 악인을 심판하신다고 해도 하나님은 인간과 너무나 멀리 떨어져 계시기 때문에 악인의 잘못을 보실 수 없다고 한다는 것이다. 심지어 11절에서는 뭐라고 하는가?

"그가 그의 마음에 이르기를 하나님이 잊으셨고 그의 얼굴을 가리셨으니 영원히 보지 아니하시리라 하나이다" 시편 10:11

악을 행하는 사람은 하나님께서 기억력이 나빠서 악인들이 어떤 잘못을 저질렀는지도 금방 잊어버리신다고 했다. 이렇게 악인은 인간을 괴롭히는 것은 물론이고 하나님조차도 그 존재를 부인하고 하나님의 모든 능력까지도 무시한다.

이런 상황에서 시인은 이런 악인들의 악행을 고발하는 동시에 하나님의 도우심을 간절히 청했다. 그 어떤 악인도 심판하시고 물리치시는 하나님만을 믿고 의지했다. 시편 10:12에서 시인은 하나님께 일어나주시기를 간구했다. 그리고 14절에 이렇게 간구한다.

"주께서는 보셨나이다 주는 재앙과 원한을 감찰하시고 주의 손으로 갚으려 하시오니 외로운 자가 주를 의지하나이다 주는 벌써부터 고아를 도우시는 이시니이다" 시편 10:14

하나님께서 우리를 보신다는 것이다. 시인은 감찰하시는 하나님을 믿었다. 그리고 외로운 자와 고아를 도우시는 의로우신 하나님의 손길이 악한 자들을 결국 철저하게 심판하시고 응징하실 것임을 확신했다. 아멘.

● 오늘의 말씀에 대한 나의 묵상 ●

오늘의 본문 성경을 읽으시고 깨달은 점이나 기억하고 싶은 점 혹은 기도문을 기록합니다.

○ 묵상 자료 ○

1. 시편 14편의 어리석은 자

시편 14:1은 어리석은 사람이 누구인지 말하고 있다. 어리석은 사람이란 어떤 사람인가?

어리석은 사람이란 "하나님은 없다"라고 말하는 사람이다. 이스라엘 백성이면서도 실제로는 하나님이 없는 것처럼 사는 자들이 있었다. 하나님을 믿는다 하면서도 하나님은 자신들의 삶에 직접 개입하지 않으신다고 믿는 실질적 무신론자들이다. 이런 사람들의 공통점은 스스로 매우 똑똑하고 지혜가 있다고 생각한다. 로마서 1:21~22에 보면 "하나님을 알되 하나님을 영화롭게도 아니하며 감사하지도 아니하고 오히려 그 생각이 허망하여지며 미련한 마음이 어두워졌나니 스스로 지혜 있다 하나 어리석게 되어"라고 했다. 말로는 하나님을 안다 하면서도 하나님을 인정하지도 않고 경배하지도 않는 사람이 어리석은 사람이다.

계속해서 "그들은 부패하고"라고 했다. 부패했다는 말은 완전히 썩었다는 말인데 본래 '구덩이를 파다'라는 말에서 온 말이다. 이스라엘 사람들은 밑으로 무덤을 파지 않고 바위 벽에 수평으로 무덤을 만든다. 그곳에서 시체에 입혀진 옷이 시체와 함께 썩고 냄새가 나게 된다. 거룩해야 할 이스라엘 백성들이 그렇게 썩었다는 것이다.

또 '그 행실이 가증하니'라고 했다. 동성애나 인신공양이나 부정한 짐승을 먹는 것이나 우상의 신전에서 성행위하는 것을 나타내는 말이다. 하나님을 인정하지도 않고 경배하지도 않는 어리석은 사람은 썩은 시체와 같은 세상의 탐욕에만 눈이 어둡다는 것이다. 이들은 하나님께서 자신의 삶에 개입하신다는 것을 인정하지 않기에 그 한결 같은 사랑도 모르고 다른 사람에게 한결 같은 사랑을 베풀지도 않는다. 오직 썩은 고기가 있는 곳만 찾아 다니는 사람이 바로 하나님이 없다 하는 자들이다.

혹자는 시편 14편의 어리석은 사람을 이스라엘을 괴롭히는 이방 나라들을 뜻한다고 해석한다. 하지만 구약성경 전체의 문맥을 보면 어리석은 사람들은 타락한 이스라엘 백성들 중에도 있었다. 구약성경의 역사서를 보면 시체 파먹는 까마귀나 독수리처럼 백성들을 착취하며 탐욕을 추구하다가 망하는 사람들이 수없이 반복되어 나온다.

2절에서는 이제 하나님의 관점에서 본 모습이다. 하나님께서 어리석은 사람의 반대말인 지혜로운 자를 찾고 계시는 모습이다. 하늘에서 죽 훑어 보시다가 "아, 저기 하나 있구나!"라고 하시는 모습이다. 그러나 아쉽게도 모두가 치우쳤고 모두가 타락했다고 한탄하신다.

3절은 그렇게 찾으신 결과를 설명한 것이다. "다 치우쳐 함께"라고 했다. 하나님께서 지혜로운 사람을 찾으려고 했으나 모두가 다 하나님을 떠나 다른 길로 가고 있었다는 것이다. 이방 나라 사람들 모두가 하나님을 떠났다고 해석하는 것은 여기서부터 말이 안 된다. 떠난다는 말은 본래 함께 있었던 것을 말하기 때문이다. 이방나라 사람들은 본래 우상을 섬기며 하나님을 모르던 사람들이기 때문에 떠났다고 말할 수 없다. 하나님께서 하나님의 백성들을 샅샅이 훑어보셨다는 것이다. 하지만 지혜로운 자를 찾을 수 없었다고 한 것이다. 참으로 애석한 일이다.

또 "더러운 자가 되고"라는 말은 도덕적으로 타락한 것을 말한다. 4절은 "죄악을 행하는 자는 다 무지한 자냐?"라고 묻는다. 어리석은 사람들이 선을 행하지 않는 것은 지적 능력이 부족해서가 아니라는 것이다. 저들은 하나님이 자신들의 삶에 개입하신다는 것을 인정하지 않기에 하나님의 한결 같은 사랑도 인정하지 않고 자신들이 잘나서 이룬 줄 생각하던 자들이기 때문이다. 이들이 행하는 행동에 대해 "내 백성을 밥 먹듯 먹으면서 나 주를 부르지 않는구나"라고 했다. 이 구절을 보면 악인은 이스라엘의 지도자들을 말한다는 것을 알 수 있다. 지도자들이 백성들을 착취해서 자기들만 배불리 먹는 것을 내 백성을 밥 먹듯 먹는다 한 것이다. 이스라엘의 종교 지도자들은 백성들을 착취하고 먹어버리는 부정한 독수리와 같은 자들이었다는 것이다. 바울은 로마서 3:10이하에서 이 시편을 인용하며 인간의 죄성을 적나라하게 폭로했다.

이제 5절에서는 하나님이 어떤 분이신지 악인들에게도 드러난다. 5절에서 "그들은 크게 두려워하고"라고 했기 때문이다. 악인들은 크게 두려워하며 살아간다는 뜻이다. 이어서 6절은 원어에서 '왜냐하면'이라는 말로 시작한다. "하나님이 의인의 세대에 계심이로다"라는 말은 하나님께서는 오래 전부터 세대에 세대를 걸쳐 의인들과 함께 계셨다는 것이다. 그렇다면 하나님께서 직접 개입하셔서 의인들에게 기적이라도 보여주셔서 평안을 주셨다는 뜻인가? 그렇지 않다. 의인들은 악인들의 착취 가운데에서 고생을 하고 있다. 그럼에도 불구하고 의인들은 하나님께서 함께 하셔서 평화롭게 살았던 것이다. 그 모습을 보고 악인들은 전율을 느끼고 두려워하기 시작한 것이다.

악인들이 그렇게 두려워해야 하는 이유는 6절에 보면 "너희가 가난한 자의 계획을 부끄럽게 하나 오직 여호와는 그의 피난처가 되시도다"에 나온다. 가난한 사람은 광야에서 오직 여호와께서 공급하여 주시는 것만 먹고 살아야 했던 이스라엘 백성들의 모습에서 나온 말이다. 오직 여호와께서 모든 것을 공급해 주신다는 것을 믿고 여호와만 의지하고 살아가는 사람이 바로 가난한 사람이다. 가난한 사람은 여호와의 한결같은 사랑만 바라는 사람이다. 이는 시편 기록자 자신을 말한 것이다. 악인들은 이런 사람들이 한결 같은 사랑을 실천하며 하나님을 경외하려는 계획을 좌절시킨다는 것이다. 그러나 여호와는 그러한 가난한 자의 피난처가 되신다는 것이다. 그러니 악인들은 두려워해야 한다는 것이다.

마지막 7절에서 시편 기록자는 이제 자신의 구원의 문제에서 이스라엘의 구원으로 확대하고 있다. 이스라엘의 구원이 시온으로부터 나오게 해 달라는 것이다. 언제 그렇게 해 달라는 것인가 하면 "여호와께서 그의 백성을 포로 된 곳에서 돌이키실 때"이다. 이를 신약적으로 해석하자면 예수 그리스도께서 오셔서 자기 백성들을 마귀와 죄의 사슬에서 해방시키시고 시온성 예루살렘에 영원한 왕으로 좌정하시어 자기 백성을 영원히 다스릴 것을 예언하는 말씀이다. 그러면 그때 "야곱이 기뻐할 것이고"라고 했는데 이는 영적인 이스라엘인 구원받은 백성들이 원을 그리며 춤을 춘다는 뜻이다.

교회 역사를 돌이켜 보면 교회도 이스라엘 백성들과 마찬가지로 어리석은 백성으로 살아왔다가 잠깐 회복되고 또다시 어리석은 백성으로 사는 모습이 반복되었다. A.D. 313년 기독교 공인 이후 종교개혁까지 종교 지도자들은 썩은 고기를 탐하는 독수리처럼 살아왔다. 종교개혁 이후 오늘날까지도 역시 썩은 고기를 탐하는 독수리같이 백성들을 밥 먹듯 먹어 치운 악한 자들이 교회를 지배해 왔다.

주여, 우리를 어리석은 자들처럼 살지 않게 하시고 하늘에서 우리를 굽어 살펴 보실 때에 욥처럼 주님 마음에 합한 자로 나타나게 도와 주옵소서. 아멘.

● 오늘의 말씀에 대한 나의 묵상 ●

오늘의 본문 성경을 읽으시고 깨달은 점이나 기억하고 싶은 점 혹은 기도문을 기록합니다.

○ 묵상 자료 ○

1. 성도의 기쁨(시 16편)

다윗의 형편은 어려운 상황이었다. "하나님이여 나를 지켜 주소서 내가 주께 피하나이다"(1절)라고 하는 걸 보아 다윗이 쫓기고 있던 것이 분명하다. "다른 신에게 예물을 드리는 자"(4)라는 표현으로 보아 그들에게 핍박을 당하는 상황 이었다고 볼 수도 있고, 9~10절에서 육체적인 안전과 죽음에 대해 말하는 것 으로 보아 육체적으로 병이 들거나 목숨의 위협을 당하는 상황으로 추측할 수 도 있다. 한 가지 확실한 것은 그가 매우 힘든 상황에 있다는 것이다.

그런 상황 속에서 다윗이 하나님께 기도한다. 다윗은 하나님을 3가지 표현을 사용하여 부르는데, '하나님'과 '여호와', 그리고 '나의 주님'이라는 표현이다. '하나님'은 많이 사용하는 일반적인 표현인데 주님의 능력과 권능을 강조하는 표현이다. '여호와'는 하나님과 이스라엘 백성들 사이의 언약의 이름으로서, 다 윗이 하나님을 여호와라고 부를 때는 자신이 언약의 백성임을 강조하면서 하나 님께 나아가는 것이다. 그리고 '나의 주님'이라는 것은 그러한 민족적인 관계를 넘어서서 개인적인 친밀함을 표현하는 것이다.

"주 밖에는 나의 복이 없다 하였나이다" 시 16:2

그는 하나님밖에는 자신의 복이 없다고 고백한다. 그리고 다윗은 자신이 받 았던 복에 대해 말한다. 첫째는 성도이고, 둘째는 하나님의 공급하심이며, 셋째 는 하나님의 인도와 보호하심이다. "땅에 있는 성도들은 존귀한 자들이니 나의 모든 즐거움이 그들에게 있도다"(3절). 그가 가장 먼저 언급한 복이 성도들이다. 그런데 여기서 다윗이 사용한 "성도들"(거룩한 자들)은 땅에 있는 이스라엘 백성들, 언약의 자손들을 얘기하고 있다. 그들을 "존귀한 자들"이라고 말한다. 이것은 하나님의 아름다움, 위엄, 영광을 표현할 때 사용하는 단어인데 지금 성도들에게 적용하고 있다. 그들 안에 자신의 모든 즐거움이 있다고 말한다. 바울이 빌립보 성도들을 향해서 "너희가 나의 기쁨이다"라고 말했던 것과 같다. 그런데 4절을 보면 그들과 전혀 다른 무리의 사람들이 나온다. 바로 "다른 신에게 예물을 드리는 자들"이다. "다른 신에게 예물을 드리는 자는 괴로움이 더할 것이라 나는 그들이 드리는 피의 전제를 드리지 아니하며 내 입술로 그 이름도 부르지 아니하리로다"(4). 다윗은 그들의 우상 신을 섬기는 일에 동참하지 않겠다고 말한다. 그 안에 즐거움이 없기 때문이다.

다윗이 말한 두 번째 복은 하나님의 공급하심이었다.

"여호와는 나의 산업과 나의 잔의 소득이시니 나의 분깃을 지키시나이다 내게 줄로 재어 준 구역은 아름다운 곳에 있음이여 나의 기업이 실로 아름답도다" 시 16:5~6

여기 다윗이 사용하고 있는 단어들, '산업', '소득', '분깃', '기업' 등의 단어는 우리에게 익숙하다. 여호수아 15~19장에서 땅을 분배할 때 사용한 단어들이기도 하다. 다윗은 자신의 필요가 채워지고 있는 것에 대해 만족스러워 하고 있다. "줄로 재어 준 구역"은 하나님께서 다윗에게 주신 것이다.

지극히 높으신 자가 민족들에게 기업을 주실 때에, 인종을 나누실 때에 이스라엘 자손의 수효대로 백성들의 경계를 정하셨도다 신 32:8

또 나라를 그들의 앞에서 쫓아내시며 줄을 쳐서 그들의 소유를 분배하시고 이스라엘의 지파들이 그들의 장막에 살게 하셨도다 시 78:55

하나님께서 모든 민족들에게 그들의 경계를 정하시고 그들이 누릴 유업을 필요에 따라 주셨다. 다윗은 그러한 나의 기업이 "아름답다"고 말한다. 현대인의 성경에서는 "즐거움"이라고 번역되었다. 하나님께서 주신 모든 것이 즐거운 것이라는 말이다. 하나님께서 다윗에게 주신 것이 완벽해서 더할 나위가 없다는 것이다. 하나님이 주신 것에 만족하고 기뻐하고 있는 사람의 고백이다.

다윗이 말한 세 번째 복은 하나님의 인도와 보호하심이었다.

나를 훈계하신 여호와를 송축할지라 밤마다 내 양심이 나를 교훈하도다 7절

하나님께서 다윗을 훈계하시고 권고하셨다. 무엇이 옳은지 그른지, 어떤 길로 가야 하는지를 말씀해주시는 것이다. 구약에서 '밤'이라는 시간은 뭔가 생각하고 묵상하며 사색하는 시간이다. 그는 밤마다 "양심이 나를 교훈"한다고 말한다. 양심은 하나님이 우리에게 주신 마음의 율법이자 안전장치, 경고등과 같은 것이다(롬 2:14~15). 하나님은 말씀과 양심을 통해서 우리를 올바른 길로 인도하신다. "내가 여호와를 항상 내 앞에 모심이여 그가 나의 오른쪽에 계시므로 내가 흔들리지 아니하리로다"(8절). 다윗은 그 하나님을 앞에 모시고 또 그분이 나의 오른쪽에 있다고 말한다. "앞에 계신 것"은 다윗을 인도하시는 것이고 "오른쪽에 계신 것"은 그의 힘과 능력, 보호가 되어 주신다는 것이다. 그러므로 흔들리지 않을 것이라고 확신한다.

우리는 말씀을 읽으면서 다윗이 정말 주목하고 있는 것이 하나님께로부터 받은 복이 아니라, 그것을 주신 하나님 자체라는 것을 알 수 있다. 그는 존귀한 성도들에 대해 말하면서 "다른 신에게 예물을 드리는 자는 괴로움이 더할 것이라"고 말한다. 농사를 하던 사람들은 저마다 비, 바람, 해를 주관하는 신들을 섬겼다. 유일신 하나님만을 섬기던 이스라엘 백성들에게는 그러한 우상숭배는 항상 유혹거리였다. 그러나 다윗은 그들이 결과적으로 얻는 것은 괴로움이라고 말한다. 다윗 이전에도 이후에도 역사가 이것을 증명했다. 사사 시대에 이스라엘 백성들은 수없이 하나님을 떠났고 그때마다 하나님은 그들을 징계하셨으며 그들이 돌이켰을 때 구원하셨다. 하나님을 섬기면 복을 받고 그렇지 않으면 심판을 받는 것이다. 다윗 이후에 솔로몬과 분열왕국의 수많은 왕들이 통치하던 때에도, 포로기에 이르기까지 이러한 역사는 계속되었다.

다윗은 주님이 나의 복이라고 하고 그 복을 세며 그 복을 주신 하나님께 생각을 모은다. 그 결과는 9절이다.

"이러므로 나의 마음이 기쁘고 나의 영도 즐거워하며 내 육체도 안전히 살리니"

주를 생각하면 기쁨과 평안이 찾아온다. 다윗은 하나님 때문에 기뻐하고 평안을 누릴 수 있었다. 그가 말한 기쁨과 복은 모두 이 땅에서 누리는 것들이었다. 이 땅의 성도들과 이 땅의 기업, 모두 이 땅에서 누리는 것들이었다. 그렇다면 죽음 이후는 어떨까?

"이는 주께서 내 영혼을 스올에 버리지 아니하시며 주의 거룩한 자를 멸망시키지 않으실 것임이니이다" 10절

하나님이 자신을 죽음 가운데 내버려 둬서 멸망시키지 않으실 것(썩지 않게 하실 것)이라고 말한다. 다윗은 "썩지 않게 하실 것"이라는 말을 통해, 하나님과의 친밀한 교제가 끊어지지 않으리라고 확신하는 것 이상의 무언가를 말하고 있다. 그는 무덤 속에 들어간 모든 사람이 썩는다는 것을 모르지 않았다. 그런데 왜 다윗은 이렇게 말했을까? 그 답은 신약성경에서 찾을 수 있다. 베드로가 시편에 대해 언급하면서, "형제들아 내가 조상 다윗에 대하여 담대히 말할 수 있노니 다윗이 죽어 장사되어 그 묘가 오늘까지 우리 중에 있도다 그는 선지자라 하나님이 이미 맹세하사 그 자손 중에서 한 사람을 그 위에 앉게 하리라 하심을 알고 미리 본 고로 그리스도의 부활을 말하되 그가 음부에 버림이 되지 않고 그의 육신이 썩음을 당하지 아니하시리라 하더니 이 예수를 하나님이 살리신지라 우리가 다 이 일에 증인이로다"(행 2:29~32)고 외쳤다. 또 다른 시편에 "일렀으되 주의 거룩한 자로 썩음을 당하지 않게 하시리라 하셨느니라 다윗은 당시에 하나님의 뜻을 따라 섬기다가 잠들어 그 조상들과 함께 묻혀 썩음을 당하였으되 하나님께서 살리신 이는 썩음을 당하지 아니하였나니"(행 13:35~37). 그렇다. 다윗이 궁극적으로 바라본 것은 하나님께서 다윗에게 약속해주신 그 메시아, 다윗의 자손으로 올 예수 그리스도를 바라보고 있었던 것이다. 그래서 다윗

은 주께서 내 영혼을 스올에 버리지 않으시고 육체가 썩지 않을 것이라고 말했던 것이다.

"주께서 생명의 길을 내게 보이시리니 주의 앞에는 충만한 기쁨이 있고 주의 오른쪽에는 영원한 즐거움이 있나이다"(11절). 이것이 다윗이 삶에 대해 내린 결론이다. 우리가 내릴 수 있는 결론이기도 하다. 주께서 우리를 생명의 길, 영생의 길로 인도하신다. 그곳에 충만한 기쁨, 완전한 만족이 있다. 이것은 일시적인 것이 아니라 영원한 것이다. 다윗은 하나님만이 자신의 복이라고 하면서 그 안에 충만한 기쁨과 영원한 즐거움이 있다고 고백한다.

● 오늘의 말씀에 대한 나의 묵상 ●

오늘의 본문 성경을 읽으시고 깨달은 점이나 기억하고 싶은 점 혹은 기도문을 기록합니다.

1년 1독 365일 성경통독, 꿀송이 보약큐티

시 18편~20편

● 묵상 자료 ●

1. 성경의 유익(시 19편)

무신론자들은 성경을 공격한다. 성경에 대한 공격은 최근의 일이 아니다. 그것은 인류가 처음 타락했을 때부터 있었다. "하나님이 참으로 너희에게 동산 모든 나무의 열매를 먹지 말라 하시더냐"(창 3:1). 이것은 하와에게 사탄이 한 말이다. 하나님의 말씀에 의문을 제기한 것이다. 하나님의 말씀에 대한 공격은 곧 하나님에 대한 공격이다. "너희가 그것을 먹는 날에는 너희 눈이 밝아져 하나님과 같이 되어 선악을 알 줄 하나님이 아심이니라"(창 3:5). 사탄은 하나님의 말씀을 공격하는 것을 통해 하나님에 대한 의심을 심어주어 결국 하나님을 믿지 못하게 하는 것이다. 그것이 지금까지 이어져 오고 있다.

우리는 정말 성경에 오류가 없다고 믿는가? 성경은 믿을 만 한가? 성경으로 충분하다고 말할 수 있는가? 어떤 것을 근거로 그렇게 말할 수 있는가?

시편 19편은 하나님께서 그 '하나님의 말씀'에 대해 우리에게 직접 증언하시는 내용이다. 앞에서 던졌던 우리의 질문에 대한 하나님의 답변이다.

다윗은 '하나님의 말씀'의 특징을 여섯 가지로 말하고 있다.

"여호와의 율법은 완전하여 영혼을 소성시키며" 시 19:7

"여호와의 율법"은 하나님의 말씀을 가리킨다. 율법이라고 하면 '모세오경'을 생각할 수 있다. 모세오경은 무엇을 하지 말라는 법조문만이 기록된 것이 아니다. 하나님이 이스라엘 백성들을 어떻게 인도하셨고 사랑하셨는지가 담겨있다. 하나님에 대해 우리에게 말해주는 책이다. 그 말씀이 완전하다고 말한다. 하나님의 말씀은 흠이 없다. 그 말씀이 영혼을 소성시킨다고 말한다. '소성시킨다'는 살아나게 한다는 것이다. 우리는 영적으로 죽은 사람들이었다.

"그는 허물과 죄로 죽었던 너희를 살리셨도다" 엡 2:10

하나님께서 죽어있던 우리를 살리셨다.

"여호와의 증거는 확실하여 우둔한 자를 지혜롭게 하며" 시 19:7

"여호와의 증거"는 하나님께서 자신에 대해 말씀하시는 것이다. 피조물들이 하나님을 증언하고 그 영광을 선포하고 있다. 그러나 성경은 그보다 더 구체적이고 자세하며 분명한 증인이다. 피조물은 하나님이 계시다는 것을 말하지만, 성경은 그 하나님이 태초전부터 계셨고 앞으로도 영원히 계시다고 말한다. 피조물은 하나님이 창조주라고 말하지만, 성경은 하나님이 세상을 어떻게 창조하셨는지, 어떤 목적으로 그렇게 하셨는지에 대해 분명하고 자세한 계시를 준다. 인간의 죄의 문제와 그것을 해결할 수 있는 유일한 길, 예수 그리스도에 대해 말해 준다. 우리는 하늘을 보면서 그것을 알 수는 없다. 하나님이 계시하신 특별한 말씀을 통해서만 알 수 있다. 여호와의 증거가 확실하다고 말한다. 잘못될 수 있는 여지가 없다는 것이다.

"여호와의 교훈은 정직하여 마음을 기쁘게 하고" 시 10:8

"여호와의 교훈"은 삶에 대한 원리, 안내서라는 의미이다. 모르는 길을 갈 때 필요한 것은 잘 아는 사람의 안내나 지도, 네비게이션 등이 필요할 것이다. 인류의 역사를 보면 수많은 사람들이 이 땅에 살다가 떠났다. 그런데 한 사람도 이 땅에 두 번 태어나서 두 번 죽은 사람이 없다. 모두가 처음 살기에 다들 불안한 가운데 어떻게 무엇을 위해 살아야 할지 모른 채 살아 간다. 그럴 때 우리의 인생에 지침서, 네비게이션, 어두운 길을 알려줄 안내자의 역할을 하는 것이 바로 하나님의 말씀인 것이다.

여호와의 교훈은 정직하다. '정직'이라는 말은 일반적으로 사람에게 쓰는 말이다. 거짓을 말하지 않고 옳고 그름에 대해 확실하게 말하는 사람을 정직하다고 한다. 하나님의 말씀이 그러하다. 구부러지거나 돌려서 말하지 않고 사실을 말한다. 분명한 의미를 정확하게 말해준다. 우리를 잘못된 길로 안내하지 않고 올바른 목적지로 가도록 알려준다.

여호와의 교훈은 우리의 마음을 기쁘게 한다. 궁극적인 기쁨과 행복을 준다.

"내가 오늘 네 행복을 위하여 네게 명하는 여호와의 명령과 규례를 지킬 것이 아니냐" 신 10:13

하나님의 말씀에 순종하라는 명령은 우리의 기쁨을 충만하게 하기 위함이다. 또 하나님의 명령과 규례의 목적은 우리의 행복을 위해서이다. 모든 성경의 원리와 지침들은 우리를 누구보다 잘 아시는 하나님이 우리에게 주신 것이다. 하나님의 영광을 위해서 사는 것과 하나님의 말씀에 순종하는 것은, 나보다 나를 더 잘 아시는 하나님께서 가장 큰 행복과 기쁨을 제시하시는 것이다.

"여호와의 계명은 순결하여 눈을 밝게 하시도다" 시 19:8

"여호와의 계명"은 하나님의 명령이다. 이 단어가 강조하는 것은 하나님의 말씀이 어떤 제안이나 추천이 아니라는 것이다. 분명한 권위를 가진 명령이다. 그 말씀이 순결하다. 이것은 도덕적인 의미보다는 '밝다', '맑다'는 의미이다. 말이 맑다는 것은 분명하다는 의미이다. 분명하지 않은 명령은 위험하다. 이렇게 하라는 것인지 저렇게 하라는 것인지 혼란에 빠지게 된다. 자신이 이해한대로 해석하고 살아가면서 그 명령에 따르고 있다고 착각하는 것이다. 그러나 하나님의 말씀은 분명하다. 사람을 혼란에 빠뜨리지 않는다. 물론 난해한 말씀들은 세심하게 살펴봐야 하겠지만, 일반적으로 성경의 메시지는 분명하다. 우리의 눈을 밝게 하여 어두운 세상에서 밝히 보게 한다. 성경을 볼 때 어떤 노력도 필요하지 않다는 말은 아니다. 물론 우리의 노력도, 은사를 가진 사람의 도움도 필요하다.

"여호와를 경외하는 도는 정결하여 영원까지 이르고" 시 19:9

"여호와를 경외하는 도"는 말씀에 대한 우리의 반응을 말한다. 하나님의 말씀에 따라 인간은 하나님을 경외하게 된다. 하나님의 말씀은 개정되거나 수정될 수 없다.

"천지가 없어지기 전에는 율법의 일점일획이라도 반드시 없어지지 아니하고 다 이루리라" 마 5:18

우리는 이 말씀이 변하지 않고 영원하기 때문에 그 말씀에 따라 살 수 있다. 사람들은 성경을 과거의 유산이라고 생각하기 쉽다. 당시 사람들에게 주어진 교훈이지 오늘날 우리에게는 아무 소용이 없다고 말한다. 그러나 하나님의 말씀은 영원하다. 특정한 대상을 향해 쓴 것이 맞지만 그것이 그들에게만 의미가 있는 것은 아니다. 성경의 궁극적인 저자는 인간이 아니라 하나님이시기 때문이다.

"금 곧 많은 순금보다 더 사모할 것이며 꿀과 송이꿀보다 더 달도다" 시 19:10

금보다 돈보다 하나님의 말씀이 더욱 사모할 만하다고 말한다. 우리는 성경과 금을 놓고 둘 중 하나를 선택해야 한다. 금을 포기하고 하나님의 말씀을 선택하라는 것이다. 다윗은 하나님의 말씀을 꿀과 송이꿀보다 더 달다고 한다.

우리는 왜 여전히 말씀을 읽기 위해 힘을 내야 하고 격려를 해야 할까? 처음 인간이 범죄했던 때를 생각해 보자. 하와 앞에는 하나님의 말씀과 선악을 알게 하는 나무의 실과가 있었다. 무엇이 더 사모할 만한 것이었는가? 물론 하와에게는 나무의 열매가 그러했다. 먹음직도 하고 보암직도 하고 지혜롭게 할만큼 탐스러웠다. 하와는 하나님의 말씀이 아니라 선악과를 선택했다. 그것을 선택한 순간, 하나님의 말씀이 주는 유익을 버린 것이다. 하나님의 판결과 명령, 올바른 길로 인도해줄 말씀을 벗어난 것이다. 그 결과 우둔한 자들이 되었고 진정한 기쁨을 상실하였으며 눈이 어두워 무엇이 옳은지 그른지 분별할 수 없는 상태가 되었다. 삶을 혼란스러워 하며 살 수밖에 없는 자들이 되었다. 그들이 영혼은 죽은 상태가 되었다.

우리 역시 그 길을 따라왔다. 그런 상태가 되어 그런 자들과 함께 살아가고 있다. 하나님의 말씀이 가치 없는 것이 되었다. 하나님은 그들 중 몇 사람들을 불쌍히 보시고 그들을 다시 말씀으로 소성케 하셨다. 죽은 자들을 다시 살아나게 하셨다. 구원받은 우리들이 바로 그런 자들이다. 아멘.

● 오늘의 말씀에 대한 나의 묵상 ●

오늘의 본문 성경을 읽으시고 깨달은 점이나 기억하고 싶은 점 혹은 기도문을 기록합니다.

1년 1독 365일 성경통독, 꿀송이 보약큐티
시 21편~23편

● 묵상 자료 ●

1. 시편 22편에 나타난 그리스도의 수난

시편 22편은 잘 알려진 그리스도의 수난시이다. 다윗이 쓴 시로서 아엘렛샤할에 맞춘 노래라 하였다. 아엘렛샤할이란 아침 사슴을 말하는데 노래의 어떤 곡조를 의미한다고 한다. 이 시편을 읽고 있노라면 주님의 십자가에서 당한 고통이 생생히 묘사된다. 내가 거듭 놀라는 것은 어떻게 천 년 이상의 시차를 두고 다윗과 예수님이 세상에 살았는데 다윗이 쓴 시편에 이토록 정확하게 예수님이 당하실 수난이 묘사되어 있을 수가 있는가 하는 점이다. 하나님의 성령으로 감동된 성경임이 읽을수록 확인된다.

1절에 "내 하나님이여 내 하나님이여 왜 나를 버리셨나이까?"라고 다윗이 부르짖고 있다. 십자가 상에서 "엘리 엘리 라마사팍다니~" 하고 아람어로 외치시던 예수님의 모습 그대로다. 2절에 다윗은 아무리 부르짖어도 하나님이 잠잠하시고 응답하지 않는다고 한탄한다. 예수님은 십자가 위에서 하나님께 왜 나를 버리시나이까?라고 절규하셨다. 하나님은 자신의 아들이 십자가에 달리시던 순간 완전히 고개를 돌리시고 외면하시고 침묵하셨다. 내 죄 때문에 하나님께 버림받으신 주님이 너무나 불쌍하다.

6절에는 "나는 벌레요, 사람이 아니라. 사람의 비방거리요, 백성들의 조롱거리니이다"라고 했다. 나체로 십자가에 못 박히셔서 피투성이로 범벅이 되어 있던 십자가 상의 예수님은 벌레요, 사람의 형상이 아니었다. 구경하던 사람들은 입을 삐죽이며 비방하고 조롱했다. 사형 집행을 하던 로마 군인들도 조롱에 가담했다. 그들은 예수님에게 왕노릇 하라 하면서 홍포를 입히고 가시관을 씌우고 유대인의 왕이여 평안할지어다 하며 낄낄거렸다. 네가 하나님의 아들이면 너를 구원해 보아라고 비웃으며 뺨을 치고 침을 뱉으며 채찍질했다(마 27:28~30). 내가 침 뱉음 받고 내가 채찍에 맞아야 하는데 나 때문에 예수님이 내 죄 값을 대신 받으신 것이다. 시편 22:14~15에는 "나는 물같이 쏟아졌으며 내 모든 뼈는 어그러졌으며 내 마음은 밀랍 같아서 내 속에서 녹았으며 내 힘이 말라 질그릇 조각 같고 내 혀가 입천장에 붙었나이다"라고 했다. 혀가 입천장에 붙었다는 것은 극도의 목마름과 감당할 수 없는 고통을 표현한 것이다. 예수님은 십자가 상에서 "내가 목마르다" 하셨다. 피를 너무 많이 흘리셨기 때문에 견딜 수 없는 타는 목마름이 찾아와 혀가 입천장에 붙어 버렸다. 시편 22:16에는 내 수족을 찔렀다고 했는데 우리가 알듯이 십자가에서 죽으실 때 주님은 손과 발에 큰 못이 박히셔서 고통당하셨다. 내 손발로 지은 죄 때문에 거룩하신 예수님의 손과 발에 대못이 박히었던 것이다.

17절에 "내가 내 모든 뼈를 셀 수 있나이다"라고 했다. 너무 온 몸에 뼈마디가 쑤시고 아팠기 때문에 뼈가 몇 개인지 셀 수 있다고 표현한 것이다. 18절에는 "내 겉옷을 나누며 속옷을 제비뽑나이다"라고 했다. 정확하게 그 일이 예수님에게 벌어졌다. 참으로 놀랍고도 놀라운 일이다. 이래도 성경을 안 믿고 이래도 기독교를 안 믿는 사람들은 참으로 불쌍한 사람들이다. 성경을 읽어 보면 읽어 볼수록 기독교는 진리라는 것이 확인된다. 시편 22편의 주님의 수난시를 읽으면 우리 가슴은 쓰리고 아프다. '얼마나 아프셨을까…' 생각하니 발만 동동 굴릴 뿐 주님께 무엇으로 그 은혜를 갚아야 할 지 난감하다.

"얼마나 아프셨나. 못박힌 그 손과 발, 죄 없이 십자가에 매달리신 예수님. 얼굴과 손과 발에 흐르던 그 귀한 피, 갈보리 언덕 위에 피로 붉게 적셨네. 아~ 아~ 끝 없어라 . 주의 사랑 언제나. 아~아~ 영원토록 구원의 강물 넘치네. 너희의 죄 나의 죄 우리의 모든 죄를 모두 다 사하시려 매달리신 예수님. 하늘도 산과 들과 초목들도 다 울고 해조차 빛을 잃고 캄캄하게 되었네."

2. 사망의 음침한 골짜기를 지날 때

시편 23편은 가장 위대한 시요, 가장 아름다운 노래로서 수많은 그리스도인들이 애송 하는 시편이다. 푸른 초장과 쉴만한 물가로 양들을 인도하시는 목자의 모습이 한 폭의 수채화를 연상케 한다. 그런데 이 유명한 시편에는 평화로운 모습만 그려져 있는 게 아니다. 우리가 현실에서 겪는 눈물과 고독과 질병과 실패의 모습도 그리고 있다. 본문은 그것을 "사망의 음침한 골짜기"라고 묘사하고 있다. 이 시를 쓴 다윗은 원래 자신의 직업이 양치는 목자였다. 그래서 왕이 되어서도 자신의 옛 경험을 추억하면서 이제는 자신을 양처럼 인도해 가시는 목자 되신 하나님을 노래하고 있다. 자신의 인생을 뒤돌아보면 푸른 초장 쉴만한 물가도 있었지만 사망의 음침한 골짜기도 있었다. 아들이 반란을 일으켜 다급하게 신발도 제대로 못 신고 정신없이 목숨을 위해 도망쳐야 하는 기가 막힌 골짜기도 있었다. 멀쩡한 사람이 침을 질질 흘리며 미친 사람 흉내를 내면서 목숨을 구걸해야 하는 비참한 골짜기도 있었다. 다윗은 그 아픈 기억들을 '사망의 음침한 골짜기'로 표현했다. 지금도 누군가는 인생의 이런 험한 골짜기를 눈물로 통과하고 있는 분들이 있다. 그런 상황에 처한 분들은 이 시편 23편을 거듭거듭 읽으며 힘과 용기를 말씀에서 얻어야 한다. 우리가 이 사망의 골짜기를 지날 때 기억해야 하는 사실이 세 가지가 있다.

첫째는, 이 고통의 골짜기를 내가 원해서 통과 하는 것이 아니라 목자가 인도해서 이 골짜기를 지나가고 있다는 사실을 잊지 말아야 한다. 목자는 다 뜻이 있어서 이 골짜기 길로 나를 이끄셨다. 반드시 이 골짜기를 통과해야 하는 이유가 목자 편에서는 있다는 말이다. 욥의 고난의 골짜기를 우리가 보았거니와 다 하늘에 계신 하나님의 계획 속에서 일어난 일이었다. 하나님의 뜻이 아니면 공중의 새 한 마리도 떨어지지 않는다. 삼라만상의 모든 변화와 움직임에는 다 하나님의 섭리와 주권이 작동되고 있다. 모든 것이 주께로부터 나오고 주로 말미암고 주께로 돌아 간다. 주님의 뜻이 없이 되어지는 일은 이 세상에 아무것도 없다. 우리는 항상 이런 하나님의 절대 주권 사상을 가지고 주를 신뢰하고 이 고통의 골짜기를 지나 가야 한다. 시편 37:23~25에는 이런 말씀이 있다.

"여호와께서 사람의 걸음을 정하시고 그의 길을 기뻐하시나니 그는 넘어지나 아주 엎드러지지 아니함은 여호와께서 그의 손으로 붙드심이로다. 내가 어려서부터 늙기까지 의인이 버림을 당하거나 그의 자손이 걸식함을 보지 못하였도다" 아멘.

두 번째는, 이 사망의 골짜기를 나 혼자 통과 하는 것이 아니라는 사실을 또한 기억해야 한다. 목자가 함께 동행하고 있다. 그것도 나를 못된 짐승들로부터 보호하시기 위해 지팡이와 막대기로 무장하시고 나를 보호하시고 나를 인도하신다. 지팡이는 내 길의 방향을 지시해 주기 위해 가지고 계시고 막대기는 사나운 짐승에게서 보호해 주시기 위해 지참하고 계신다. 어떤 목자도 양들만 골짜기로 통과하게 하고 자신은 다른 길로 가는 목자는 이 세상에 없다. 목자는 골짜기를 양들과 함께 통과한다. 임마누엘! 하나님이 우리와 함께 계시는 것이다. 볼지어다. 내가 세상 끝날까지 항상 너희와 함께 있으리라(마 28:20)고 주님은 약속하셨다. 주님은 한 번 약속하시면 꼭 그 약속을 지키시는 분이다.

세 번째로. 이 사망의 음침한 골짜기를 지나갈 때 우리가 명심해야 하는 것은 이 골짜기는 언젠가는 반드시 끝이 있고 통과하게 되어 있는 골짜기라는 것이다. 영어 성경에는 THROUGH라는 전치사를 골짜기 앞에다 분명하게 붙여 놓았다. 통과한다는 것이다. 막혀 있지 않다는 것이다. 반드시 통과하도록 되어 있는 골짜기다. 이곳을 통과해야 저 풀이 많이 있는 초장에 다다를 수 있다. 인내하고 견디다 보면 언젠가 이 고난의 캄캄한 터널도 끝이 나게 되어 있다. 이 골짜기를 다 통과하고 나면 주께서 원수의 목전에서 내게 상(Table)을 차려서 주시면서 음식을 먹게 해 주시는 날이 이를 것이다. 원수 앞에서 상을 차려 놓고 음식을 먹는 행위는 전쟁에서 승리했음을 상징하는 표현이다. 내 인생의 혹독한 골짜기에서 낙심하지 않고 꿋꿋하게 믿음으로 목자의 손을 잡고 사망의 골짜기를 통과한 후에는 원수의 목전에서 잔치를 벌이는 기쁨의 날이 오게 되어 있다는 것이다. 분명코 나의 평생에 주님의 선하심과 인자하심이 정녕 나를 따를 것이니 그 소망을 가슴에 품고 이 험한 인생의 골짜기를 지나가야 한다. 아멘.

오늘의 본문 성경을 읽으시고 깨달은 점이나 기억하고 싶은 점 혹은 기도문을 기록합니다.

묵상 자료

1. 나의 한 가지 소원

우리가 인생에서 정말 두렵고 고통스러워서 피하고 싶은 것이 있다면 무었일까? 시편 27편은 그런 문제들을 기록하고 있다. 먼저 우리는 대적들, 원수들의 존재를 본다. 살면서 우리는 원수들을 만난다. 우리를 싫어하고 미워하는 사람들이다.

악인들이 내 살을 먹으려고 내게로 왔으나 나의 대적들, 나의 원수들인 그들은 실족하여 넘어졌도다 군대가 나를 대적하여 진 칠지라도 내 마음이 두렵지 아니하며 전쟁이 일어나 나를 치려 할지라도 나는 여전히 태연하리로다 시 27:2~3

마치 나를 잡아먹으려는 것처럼 그들은 나를 대한다. 그들은 한 사람이 아니라 자신을 포위한 군대처럼 느껴진다. 그러나 다윗은 그런 상황에서 자신감 있게 승리를 외친다. 하나님이 자신의 편에 서 계심을 믿고 그는 당당한 것이다. 시편 27:10에는 또다른 고통을 하소연한다.

"내 부모는 나를 버렸으나 여호와는 나를 영접하시리이다" 시 27:10

의미 있는 사람으로부터 버림을 받는 것은 아마 인생에서 가장 치유하기 어려운 고통일 것이다. 부모는 나를 버렸다고 하는 표현이, 다윗이 부모로부터 느꼈던 실제 경험인지는 확실하지 않다. 다만 사무엘이 왕으로 기름부음을 주기 위해서 이새에게 와서 아들들을 불러모으라고 했을 때 다윗이 제외되었던 상황을 볼 때 이것이 전혀 다윗과 무관한 이야기가 아닐지도 모른다. 우리도 원하든

원치 않든 인생에서 이런 아픔을 겪는다. 시편은 이런 삶의 경험들을 솔직하게 나열하고 있다.

하지만 본문은 이런 경험들 속에서 살아가는 신자의 삶이 어떻게 다른지를 보여준다.

"여호와는 나의 빛이요 나의 구원이시니 내가 누구를 두려워하리요 여호와는 내 생명의 능력이시니 내가 누구를 무서워하리요" 시 27:1

다윗은 이 상황 속에서 무섭지도 두렵지도 않다고 외친다. 하나님이 나의 빛이고 구원이고 능력이시기 때문이라는 것이다. 자기를 삼키려고 오는 원수들이 실족하여 넘어지는 것을 그는 이미 경험했으니 이제도 그럴 것이라고 믿습니다(2). 그리고 3절에서 군대처럼 몰려와서 나를 포위하여 피할 길이 없게 해도 자기는 태연할 것이라고 말한다. 이것은 폭풍 속의 고요이다. '태연하다'는 히브리 말은 하나님을 신뢰한다는 뜻이다. 하나님을 신뢰한다는 것은 곧 이런 확신, 안전하다는 느낌과 다르지 않다. "주의 법을 사랑하는 자에게는 큰 평안이 있으니"라는 말씀도 그것을 말해준다(시 119:165).

우리는 하나님께서 솔로몬에게 "내가 네게 무엇을 줄꼬? 너는 구하라"고 하신 것을 안다. 솔로몬은 지혜자의 마음인 '듣는 마음'을 구했다. 하나님께서는 솔로몬이 자기를 위해서 장수나 물질 혹 원수 멸하기를 구하지 않고 지혜를 구한 것을 기뻐하시면서 그가 구하지 않은 부귀와 영광도 주시겠다고 약속하셨다. 오늘 시편 27편은 솔로몬의 아버지 다윗이 구하고 바란 것이 무엇인지를 보여준다. 그가 구한 것은 하나님의 아름다움을 보는 것이었다. 시편 27:4이다. "내가 여호와께 바라는 한 가지 일 그것을 구하리니 곧 내가 내 평생에 여호와의 집에 살면서 여호와의 아름다움을 바라보며 그의 성전에서 사모하는 그것이라."

다윗이 평생 여호와의 집에 살기를 바란 것은 그곳이 바로 하나님의 임재가 있는 곳이기 때문이었다. 그는 환난 날에도 하나님의 초막 속에 비밀히 지켜주시고, 그의 장막 은밀한 곳에 자기를 숨겨주시는 하나님을 바란다. 다윗은 단지 현실의 어려움을 피하려는 것이 아니라 하나님의 아름다움을 보고 싶다는 것이 소원이었다. 다윗은 인간이 누릴 수 있는 최고의 영광과 가쁨이 무엇인지 알고 있는 사람이다. 그것은 바로 하나님의 아름다움을 보는 것이다. 즉, 하나님과 함께하는 삶이다. 나의 평생의 소원은 무었인가?

● 오늘의 말씀에 대한 나의 묵상 ●

오늘의 본문 성경을 읽으시고 깨달은 점이나 기억하고 싶은 점 혹은 기도문을 기록합니다.

....

....

....

....

....

....

....

....

....

....

....

....

....

....

....

....

● 묵상 자료 ●

1. 폭풍우의 노래(시 29편)

시편 29편의 뇌성의 노래, 혹은 폭풍우의 노래로 잘 알려져 있다. 지중해에서 만들어진 많은 비구름이 팔레스틴을 지나 바산과 길르앗 초원에서 마침내 천지를 뒤흔드는 우렛소리와 함께 억수같은 비를 쏟아 부으면 온 대지는 금새 시뻘건 홍수에 뒤덮히고 레바논의 백향목은 벼락을 맞아 불탄다.

여호와의 소리가 물 위에 있도다. 영광의 하나님이 우렛소리를 내시니 여호와는 많은 물 위에 계시도다 시 29:3

여호와의 소리가 백향목을 꺾으심이여 여호와께서 레바논 백향목을 꺾어 부수시도다 시 29:5

그러나 주님이 풍랑을 딛고 바다 위를 걸어 제자들이 탄 배까지 오셨듯이 여호와 하나님께서 그 홍수 위에 계신다고 한다. 세찬 폭우와 가공할 우렛소리와 레바논의 백향목을 꺾어 부수는 낙뢰로 오히려 하나님의 영광과 위엄을 널리 드러내신다고 한다.

우리는 모두가 평안을 원한다. 아무런 환난이나 재난도 없는 삶을 바란다. 그러나 현실은 그렇지 않다. 지중해를 끼고 있는 팔레스틴에 운명적으로 폭풍우가 몰아치듯이 우리 인생에도 폭풍우는 결코 피해가지 않는다. 그래서 때로 우리를 "시룐(헬몬의 시돈식 이름)의 들송아지"(6절) 같이 놀라 뛰게 하고 천둥과 번개에 "암사슴이 낙태하듯"(9절) 우리를 경악하게도 한다. 그러나 시인은 두려워 않고 그 많은 물 위에 계신 여호와를 바라본다. 거센 바람과 산더미처럼 밀려오는 파도 마저 다스리시는 여호와 하나님의 권능을 놓치지 않는다. 천지를 깨부수는 듯한 저 우렛소리에서 오히려 여호와의 무한하신 위엄을 실감한다.

흔히 사람들은 폭풍우가 일 때 홍수 가운데 좌정하신 하나님을 바라보며 절대적이신 그의 섭리와 통치를 경험하기보다 두려움과 공포에 사로잡혀 파괴와 폐허의 결과를 예상하며 몹시 절망한다. 시인은 바로 그 점이 틀렸다고 교훈한다. 그것은 다 세상 사람들, 이방인들의 삶의 행태라고 한다. 하나님은 폭풍우가 일 때, 홍수가 날 때 오히려 "자기 백성들에게 힘을 주시고, 평강의 복을 주신다"(11절)고 결론 짓는다. 여호와가 "홍수 위에 좌정"(10절) 하신다는 말씀은 홍수를 친히 주관하신다는 의미이며, 결코 당신의 백성들을 해치지 못하도록 통제하신다는 뜻이다. 시인의 깊은 영성을 따라서 우리도 폭풍우가 닥치고 홍수가 터질 때 오직 하나님께 영광을 돌리며 감사하며 예배해야 한다.

여호와께 그의 이름에 합당한 영광을 돌리며 거룩한 옷을 입고 여호와께 예배할지어다 2절

● 오늘의 말씀에 대한 나의 묵상 ●

오늘의 본문 성경을 읽으시고 깨달은 점이나 기억하고 싶은 점 혹은 기도문을 기록합니다.

....

....

....

....

....

....

....

....

....

1년 1독 365일 성경통독, 꿀송이 보약큐티
시 32편~34편

● 묵상 자료 ●

1. 가장 큰 복

시편 32편은 참회시로서 우리 인간이 겪을 수밖에 없는 죄의 문제를 다루고 있다.

> 허물의 사함을 받고 자신의 죄가 가려진 자는 복이 있도다 마음에 간사함이 없고 여호와께 정죄를 당하지 아니하는 자는 복이 있도다 시편 32:1~2

시편 32편이 참회시라면 처음부터 죄를 고백하고 참회하는 것으로 시작해야 할텐데 실제로는 누가 복된 사람이냐는 내용으로 시작하고 있다. 다윗은 어떤 사람을 복된 사람이라고 했는가? 죄를 참회하는 시니까 우리 생각에는 잘못을 저지르지 않은 사람이나 죄를 짓지 않은 사람이 복된 사람일 것이다. 하지만 다윗은 결코 이런 사람을 복되다고 하지 않았다. 왜냐하면 세상에 잘못을 저지르지 않고 죄를 짓지 않은 사람은 아무도 없기 때문이다.

오히려 사람은 누구나 죄를 짓고 허물을 갖고 있기 때문에 하나님께 추궁을 당할 수밖에 없다. 그래서 다윗은 죄와 허물 때문에 하나님께 책망을 받아야 하지만 오히려 허물을 용서받고 자신의 죄가 가려진 사람, 마음에 간사함이나 거짓이 없고 하나님께 정죄를 당하지 않은 사람, 바로 이런 사람이 복된 사람이라고 했다.

그래서 시편 32편의 핵심과 결론은 죄와 허물을 용서받은 사람이 복이 있다고 하는 1~2절이다.

다윗은 가장 중요한 핵심이자 결론부터 소개하고 나서 자기의 개인적인 체험을 고백하고 있다.

다윗이 자기 죄를 고백하지 않고 가지고 있었을 때에는 종일 신음하고 자기 뼈가 쇠하였다고 했다. 또 하나님의 손이 밤낮으로 자기를 누르셔서 모든 진액이 빠지고 자기의 몸이 여름 가뭄에 마른 땅처럼 되고 말았다고 했다. 마치 우리가 음식을 잘못 먹어 몸이 아파 오고 식은 땀이 날 때 토하기 전까지 너무너무 힘들지만 비로소 잘못된 음식을 토해 버릴 때 고통에서 해방되는 것처럼 우리 영혼도 죄를 토설하기 전까지는 심히 괴롭다는 것이다.

내가 이르기를 내 허물을 여호와께 자복하리라 하고 주께 내 죄를 아뢰고 내 죄악을 숨기지 아니하였더니 주께서 내 죄악을 사하셨나이다 시 32:5

처음에는 자기의 잘못을 고백하지 않으려고 했지만 도저히 견딜 수가 없어서 결국 자기의 허물과 죄를 하나님께 고백했더니 그 결과 어떻게 되었다고 했는가? 하나님께서 자기의 죄악을 용서해주셨다는 것이다. 그래서 시편 32편은 우리에게 신앙적으로 아주 중요한 사실을 알려주고 있다. 죄를 고백하는 것과 용서가 이루어지는 것 사이에는 그 무엇도 필요 없다는 사실이다.

심지어 제물을 바치는 제사도 필요 없다. 제사가 없으니 제사장 역시 필요 없다. 그냥 죄를 고백하기만 하면 용서를 받을 수 있다. 사실 우리 인간은 자기의 죄에 대해 얘기하는 걸 좋아하지 않는다. 하지만 그리스도교 복음의 핵심은 죄로부터 자유를 얻는 것이고 죄에서 해방되는 것이다.

신약의 로마서 4장을 읽어 보면 바울 사도는 이 시편 29편을 인용하면서 자기의 허물을 용서받고 자기 죄를 가리움을 받는 자들이 가장 복된 자들이라고 강조한다. 기독교에서 가장 많이 말하는 "은혜"가 무엇인가? 은혜의 정확한 정의는 "받을 자격이 없는 자에게 조건 없이 거저 주는 것"이라 할 수 있다. 에베소서 2장에는 우리가 이 은혜로 구원을 얻었다고 강조한다. 우리의 행위 때문에 구원을 얻은 것이 아니라 예수 그리스도의 십자가 죽으심으로 인해 그를 믿는 자들에게는 은혜로 구원이 주어진다는 것이다. 이것이 성도가 받은 가장 큰 복이다. 아멘.

오늘의 본문 성경을 읽으시고 깨달은 점이나 기억하고 싶은 점 혹은 기도문을 기록합니다.

5월 31일

1년 1독 365일 성경통독, 꿀송이 보약큐티
시 35편~37편

● 묵상 자료 ●

1. 시편 37편의 교훈

시편 37편에는 악한 자들(하나님의 편에 서지 않은 모든 사람들)이 악행을 하는데도 그들이 형통한 반면 의인들(하나님의 편에 선 자들)이 오히려 어려움을 당할 때 어떻게 해야 하는지에 대한 말씀이 있다.

시편 37편은 그러한 경우를 보더라도 불평하거나 분노하지 말라고 한다. 그 이유는 오히려 시험에 들 수 있기 때문이다. 악인의 형통은 아무리 길어봐야 이 땅에서 살 동안이다. 그것이 정말 실제적으로 가치 있는 것이라면 우리도 추구해야 할 것이지만, 그렇지 않은데 우리에게 좋아 보인다면 그것은 이겨야 할 유혹일 뿐이다.

"여호와를 의뢰하고"(시 37:3)

힘든 상황에서 불평 대신에 우리가 가져야 할 것은 하나님에 대한 '신뢰'이다. 의인은 모든 상황에서 오직 믿음으로 살아 가는 것이다. '믿음의 길' 이것이 바로 우리 성도의 운명이다.

"네 길을 여호와께 맡기라"(시 37:5)

믿음은 감정이 아니라 지금 눈 앞의 상황을 하나님께 맡겨드리는 구체적인 행위이다. 베드로 사도도 이와 같이 말했다. "너희 염려를 다 주께 맡기라 이는 그가 너희를 돌보심이라(벧전 5:7)."

우리는 이렇게 전적으로 맡기는 것에 익숙하지 않다. 그래도 믿음으로 사는 사람들은 우리 인생을 주께 맡겨 드려야 한다.

"그를 의지하면 그가 이루시고 네 의를 빛같이 나타내시며 네 공의를 정오의 빛같이 하시리로다"(시 37:5~6)

다윗은 분명하게 선언한다. 하나님을 의지하면 하나님께서 이루신다는 것이다. 하나님께 모든 것을 맡기면 그분께서 행하신다. 그런데 항상 문제는 우리가 그렇게 굳게 마음먹고 "하나님 당신의 뜻에 따르겠습니다"라고 할 때, 즉시 뭔가 상황이 달라지거나 하지 않는다는 것이다. 그래서 하나님을 의지하는데 있어서 필수적인 태도가 있다. 그것은 바로 하나님을 바라보며 잠잠히 기다리는 것이다.

"여호와 앞에서 잠잠하고 참고 기다리라"(시 37:7)

기다려야 하고 기다릴 수 있는 이유는 지금 내가 보고 있는 것이 전부가 아니기 때문이다. 이것이 모든 것의 결론이 아니기 때문이다.

"진실로 악을 행하는 자들은 끊어질 것이나 여호와를 소망하는 자들은 땅을 차지하리로다 잠시 후에는 악인이 없어지리니 네가 그 곳을 자세히 살필지라도 없으리로다 그러나 온유한 자들은 땅을 차지하며 풍성한 화평으로 즐거워하리로다"(시 37:9~11)

하나님께서 약속하신 것을 상속받을 자들은 지금 내 눈 앞에 보이는 악한 일을 통해 형통해 보이는 악인들이 아니라 하나님께 소망을 둔 자들이다. 특히 예수님은 산상수훈에서 본문의 11절의 말씀을 인용해서 온유한 자가 땅을 기업으로 받을 것이라고 말씀하셨다. 구약의 약속이 오늘날의 그리스도인들에게 그대로 적용되는 것은 아니지만 그 원리는 동일하다. 하나님께서 약속하신 복을 누릴 자들은 지금 악한 일을 통해 잘 되고 있는 것 같은 사람이 아니라, 하나님을 의지하는 가운데 잠잠히 하나님을 기다리는 자들이다.

"이 묵시는 정한 때가 있나니 그 종말이 속히 이르겠고 결코 거짓되지 아니하리라 비록 더딜지라도 기다리라 지체되지 않고 반드시 응하리라"(합 2:3).

하나님은 항상 계획을 가지고 일하신다. 그렇기 때문에 하나님의 때가 있다. 하나님께서 작정하신 시간표이다. 우리에게는 그것이 더디게 보일 수도 있지만 결코 하나님은 늦지 않으신다. 그 약속은 결코 거짓되지 않고 이루어진다. 그래서 우리는 하나님을 신뢰하면서 기다리는 것이다.

"여호와께서 사람의 걸음을 정하시고 그의 길을 기뻐하시나니 그는 넘어지나 아주 엎드러지지 아니함은 여호와께서 그의 손으로 붙드심이로다"(시 37:23~24).
하나님은 의로운 자들을 기뻐하시고 그들을 붙드신다. 때로 그들이 실패하고 넘어지지만 하나님은 그들이 완전히 무너지도록 두지 않으신다. 신자는 다운은 당할 수 있어도 K.O는 당하지 않는다. 그것을 다윗은 경험했다.

"내가 어려서부터 늙기까지 의인이 버림을 당하거나 그의 자손이 걸식함을 보지 못하였도다. 그는 종일토록 은혜를 베풀고 꾸어주니 그의 자손이 복을 받는도다"(시 37:25~26).
주변에서 신실하게 하나님을 섬겼던 사람을 보라. 성경의 믿음의 선진들을 잘 보라. 하나님은 그들의 후손들이 결코 남에게 손 벌리고 살게 하지 않으신다. 시편 37편의 말씀은 한 마디로 "제발 초조해하지 말라"이다. 지금 눈에 보이는 것이 믿음과 달라도 초조해하지 말라는 것이다. 이 세상이 전부가 아니라는 것, 눈에 보이는 것이 모든 것이 아니라는 것이다. 불평하거나 시기하지 말고, 하나님을 신뢰하고 기다리며 선을 행하여 하나님을 경험하라는 것이 시편 37편의 거듭된 교훈이다.

시편 37:4은 결론처럼 우리에게 선언한다. "여호와를 기뻐하라, 그리하면 그가 네 소원을 이루어 주시리라" 아멘.

오늘의 본문 성경을 읽으시고 깨달은 점이나 기억하고 싶은 점 혹은 기도문을 기록합니다.

시 38편~40편

● 묵상 자료 ●

1. 하나님을 기다림

시편 40:1에는 다윗이 여호와를 기다리고 기다렸더니 마침내 여호와께로부터 응답이 왔다고 환호 한다. 오랜 기다림 끝에 온 하나님의 응답이 너무나 좋아서 그는 새노래로 하나님을 찬송한다고 했다. 우리의 믿음 생활 가운데 중요한 부분을 차지 하는 것 중 하나가 바로 이 '하나님을 기다리는 것'이다. 믿음은 하나님을 기다리는 삶이라고 정의할 수도 있다.

한국 사람들이 못하는 것 중 하나가 바로 '기다림'이다. 그러나 신앙의 깊은 경지에 들어가기를 원하는 자라면 반드시 다윗처럼 여호와를 기다리고 기다리는 경지에 이르러야 한다. 신앙이란 하나님을 바라는 것이다. 그리고 하나님을 바란다는 것은 하나님의 시간을 기다리겠다는 의지의 고백이고, 결단이다. 하나님을 기다리는 것이 결코 쉽지 않다. 아니, 정말 힘들다. 왜냐하면 하나님의 시간은 내가 생각하고 계획하고 바랬던 시간과 너무나도 다르기 때문이다. 그러나 내 때를 고집하면서 조급해지면 이런 저런 문제가 생겨나게 된다. 그래서 우리는 기도한다.

"주님, 저 하나님의 때를 기다리면서 자족하길 원합니다! 그리고 정말 감사 또 감사를 고백하는 삶을 살겠습니다. 제발 좀 도와주세요. 불쌍히 여겨주세요."

그러면 하나님의 성령께서 내 안에서 나를 실제적으로 그리고 구체적으로 다스리시고 주장하기 시작하심을 느끼게 된다. 성령께서 나를 주장하신다는 가장 대표적인 증거가 그렇게 가득했던 불평 / 불만 / 짜증 / 분노와 같은 세상적이고 정욕적이고 불신앙적인 쓰레기들이 어느 순간 내 안에서 제거되기 시작하고, 그 자리에 감사 / 자족 / 보람 / 만족 / 긍휼 / 자비 / 인내… 이런 신앙적인 것들로 채워지기 시작하는 것이다. 이러한 하늘의 은혜와 성령님의 내적인 만져주심과 치유를 경험하게 되면 점점 분명해지는 것은 '하나님을 기다림이 정말 중요한 신앙의 부분'이라는 확신이 들게 된다. 그래서 우리는 어제도 하나님을 기다렸고, 오늘도 그리고 내일도 하나님을 기다려야 한다. 어떻게? 내 뜻이 아니라 하나님의 뜻이 하늘에서 이룬 것처럼 이 땅에서도 이루어지길 기도하면서 기다리는 것이다. 내가 좋아하는 앤드류 머레이 목사님이 쓰신 글의 내용이 기억난다.

"우리 모두 회개하면서 하나님을 기다리자. 시간을 들여 하나님을 기다리자. 항상 우리 죄와 연약함, 거짓된 삶의 위선을 고백하면서 하나님을 기다리자. 우리는 다른 성도의 생활과 신앙이 어떠하든지 간에 그들을 위해 온유와 사랑으로 중재하는 마음으로 기도하면서 하나님을 기다리자. 믿음과 소망과 사랑 가운데 하나님을 기다리자."

오늘날 우리의 신앙생활 가운데 하나님을 기다리는 다윗의 마음을 배울 수만 있다면 우리의 신앙생활은 엄청나게 풍성해질 것이다.

시인 황지우는 이런 시를 썼다.

〈너를 기다리는 동안〉

네가 오기로 한 그 자리에
내가 미리 가 너를 기다리는 동안
다가오는 모든 발자국은
내 가슴에 쿵쿵거린다

바스락거리는 나뭇잎 하나도 다 내게 온다
기다려본 적이 있는 사람은 안다
세상에서 기다리는 일처럼 가슴 애리는 일 있을까
네가 오기로 한 그 자리, 내가 미리 와 있는 이곳에서
문을 열고 들어오는 모든 사람이
너였다가
너였다가, 너일 것이었다가
다시 문이 닫힌다
사랑하는 이여
오지 않는 너를 기다리며
마침내 나는 너에게 간다
아주 먼 데서 나는 너에게 가고
아주 오랜 세월을 다하여 너는 지금 오고 있다
아주 먼 데서 지금도 천천히 오고 있는 너를
너를 기다리는 동안 나도 가고 있다
남들이 열고 들어오는 문을 통해
내 가슴에 쿵쿵거리는 모든 발자국 따라
너를 기다리는 동안 나는 너에게 가고 있다.

기다림이 없는 사랑이 있으랴. 희망이 있는 한, 희망을 있게 한 절망이 있는 한. 내 가파른 삶이 무엇인가를 기다리게 한다. 민주, 자유, 평화, 숨결 더운 사랑. 이 늙은 낱말들 앞에 기다리기만 하는 삶은 초조하다. 기다림은 삶을 녹슬게 한다. 두부 장사의 풍경 소리가 요즘 없어졌다. 타이탄 트럭에 채소를 싣고 온 사람이 핸드마이크로 아침부터 떠들어대는 소리를 나는 듣는다. 어디선가 병원에서 또 아이가 하나 태어난 모양이다. 젖소가 제 젖꼭지로 그 아이를 키우리라. 너도 이 녹 같은 기다림을 네 삶에 물들게 하리라.

이렇게 일반적인 세상사람들도 민주화든 통일이든 뭔가를 기다리며 시대를 살아 간다. 우리 예수의 사람들은 기다림의 달인들이 되어야 한다. 머얼리 주님

의 재림을 기다리며 지상교회는 2천년 이상을 달려왔다. 하늘의 영광과 주님과의 재회를 또한 기다리며 우리는 살아 간다. 기다림은 즐거운 권태다. 40세가 다 되어가는 어떤 교회 안의 노처녀는 이렇게 기도한다.

"하나님, 기다리다 죽겠어요…."

때로는 이렇게 하나님을 기다리는 삶이 힘들 때도 있다. 하나님은 그 기다림 속에서 우리를 깎으시고 연단시키신다. 그리고 마침내 응답이 오고 우리는 새 노래로 하나님을 찬양할 것이다. 내 영혼아, 너는 잠잠히 하나님을 기다리라. 아멘.

2. 새노래는 어떤 노래인가?

시편 33:3과 시편 40:3에는 '새 노래'로 하나님을 찬양한다는 표현이 나온다. 우리는 여기서 성경에 자주 나오는 '새 노래'에 대한 의미를 정리하고 넘어갈 필요가 있다. 성경에는 '새 노래'란 표현이 총 아홉 번 나온다. 시편에 여섯 번, 이사야에 한 번, 요한계시록에 두 번 나온다(시 33:3, 시 40:3, 시 96:1, 시 98:1, 시 144:9, 시 149:1, 사 42:10, 계 5:9, 계 14:3). 언뜻 '새 노래' 하면 '옛 노래'와 대조적으로 들린다. 소위 신곡이라는 개념으로 들리는 것이다. 그러나 성경의 새 노래는 단순히 새로 나온 노래라는 의미가 아니다. 구약의 대부분의 문맥이 다 여호와의 창조와 구원을 노래할 때 새 노래로 찬양한다고 했고 요한계시록에 나타난 새 노래도 구원과 관련되어 있다. 요한계시록 5:9은 그리스도의 대속의 죽음을 노래하고 있고 요한계시록 14:3은 새 노래를 하는 사람은 구속받은 14만 4천 명이다. 이와 같이 새 노래는 하나님의 창조사역과 구속사역에 대한 새로운 경험을 하게 될 때 그 반응으로 부르던 은혜의 노래였다. 이와 관련하여 칼빈은, "신자들이 하나님을 부지런히 그리고 가깝게 숙고하면 할수록 그들은 그 분을 더욱 찬양하려고 할 것이다. 이와 같이 깨우친 은혜의 마음에서 부르는 노래가 새 노래다"라고 하였다. 주님의 십자가를 찬송하는 일을 어제 하였기 때문에 오늘 또 십자가를 찬송하면 옛 노래가 되는 것이 아니다.

은혜 없는 심령으로 습관을 좇아 입술로만 찬송한다면 그건 새 노래가 아니다. 그러나 성령 안에서 주의 은혜가 감사하여 경배하는 마음으로 올려드리는 찬송은 아무리 똑같은 노래를 불러도 항상 주님 귀에는 새 노래 인 것이다. 아멘.

● 오늘의 말씀에 대한 나의 묵상 ●

오늘의 본문 성경을 읽으시고 깨달은 점이나 기억하고 싶은 점 혹은 기도문을 기록합니다.

1년 1독 365일 성경통독, 꿀송이 보약큐티
시 41편~43편

● 묵상 자료 ●

1. 시편에 나오는 음악적인 어려운 용어들 정리

시편이 주로 찬양과 노래이다 보니 성경을 읽다 보면 어려운 음악적 용어들이 자주 나와 독자들을 신경 쓰이게 한다. 이번 기회에 그 용어들을 정리하고 넘어가자.

● 영장: 노래의 지휘자(director of music)란 뜻. 예배에 있어서 음악의 지휘자. 최근의 개역성경에는 인도자를 따라 현악이나 관악기에 맞춘 노래라는 부제로 번역해 놓았다.

● 마스길: '교훈시'라는 뜻으로 특별한 절기에 불려진 교훈적이며 명상적인 시편이다.

● 셀라: 이 미지(未知)의 단어 '셀라'는 시편에서 71회, 하박국에서 3회 등장한다. 하박국에서도 3장에 있는 찬미의 기도 중에 들어있는 것을 보아 이 말이 '음악'과 관계된 용어라는 점은 틀림이 없는 것 같다. 그리고 이 말을 빼놓고 읽어도 전후 글의 의미를 이해하는 데는 전혀 지장이 없음을 보아 이것이 연주나 몸짓 등에 대한 신호라는 것도 분명한 듯싶다. 우리가 이 말의 뜻을 정확히 확인 못하는 이유는 어원을 모르기 때문이다. 그런 가운데서도 가장 유력하게 부각되는 히브리 어근은 '살랄'인데, '들어 올리다', '높이다'의 뜻이다. 이 '셀라'에 대해서 대체적으로 학자들은 이렇게 정리한다.

＊설명 1) - 신약성경이 나오기 2-3세기 전에 히브리어 성경이 헬라어로 번역이 되었는데 이 헬라어 구약성경을 우리는 「70인역」(LXX)이라 부른다. 이 「70인역」에서는 '셀라'를 '디압살마'라 번역을 했다. '음악에 있어서의 막간 여흥'이란 뜻이다. 그렇다면 '셀라'는 '잠시 멈춘다', '간주'(間奏), 또는 '더 크게' 등을 가리키는 신호일 수 있다.

＊설명 2) - 아람어 해석 성경이라 할 수 있는 탈굼(Targum)과 같은 유대교 전통이나 초대교회 신학자 제롬 등은 이 단어의 뜻이 '영원히'라고 보았다. 물론 어원에 대한 확실한 근거를 제시한 것은 아니었다. 이것이 옳다면 셀라가 등장하는 곳에서는 축복송이나 코러스가 울려 퍼졌을 것이다.

＊설명 3) - 모빙클(Mowinckel) 같은 구약학자는, 예배에서 시편이 연주되다가 이 단어가 표시되어 있는 곳에서는 하나님을 향한 경외의 표시로 회중이 땅에 부복하도록 되어있었다고 주장한다.

일반적으로는 1)의 설명에 점수를 많이 주는 것 같다. '셀라'라는 표시가 되어있는 곳에서 강조를 위해 악기를 더 세게 연주하거나 노래를 더 크게 하라는 신호일 가능성이 높다. 하지만 어찌하겠는가? 확실하지 않은 것은 확실하지 않은 것이다. 그저 이 단어가 나올 때마다 "아, 내가 읽고 있는 것이 운율이 있는 시가(詩歌)로구나" 하는 생각으로 감흥을 높이면 좋을 것이다.

● 믹담시
히브리어 믹담을 그대로 음역한 것인데 시편 중 여섯 개의 시편에서 나타나고 있다. 그것이 시편 16편과 56~60편까지이다. 그러나 그 의미는 정확하게 알려지지 않고 있다. 어떤 신학자는 [덮다]라는 의미를 가진 아카드어인 [카타무]에서 기원되어 속죄의 시편 곧 죄를 덮는 일에 관계 된 시편을 지칭하기 위하여 사용되었다고 추측하고 있다. 이 믹담은 아마도 음악적인 명칭일 것이다. 어떤 분들은 믹담이라는 말의 의미는 금언(金言), 주옥, 황금, 광석 등의 의미를 가지고 있다고 보며 따라서 다윗의 믹담시라고 하면 황금과도 같은 시, 주옥과도 같은 시를 의미한다고 한다. 다른 시도 좋지만 그 중 극히 더 좋은 시가 바로 이 믹담시라 할 수 있다는 것이다.

● 힉가욘
역시 '연주 방법'을 지시하는 음악적 용어이다. 이 말은 내용상 하나의 주제가 끝났음을 알리는 표시로 이해되고 있다(Kraus). 학자들은 "힉가욘"이라는 말은 '묵상하다', '슬퍼하다', '탄식하다'는 뜻을 가진 동사 '하가'에서 파생된 것으로 보고 있다. 이 말이 사실이라면, '힉가욘'은 '엄숙하게', '조용하게', '부드럽게' 연주하라는 음악 용어로 보인다. 일부 학자들은 힉가욘이 나오는 부분에서 조용하고 부드러운 하프 연주가 나왔다고 말하기도 한다.

● 여두둔
다윗이 성전에서 찬양으로 봉사하게 한 레위인들 중 아삽, 헤만과 함께 다윗 시대의 합창 인도자의 이름이 여두둔이다. 말하자면 여두둔이 찬양하도록 만든 노래라는 의미이다. 시편 39편과 62, 77편에 여두둔 형식으로 부르는 노래가 나온다.

● 스미닛, 소산님,
스미닛은 히브리어로 여덟 번째라는 뜻인데 팔현금을 말하며, 음계를 지시하는 것으로 한 옥타브 낮추거나 높이라는 기호로 쓰인 것이다. 소산님은 사랑의 노래로 알려져 있다.

● 알라못
역대상 15:20에도 나오고 시편 46편에도 나오는 이 말은 여성의 높은 음인 소프라노를 말한다. 원어의 뜻이 '처녀'에서 나왔다.

● 깃딧(시 8, 81, 84편)
'기쁜 노래 가락'이란 뜻으로 포도 수확기의 노래였다. 블레셋 성읍 가드에서 전해 받은 악기로 알려져 있다.

● 식가욘(시 7편)

정열적이고 열광적인 노래를 의미함.

2. 시편 41편의 교훈

시편 41편을 통해서 우리는 악인과 의인의 차이점을 확연히 알 수 있다. 악인은 자비가 없다. 타락한 우리들은 다른 사람을 사랑하지 못하는 죄인이다. 그러나 그리스도 안에서 구원받은 사람은 다른 사람을, 그리고 심지어 원수까지도 사랑하기를 원한다. 왜냐하면 그들도 이전에 예수님께 죄를 용서받고 구원받았기 때문이다.

하나님께 용서받아 본 사람이 남을 용서할 수 있다. 하나님께 사랑을 받은 사람이 다른 사람을 사랑할 수 있다. 그런데 악인은 다윗을 그냥 미워하는 것이 아니라 세상에서 치욕을 당하고 철저히 망하기를 원했다. 물론 세상에는 반드시 심판 받아야 할 사람들이 있다. 그러나 그리스도인들은 그 심판을 하나님께 맡긴다. 그리고 그 악인들이 회개하도록 기도한다. 왜냐하면 우리도 용서받을 자격 없이 예수님 덕분에 용서받았기 때문이다.

다윗은 비록 부당한 대접을 당하고 있더라도 놀랍게 그 원인을 자신의 죄로 돌리고 있다. 그러면서도 은혜로우신 하나님의 구원을 간구하고 있다. 하나님께서 다윗을 구원하시는 근거를 이스라엘과 맺으신 언약에서 찾고 있다. 그리고 그 구원을 확신하고 있다. 우리의 구원의 확신도 마찬가지이다. 하나님께서 그의 아들 예수 그리스도를 믿는 사람들을 구원하신다고 맺으신 십자가 언약에서 구원의 확신을 찾을 수 있다. 아멘.

오늘의 본문 성경을 읽으시고 깨달은 점이나 기억하고 싶은 점 혹은 기도문을 기록합니다.

시 44편~46편

● 묵상 자료 ●

1. 절망의 밤에 부르는 희망의 노래(시 44편)

시편 44편은 극한 절망 속에서 희망을 노래하는 고라 자손의 시이다.

고라 자손이 누구인가? 고라는 구약성경에 세 명 등장한다. 에서의 아들, 갈렙의 증손자, 그리고 레위 지파 고핫의 아들 고라이다. 우리는 마지막의 레위 지파에 속했던 고라를 주목해 볼 수 있다. 민수기 16장과 26장에 보면 레위 지파에 속한 고라는 모세의 지도력에 반기를 들었다가 땅 속으로 삼켜진 인물이다. 그러나 그 아들들은 아버지의 반역에 가담하지 않고 살아 남았다. 역대하 20:19에 따르면 고라의 자손들은 성전의 성가대원으로 나타난다. 그리고 그 이전에는 성전의 문지기였다고 한다(대상 9:19, 26:1). 성전과 관련된 임무를 부여받은 사람들은 특별히 레위 지파에 한정되었다고 할 때 시편의 표제에 등장하는 고라는 에서의 아들이거나, 갈렙의 증손자가 될 수 없을 것이다. 시편의 표제에 등장하는 고라 자손에서 '고라'가 그 옛날 모세에게 반기를 들었던 패역한 인물이라면 그들은 그다지 명예로운 가문은 아니었을 것이다. 그렇기 때문에 그들이 훗날 성전 예배를 위해 쓰임을 받았고, 이렇게 이스라엘의 신앙을 고백하는 시편을 노래했다는 것은 쉽게 넘어갈 일이 아니다. 그들 나름대로의 아픔이 있었을 것이고, 조상의 패역함에 대한 철저한 회개와 각성이 있었기에 가능한 신앙 역전의 일이었다.

학자들은 시편 44편이 쓰여진 연대를 구약에서 가장 후기 시대로 보고 있다. 이 시가 쓰여진 동기는 그야말로 쓰라린 패배와 절망감인데 이러한 패배와 절망감을 뼈저리게 느꼈던 시대는 바벨론 포로 시대인 기원전 6세기 이후이다. 그런데 학자들은 이 시의 연대를 그보다 훨씬 더 후대로 잡고 있다. 구약의 시대가 끝나고 신약의 시대로 접어들기 전에 중동지역은 알렉산더 대왕 이후에 헬레니즘 문화가 지배하게 되었다. 당시에 팔레스틴을 지배하던 안티오쿠스 4세의 헬레니즘 정책에 대하여 제사장 가문인 하스몬 일가가 반기를 들었고, 마카비라는 사람이 나타나서 성전을 회복하고 하나님께 예배를 드렸다. 이것이 오늘날까지 '하누카'라는 수전절 절기로 전해지고 있다.

시편 44편의 17~22까지의 분위기는 기원전 164년경의 마카비 전쟁 당시의 상황을 알려준다고 할 수 있다. 그 당시의 이스라엘의 대적자들과 원수들은 고도로 발전된 문화인 헬레니즘 문화를 이스라엘 사람들에게 뿌리내리려고 했다. 솔직히 당시에 헬레니즘의 문화는 이스라엘의 신앙체계에 비해서 더 수준이 높아 보였고, 그들이 전하는 종교적인 이해는 이스라엘의 종교 이해를 유치한 수준으로 보게 만들었다. 물론 강제적으로 헬레니즘의 종교와 철학을 받아들이게 했지만, 많은 이스라엘 사람들은 자신들의 종교에 대해서 회의를 느끼면서 혼란을 겪었던 것이다.

20절에 "우리가 우리 하나님의 이름을 잊어버렸거나 우리 손을 이방 신에게 향하여 폈더면"이라는 구절은 물밀듯이 밀려오는 헬레니즘의 수준 높아 보이는 문화와 사상 때문에 이스라엘의 전통적인 신앙을 상실할지도 모르는 위기의 상황을 표현하고 있다고 본다. 또한 22절에 "우리가 종일 주를 위하여 죽임을 당케 되며 도살할 양같이 여김을 받았나이다"라는 표현은 당시에 안티오쿠스 4세가 실제로 강제적인 폭력을 사용하면서 이스라엘의 신앙을 지키려는 자들을 잔혹하게 학대하며 죽였다는 것을 표현하고 있는 것이다.

시인을 포함한 이스라엘의 신앙인들은 지금 현재 패배감과 절망 속에 있다. 물론 과거에 여호와 하나님께서 수많은 기적을 일으키시면서 애굽에서 건지셨고, 광야의 40년을 지켜주셨고, 여호수아를 통해서 가나안 땅을 주셨다는 것을 알고 있다. 하나님과 함께 할 때에는 그야말로 승승장구했던 자신들이었다. 다윗과 솔로몬 시대는 그야말로 주변 민족들이 우러러보았으며, 하나님이 그들에게 있어서는 자랑거리였다. 바로 이러한 과거의 회상이 1절부터 8절까지의 내용이라고 할 수 있다. 1절부터 8절까지는 하나님께서 다 알아서 해주시기 때문에 우리는 전쟁에서 승리할 것이라는 확신을 노래하고 있다.

그런데 시의 분위기는 9절에서 바뀐다. '그러나'로 시작하는 9절부터 16절까지는 더 이상 승리가 아니라 패배를 맛보게 되었고, 그 과정에서 하나님은 더 이상 우리와 함께 하지 않으신다는 좌절과 절망감을 느끼게 된 것이다. 9절에서 하나님은 우리를 버리셨고, 더 이상 우리 군대와 함께 나아가지 아니하신다. 심지어 12절에서는 이스라엘 민족을 '무료로 팔았다'는 표현까지 등장하고 있다. 15절에서 시인은 종일토록 능욕을 당하고 수치로 얼굴을 들지 못하게 되었다고 한탄하고 있다. 17절부터 22절까지는 더욱 상황이 악화되고 있다. 패배감 속에서도 우리는 하나님을 잊지 않았고, 하나님께서 하신 약속을 어기지 않으려고 노력했다는 것이 17절에서 들려주고자 하는 말인데 그러나 상황은 여전히 호전되지 않고 있다는 것이 시인에게 있어서는 안타까운 현실이었다. 19절에서 하나님은 여전히 우리를 구하지 않고 내버려두고 있다. 22절에서 종일토록 하나님을 위하여 죽임을 당하고, 도살할 양같이 여김을 받았다고 말하고 있다.

이 시편에는 '종일'이라는 단어가 세 번 등장한다(8절, 15절, 22절). 우리는 종일 하나님을 자랑한다. 나는 종일 능욕을 당하고 있다. 우리는 종일 주를 위하여 죽임을 당하고 있다. 우리의 과거 경험, 그리고 나의 현재의 경험, 그리고 내가 속한 우리의 경험을 이야기하고 있다. 이렇게 우리의 기억에서 출발하여 현재 나의 능욕의 경험과, 우리의 죽임에 직면한 경험을 이야기하면서 시는 승리에서 패배로, 패배에서 절망으로 이동하고 있다.

1절부터 8절까지의 하나님에 대한 신뢰는 9절부터 22절까지의 절망적인 상황으로 인해서 충분히 위협을 받고 흔들릴 수 있는 상황이 되어 버렸다. 그러나 이러한 절망의 상황 속에서 여전히 시인에게 있어서 마지막 희망은 하나님이었다. 위대한 이방인의 사도였던 바울은 초대교회 교인들이 직면한 위기와 고난의 상황을 시편 44:22에서 찾았다. 로마서 8:35에서 '누가 우리를 그리스도의 사랑에서 끊으리요 환난이나 곤고나 핍박이나 기근이나 적신이나 위험이나 칼이랴?'라는 질문을 던지면서 오늘 시편 44편의 22절을 36절에서 인용하고 있는 것이다. 바울은 이러한 위기의 순간이 오더라도 그것을 능히 이겨내야 한다고 강조하고 있다. 그것을 이겨낼 수 있는 힘은 바로 하나님의 사랑하심에서 찾을 수 있다.

내가 확신하노니 사망이나 생명이나 천사들이나 권세자들이나 현재 일이나 장래 일이나 능력이나 높음이나 깊음이나 다른 아무 피조물이라도 우리를 우리 주 그리스도 예수 안에 있는 하나님의 사랑에서 끊을 수 없으리라 롬 8:38~39

바울은 시편 44:22을 인용하였지만, 당연히 44:23~26까지의 기도를 알고 있었을 것이다. 이 기도는 과거 이스라엘의 승리의 순간, 패배의 순간, 절망의 순간에서 신앙을 온전히 지킬 수 있는 힘이 되었다. 이 기도를 드릴 수 있는 것은 하나님께서 나를, 나의 민족을 여전히 사랑하고 계신다는 확신이 없이는 감히 드리지 못하는 기도이다. 우리의 삶 속에서 다양하게 경험할 수 있는 패배감, 좌절감, 절망감이 우리를 힘들게 한다. 그러나 그러한 순간이 올 때 하나님의 사랑하심을 믿고, 하나님의 도우심을 구하기 위해 기도하는 것이 우리 신앙인이 마땅히 해야 할 본분이다. 하나님은 우리 편이기 때문에 우리의 기도를 들어주신다는 아주 단순한 사실을 진리로 받아들이며 항상 하나님께 간구하는 우리가 되어야 한다. 캄캄한 밤에도 하나님은 나와 함께 계신다. 그러므로 우리는 흑암 속에서도 하나님을 찬양하며 견뎌내야 한다. 아멘.

오늘의 본문 성경을 읽으시고 깨달은 점이나 기억하고 싶은 점 혹은 기도문을 기록합니다.

시 47편~49편

● 묵상 자료 ●

1. 두려움과 부러움을 극복하다(시 49편)

시편 49편은 찬양시도 아니고 제의시도 아니고 지혜시라고 보통 이야기를 한다.

이 시편 49편의 저자는 아마도 부자와 권세 있는 자들에게 많은 서러움과 고통을 당하였던 것 같다. 그러나 그가 그 문제를 벗어나는 과정이 이 시에 나타나 있고 어떻게 벗어 났는가 하는 설명이 시편 본문에 나와 있다. 그는 지혜가 있었다. 만약에 지혜로움이 없었다면 이 시인은 부러움과 두려움, 거기에서 벗어나지 못했을 것이다.

5절에 그가 이렇게 이야기한다. "죄악이 나를 따라다니며 나를 에워싸는 환난의 날을 내가 어찌 두려워하랴?" 두려워하랴는 두려워하지 않는다는 이야기이다. 그 말은 곧 굉장히 두려웠다는 이야기이기도 하다. 자기가 지낸 여러 가지 어려운 날들이 있었는데 그땐 두려움이 있긴 있었지만 이제는 두려워하지 않는다는 것이다.

비슷한 어려운 상황이 닥칠 때 어떤 사람은 담담히 감당하는데 어떤 사람은 기겁을 하고 낙심한다. 여기 본문의 시편 기자는 이제 더 이상 두려워하지 않는다. 신앙의 상당한 경지에 도달한 것 같다. 6절에 보면 그를 힘들게 하고 두려워하게 했던 것이 무엇이었는지를 얘기한다. 그것은 자기 재물을 의지하고 부유함을 자랑하는 자들이었다. 그 때나 지금이나 인간은 자기 재물을 의지하고 부유함을 자랑하는 경향은 하나도 변하지 않았다. 16절에 그는 선포한다. "사람이 치부하여 그의 집의 영광이 더할 때에 너는 두려워하지 말지어다." 왜 우리는 불신자들의 부유함을 두려워하지 말아야 하는가? 그 대답을 17절에 하고 있다. "죽으매 가져가는 것이 없고 그의 영광이 저를 따라가지 못함이로다."

예를 우리 가운데 들자면 대형교회에서 수만 명 목회한 목사나, 개척교회나 시골에서 몇 십 명 목회한 목사가 있는데 숫자 가지고 하나님 나라에 가서 그걸로 평가받을까? 전혀 그렇지 않다. 목회 성공했다, 큰 종이다 그런 표현들도 다 인간들의 잘못된 부러움에서 나온 표현이다. 실제적으로 한국 교회 안에서 큰 교회를 해야만 발언권이 있고 총회법을 무시하고 세습을 해도 용인되는 세태이다 보니 이런 시편 기자의 말씀이 무색하게 들리지만 우리는 주의 말씀의 엄위함을 믿어야 한다.

그가 비록 생시에 자기를 축하하며 스스로 좋게 함으로 사람들에게 칭찬을 받을지라도 그들은 그들의 역대 조상들에게로 돌아가리니 영원히 빛을 보지 못 하리로다 시 49:18~19

우리 모두 다 역대 조상들에게로 돌아간다. 그것도 잠시 후에 곧 순식간에 일어날 일이다. 이 짧은 인생을 살면서 우리는 영원의 관점에서 이 세상의 부와 권세를 평가해야 한다. 그것들이 주는 상대적 박탈감과 위축감 그리고 부러움을 극복하는 것이 신앙의 깊은 경지이다. 아멘.

● 오늘의 말씀에 대한 나의 묵상 ●

오늘의 본문 성경을 읽으시고 깨달은 점이나 기억하고 싶은 점 혹은 기도문을 기록합니다.

....

....

....

....

....

....

시 50편~52편

● 묵상 자료 ●

1. 나의 죄를 도말하소서(시 51편)

시편 51편은 참회의 시다. 시편 6편, 38편, 51편, 102편, 130편, 143편도 참회의 시로 불린다.

죄의 뿌리는 매우 깊다. 죄는 우리가 상상할 수 없을 정도로 우리의 삶에 깊이 침투하여 우리의 삶을 오염시키고 망가뜨린다. 죄를 정확하게 직면해야 갈보리의 십자가를 경험하고 회개하게 된다. 십자가 앞으로 나아가기 전에 죄를 먼저 다루어야 한다. 그런데 많은 사람들은 자신이 얼마나 죄인인가를 모른다. 은혜의 빛이 마음 깊이 비춰져야 자신이 죄인임을 깨닫는다.

회개는 기독교에서 핵심적인 주제이다. 세례 요한은 "회개하라 천국이 가까이 왔느니라(마 3:2)"라고 외쳤다. 세례 요한은 회개를 선포하는 설교자였다. 그것은 오실 분을 예비하는 것이었다. 그리스도를 만나기 위해서는 회개가 필요했다. 예수님의 첫 번째 설교도 "회개하라 천국이 가까이 왔느니라(마 4:17)"였다. 회개와 하나님의 나라는 긴밀하게 연결되어 있다. 하나님의 나라에 들어가려면 회개해야 한다.

시편 51편은 다윗이 밧세바를 범한 후에 나단 선지자 앞에서 자신의 죄를 고백한 내용이다. 다윗은 범죄함으로 기도가 끊어졌다. 이것은 다윗에게 가장 큰 손실이었다. 물론 다윗이 기도했을 것이다. 그러나 그것은 형식적인 기도였다. 기도의 형식은 얼마든지 지킬 수 있다. 그러나 그의 기도는 끊어졌다. 죄는 그리스도인들에게서 기도를 빼앗아 간다. 하나님과 단절되게 한다. 기도는 방법이 아니다. 기도는 관계이다. 관계는 아주 예민한 것이다. 부부 관계, 친구의 관계는 매우 예민하다. 하나님과의 관계는 부부 관계보다 더 예민하다. 영과 영의

만남이기 때문이다. 하나님께 아무렇게나 해도 하나님을 깊이 만나 교제할 수 있을 것이라 생각하는 사람은 없을 것이다.

참된 회개는 기도의 회복을 가져온다. 죄를 용서받으면, 기도의 대로(大路)가 열린다. 회개 이전과 이후 관계가 전혀 달라진다.

우리는 다윗의 모습을 통해 신앙인의 빛과 그림자를 본다. 그리고 인간의 이중적 내면세계를 본다. 다윗은 영적인 사람이었으면서도 가장 육체적인 죄를 범했다. 밧세바와의 사건은 심각한 범죄였다. 이 사건 이후, 다윗의 인생은 한순간에 추락했다.

죄의 문제에 있어서 우리 역시 다윗과 차이가 없다. 우리는 죄인으로 살아간다. 하나님으로부터 용서받았지만, 우리는 죄를 또 짓는다. 시편 51편은 실패하고 난 후에 회복의 길로 어떻게 갈 것인가를 우리에게 알려준다. 시편 51편을 통해 하나님 앞에서 어떻게 온전하게 회복될 것인가를 깨닫는다. 죄를 지은 것보다 지은 죄를 어떻게 처리할 것인가가 중요한 것이다.

다윗의 기도를 보라. 그의 기도는 하나님으로부터 출발한다. 시편 51편은 "하나님이여"라고 시작한다. 기도는 항상 하나님으로부터 출발해야 한다. 죄가 문제되는 것은 어떤 죄를 범했기 때문이기도 하지만, 하나님이 계시기 때문이기도 하다. 죄를 규정하시고 심판하시는 분이 계시기 때문에 죄가 문제가 된다. 따라서 죄를 용서해주실 수 있는 분도 하나님이시다. 그러므로 죄는 하나님과 관련된 것이다. 하나님을 믿지 않는 세상의 문화 속에서는 죄를 죄라고 하지 않는다. 동성애도 인권이라 한다. 죄인은 자신이 죄인 됨을 인정하는 것을 가장 싫어한다.

다윗이 하나님 앞에 나아와 정직하게 기도하기까지 시간의 갭(gap)이 있었다. 시편 51편 1절 앞에 보면, "선지자 나단이 그에게 왔을 때"라고 기록되어 있다. 다윗이 범죄하고 1년 정도 지난 후에 선지자 나단이 다윗에게 왔다. 다윗이 회개하기 위해 하나님을 찾아간 것이 아니다. 나단 선지자가 찾아올 때까지 다윗은 죄를 은밀하게 숨겼다. 그리고 자신의 죄가 감추어졌다고 생각했다.

성경에 보면 죄를 짓기 전에 전조가 있음을 놓치지 않는다. 어느 날 갑자기 죄를 짓는 것은 아니다. 반드시 전조가 있다. 왕들이 출전할 때에 다윗은 출전하지 않았다. 다윗이 출전하지 않아도 될 만큼 나라가 강대해졌다. 여기에는 다윗의 높아진 자만심이 감추어져 있다. 왕이 출전하지 않은 것에 대해 어느 누구도 시비 걸 수 없을 정도로 다윗은 높아져 있었다. 모든 것이 잘 풀리면 자신도 모르는 사이에 삶이 느슨해진다. 다윗은 죄를 지을 준비를 하고 있었다. 다윗의 모습에서 자만심이 묻어난다. 다윗은 자신의 성공과 힘에 도취되어 있었다. 이때가 가장 위험한 순간이다.

사무엘하 11:2에 보면, "저녁 때에 다윗이 그의 침상에서 일어나"라고 기록되어 있다. 자신의 핵심적 업무와 책임에서 빗겨나 있었다. 이것은 죄를 짓기 전에 나타나는 전조이다.

자신의 현재 영적 상태, 자신이 처한 삶의 현실을 제대로 읽고 사는 것은 쉬운 일이 아니다. 우리는 자신도 모르는 사이에 영적으로 무너진다. 그리고 조금씩 무너진다. 자신의 영혼을 방치하는 것이 문제이다. 자신이 영적으로 깨어있지 않을 때 무슨 일이 일어날지 장담할 수 없다. 마귀는 우는 사자처럼 우리 주변을 두루 다니며 삼킬 자를 찾고 있다. 누가 마귀의 먹잇감이 되는가? 영혼을 느슨하게 방치해놓은 사람이다. 사람이 영적으로 둔감해진다는 것은 아주 무서운 일이다. 다윗은 영적 감수성이 예민했던 사람이다. 그러나 그가 무너지자 상상하기 어려운 죄를 태연하게 지었다. 그리고 죄를 은폐해 버렸다. 그런데 죄는 죄를 낳는다. 갈수록 대범해진다. 다윗은 죄를 짓고도 잊어버렸다. 나단 선지자가 오기까지….

영적으로 민감한 사람은 전조를 보고 알아차리고 돌이킨다. 그것이 복이다. 복 중의 복이다. 그러므로 깨어있다는 것은 매우 중요하다. 좋은 교회는 성도들로 하여금 깨어있게 한다. 목회는 성도들로 하여금 영적으로 깨어있게 만드는 것이다. 깨어있게 한다는 것은 그만큼 성도들이 쉽게 잠들기 때문이다. 신앙의 생명은 깨어있는 상태를 유지하는 것이다.

토요일을 어떻게 보내는가에 따라 주일예배 시간에 하나님께 반응하는 태도가 달라진다. 영적으로 민감한 사람은 그것을 안다. 토요일에 하루 종일 돌아다니며 힘을 다 빼고, 밤늦게까지 TV 보고 새벽에 잠들었다가 주일에 겨우 일어나 교회에 오면 그 영혼이 하나님 앞에 생생하게 반응할 수 있겠는가? 절대 그럴 수 없다.

시편 51:1에 보면, "하나님이여 주의 인자를 따라 내게 은혜를 베푸시며 주의 많은 긍휼을 따라 내 죄악을 지워 주소서"라고 기록되어 있다. 다윗은 '주의 인자', '은혜', '긍휼'이라는 단어를 사용하여 기도했다. 이것은 성경에서 매우 중요한 단어이다. 다윗은 주님의 인자, 하나님의 은혜, 하나님의 긍휼을 바라고 있다. 다윗은 자신에게 필요한 것이 무엇인지 정확하게 알고 있었다. 죄인 된 우리는 하나님의 은혜와 주의 인자하심, 하나님의 긍휼을 날마다 사모하고 갈망해야 한다. "주여, 내 영혼을 불쌍히 여겨주시옵소서"라고 기도해야 한다.

다윗은 "내 죄악을 지워 주소서"라고 기도했다. 다윗은 기도의 서두에서부터 자신의 기도의 본론을 끄집어냈다. 이것보다 급한 것이 없다고 생각한 것이다. 은밀하게 죄를 지었는데 정신을 차려보니 죄가 뚜렷하고 선명했다. 죄를 지은 사람에게는 죄책감과 수치심이 있다. 죄책감과 수치심은 인간에게 있어서 가장 무거운 짐이다. 이것이 우리의 삶을 힘들게 한다. 수치심은 쉽게 사라지지 않는다. 누가 말하지 않아도 스스로 수치심을 느낀다. 수치심은 하나님과 사람과의 관계를 가로막는다. 죄책감과 수치심은 하나님과 우리의 관계를 단절시키고, 인간관계 속에서도 거리를 만든다.

죄는 삶을 어둡게 하고, 기쁨을 잃어버리게 하고, 영적 삶의 모든 것을 파괴한다. 시편 32편에 보면, 다윗은 자신이 죄로 인해 얼마나 힘든 시간을 보냈는가를 표현했다. 시편 32:3~4에 보면, "내가 입을 열지 아니할 때에 종일 신음하므로 내 뼈가 쇠하였도다 주의 손이 주야로 나를 누르시오니 내 진액이 빠져서 여름 가뭄에 마름 같이 되었나이다"라고 하였다.

그러나 죄 사함을 받으면 기쁨이 찾아온다. 시편 32:1에 보면, "허물의 사함을 받고 자신의 죄가 가려진 자는 복이 있도다"라고 하셨다. 죄가 가려진 사람에게 참 행복이 있다는 것이다. 사죄의 기쁨은 근원적인 기쁨이다. 우리의 밑바닥을 다루는 것이므로 근원적이고 본질적인 것이다. 다윗은 회개를 통해 하나님께서 주시는 기쁨을 회복했다.

컴퓨터 자판에 보면 'Del'이라는 키가 있다. 지우고 싶은 것이 있으면 그 키를 누르면 깨끗이 지워진다. 그런데 우리가 지은 죄는 우리 마음대로 지울 수 없다. 죄를 지을 때에는 내 마음대로 지었는데, 이미 지은 죄는 내 마음대로 지울 수 없다. 죄는 하나님만 지울 수 있다. 하나님 편에서만 죄를 제거할 수 있다. 하나님께서는 공의의 하나님이시다. 그래서 하나님도 마음대로 죄를 지우실 수 없다. 죄는 대가(代價)를 지불해야 한다. 대가를 지불해야 죄를 용서받는다. 대가를 지불하지 않고 죄를 지워버리는 것은 공의에 어긋나는 것이다. 하나님께서는 죄 문제를 해결하시기 위해 대가를 지불하셨다. 그것이 십자가이다. 아멘.

● 오늘의 말씀에 대한 나의 묵상 ●

오늘의 본문 성경을 읽으시고 깨달은 점이나 기억하고 싶은 점 혹은 기도문을 기록합니다.

시 53편~56편

● 묵상 자료 ●

1. 나의 눈물을 주의 병에 담으소서!(시 56편)

이 시편은 사울의 추격을 피하여 블레셋 지역에 도망 간 다윗이 블레셋 사람들에게 잡혔을 때 지은 시라고 되어 있다.

이 상황은 사무엘상 21장 10절부터 15절까지에 기록되어 있는데 후에 다윗은 미친 사람 흉내를 내어서 위기를 모면한다. 우리가 알다시피 다윗의 일생은 참으로 드라마틱 하였다. 다윗은 여덟 번째 아들로 태어났는데 만약 다윗의 부모가 가족계획을 세웠더라면 태어나지도 못했을 것이다. 목동으로 양을 치던 다윗은 블레셋과의 싸움터에 나가 있는 형들을 위해 도시락을 배달하다가 블레셋의 장수 골리앗이 하나님을 모독하자 자신이 나가서 싸우겠다고 자원하여 물맷돌로 골리앗을 쓰러뜨리며 일약 영웅으로 등장했다. 다윗의 인기가 하늘을 찌를듯이 올라가자 이스라엘의 임금이었던 사울 왕이 다윗을 제거하려고 혈안이 되었다. 이 사실을 알게 된 다윗은 사울을 피해서 여기저기 망명생활을 하는데 그러다가 블레셋 사람들이 다스리던 지방에까지 들어갔다. 비록 미친 사람 흉내를 내면서 위기를 모면했지만 당시에 다윗은 그야말로 오갈데 없는 초라하고 비참한 신세였을 것이다. 이러한 다윗의 심정을 가장 잘 표현한 구절이 오늘 시편 56편의 8절에 기록되어 있다.

"나의 유리함을 주께서 계수하셨으니 나의 눈물을 주의 병에 담으소서 이것이 주의 책에 기록되지 아니하였나이까" 시 56:8

표준 새번역은 다음과 같이 표현하고 있다.

"나의 방황을 주님께서 헤아리시고, 내가 흘린 눈물을 주님의 가죽부대에 담아 두십시오. 이 사정이 주님의 책에 기록되어 있지 않습니까?" 시 56:8

시인이 처한 고난의 상황은 어느 정도였을까? 시인을 대적하는 원수들은 참으로 부지런하다. 그들은 종일토록 시인을 괴롭혔다. 1절과 2절에 '종일'이라는 단어는 그야말로 시인의 원수들은 자나깨나 다윗을 괴롭히려는 생각만 하고 있음을 강조하고 있다. 부지런하다고 해서 다 좋은 것은 아니다. 다른 사람을 괴롭히고 억압하는 데 부지런한 사람들은 하나님의 심판을 피하지 못할 것이다. 역사적으로 다윗을 힘들게 한 사람은 블레셋 사람보다 사울 왕이었다. 사울 왕도 하나님을 믿는 사람이었는데 어느 순간 질투심과 함께 하나님께서 주신 왕이라는 직분을 자기 것이라고 생각하고는 하나님의 사람인 다윗을 추격하고 그를 죽이기 위해서 힘을 쏟아 부었다.

그러나 다윗은 이러한 원수의 억압과 핍박 속에서 두려움에 사로잡히는 순간이 오더라도 하나님을 의지하겠다고 3절에서 밝힌다. 하나님을 의지하는 사람은 어떠한 위기의 순간이 오더라도 두려워하지 않을 것이라고 다윗은 4절에서 또 얘기한다. 궁극적으로 하나님이 모든 것을 다 해결해 주실 것이라는 믿음을 갖고 있기 때문이다. 그러나 그도 인간인지라 절대로 두려워하지 않는다고 했지만 눈물은 감출 수 없었다. 그는 흐르는 눈물을 부끄러워하지 않았다. 오히려 그 눈물을 하나님의 병에 담아 달라고 기도한다. 이 눈물로 인해서 하나님은 나를 불쌍히 여기시고 이 눈물을 통해서 나를 보살펴 주시며, 이 눈물을 통해서 하나님은 나를 구원해 주실 것이기 때문이다. 하나님은 경건한 자 즉, 하나님을 의지하는 자의 고난을 절대로 외면하지 않는다. 하나님을 신실하게 믿는 신앙인들이 고통과 슬픔 속에서 눈물로 보내는 그 많은 시간과 잠 못 이루는 밤은 하나님께서 하나도 빼놓지 않으시고 기억하고 계신다.

12절 때문에 많은 학자들은 이 시가 감사의 예배 때 사용된 시라고 이해하고 있다.

"하나님이여 내가 주께 서원함이 있사온즉 내가 감사제를 주께 드리리니…"

시인은 위기의 순간에 '살려만 주신다면 내가 더욱 하나님을 열심히 믿고 감사의 제사를 드리겠습니다"라고 약속했던 것이다. 우리도 이런 서원이나 기도를 많이 한다. "하나님, 나의 기도를 들어주신다면 내가 이러이러한 것으로 주님께 감사의 제사를 드리겠습니다." 그러나 인간은 흔히 화장실 들어갈 때와 나올 때가 다르다. 그런데 하나님과 한 약속은 하늘이 두 쪽이 나더라도 반드시 지켜야 한다. 하나님을 의지하는 사람은 하나님께 서원한 것을 반드시 지키는 사람이다. 하나님의 사람 다윗은 그 서원을 지켰다. 그는 더 나아가 하나님이 지시하지 않았는데도 자원해서 하나님의 성전을 짓겠다고 나서기도 하였다. 자신의 어려웠던 과거를 추억하면서 다윗은 "내가 무엇이관대 백향목 궁에서 지내는 왕이 되었느냐"면서 그의 하나님께 한없이 감사 찬양을 드렸다. 눈물 어린 빵을 먹어 보지 않은 사람하고는 인생을 논하지 말라고 했다. 다윗은 자신의 눈물을 병에 담아 달라고 하나님께 애원하며 하나님의 동정심을 자극했다. 하나님은 그의 눈물의 간구를 들으셨고 마침내 그를 광활한 곳에 우뚝 세우셨다. 지금 현실의 고통 속에서 눈물 흘리는 모든 이들에게 이 다윗의 시편이 힘이 되어지기를 기원한다. 아멘.

● 오늘의 말씀에 대한 나의 묵상 ●

오늘의 본문 성경을 읽으시고 깨달은 점이나 기억하고 싶은 점 혹은 기도문을 기록합니다.

시 57편~60편

1. 아둘람 굴에서 부른 노래(시 57편)

시편 57편은 다윗이 사울 왕의 추격을 피해 아둘람에 있는 굴에 피신해 있을 때 지은 시이다. 힘든 가운데서 읊은 시임에도 감사와 찬양으로 가득차 있다. 그래서 주경 학자들은 시편 57편을 "다윗의 역동적 감사 찬양시"라고 칭하고 있다. 다시 말하면 고난과 고통 속에서도 뜨겁게 감사하고 찬송했다는 것이다. 시편 57편 속에 들어있는 다윗의 고난을 살펴보자. 1절에는 "이 재앙이 지나기까지"라고 했고, 3절에는 "나를 삼키려는 자의 비방"이라고 했고, 4절에서는 "내 혼이 사자 중에 처하며 불사르는 자 중에 누웠으니"라고 했고, 6절에서는 "내 걸음을 장애 하려고 그물을 예비하였으니 내 영혼이 억울하도다 저희가 내 앞에 웅덩이를 팠다"라고 했다. 재앙, 비방, 불같은 시험, 방해 공작, 웅덩이… 이런 것들이 다윗을 위협하고 공격하고 있었다. 그러나 다윗은 노래하고 찬송하리라고 하고(7절) 주께 감사하며 찬송하리이다(9절)라고 고백한다. 어떻게 그것이 가능했을까?

1) 그는 주의 날개 그늘아래 피했다.

1절을 보면 "내 영혼이 주께로 피하되 주의 날개 그늘 아래서 이 재앙이 지나기까지 피하리이다"라고 했다. 날개는 보호와 안전을 의미한다. 다윗은 위기와 절망 속에서 하나님의 날개를 생각했다. 가장 안전한 곳, 가장 평안한 곳은 주님의 날개 그늘 아래라는 것을 발견한 것이다. 그리고 주목할 것은 "이 재앙이 지나가기까지"라는 고백이다. 재앙은 느리던 빠르던, 크든 적든 지나간다는 것이다. 영원히 계속되거나 반복되는 재앙은 없다. 고린도전서 10:13을 보면,

"사람이 감당할 시험 밖에는 너희에게 당한 것이 없나니 오직 하나님은 미쁘사 너희가 감당치 못할 시험당함을 허락지 아니하시고 시험당할 즈음에 또한 피할 길을 내사 너희로 능히 감당하게 하시느니라"고 했다. 고통을 겪고 시험을 당하더라도 예수님 안에 있으면 그 시험과 고통은 때가 되면 물러간다. 주께서 그렇게 해 주시기 때문이다.

2) 그는 마음을 정했다.

7절을 보면 "하나님이여 내 마음이 확정되었고, 내 마음이 확정되었사오니"라고 했다. 다윗이 두 번씩이나 '확정되었고, 확정되었사오니'라고 고백한 것은 하나님을 믿고 의지하기로 한 그 마음이 고정되었고 확고부동하게 되었다는 것이다. 디모데후서 3:14을 보면 바울이 디모데에게 "너는 배우고 확신한 일에 거하라"고 했다. 우리에게도 확정과 확신이 필요하다. 긴가 민가, 될까 안될까, 믿을까 말까, 할까 말까… 이런 태도는 확정된 태도가 아니다.

3) 그는 감사하고 찬송했다.

7절을 보면 "노래하고 찬송하리이다"라고 했고, 8절에서는 "내 영광아 깰찌어다 비파야 수금아 깰찌어다 내가 새벽을 깨우리로다'라고 했고, 9절에서는 "주께 감사하며 열방 중에서 주를 찬송하리이다"라고 했다. 비파와 수금에 맞춰 새벽에 열방이 듣도록 감사하며 찬송하겠다는 것이다. 다윗이 처한 상황은 비파를 타고 수금을 타며 노래 부르고 있을 때가 아니었다. 언제 잡힐지, 언제 죽을지 모르는 위기와 절망에 빠져 있었다. 그런데 그는 그곳에서 감사를 찾았다. 거기서 노래했고, 악기를 연주했다. 아멘.

오늘의 본문 성경을 읽으시고 깨달은 점이나 기억하고 싶은 점 혹은 기도문을 기록합니다.

1년 1독 365일 성경통독, 꿀송이 보약큐티

시 61편~65편

● 묵상 자료 ●

1. 주의 날개 아래에…(시 61편)

시편 61편은 다윗이 왕이 된 후의 체험을 반영하고 있다. 성경학자들은 다윗이 왕이 된 후 압살롬의 반역과 배신을 배경으로 한 시편 중의 하나가 바로 61편으로 보고 있다. 이 당시 다윗 왕은 압살롬을 피해 유대 광야 나루터로 피신해 있었다. 그의 아들에게 느닷없이 왕위를 빼앗기고 쫓겨나 여기에서 내 인생이 끝나는가 하는 절박함 속에서 다윗의 입술 속에서 흘러나온 필사적인 기도시다. 2절 말씀은 다윗의 심정을 잘 표현하고 있는 말씀이다.

"내 마음이 눌릴 때에 땅 끝에서부터 주께 부르짖으오리니 나보다 높은 바위 위에 나를 인도하소서" 시 61:2

더 이상 일어설 수 없는 기력이 다한 상태에서 마치 세상 끝에 서 있는 것 같은 그런 감정을 느끼는 순간이었던 것 같다. 그러나 그는 절망에 머무르지 않고 그 절박한 와중에도 희망의 끈을 놓지 않는다. 무엇이 다윗을 일어나게 했을까?

다시 시편 61:2의 말씀을 읽어 보면 그는 기도로 힘을 얻었던 것이다. 다윗은 높은 위치에 있었지만 그는 겸손하게 절망의 순간에 하나님의 절대적인 간섭과 도우심을 위해 부르짖었다. 왕이 된 이후 높은 위치에서 자신도 모르게 마음이 높아지고 교만해졌는지도 모른다. 그러나 자신의 아들 압살롬의 반란을 경험하면서 그는 납작 낮아져 하나님께 울며 부르짖었다. 그는 마음이 눌려 있었던 절대 절망의 자리에서도 눈을 들어 전적으로 하나님을 바라보고 또 의뢰하였던 것이다.

> "주는 나의 피난처시요. 원수를 피하는 견고한 망대심이라 내가 영원히 주의 장막에 거하며 내가 주의 날개 밑에 피하리이다"(셀라) 시 61:3~4

바위로 표현된 반석이신 하나님을 피난처와 망대, 장막, 새의 날개로 표현을 바꿔가며 자신이 의지할 대상이 하나님 이심을 강조한다. 특별히 하나님은 우리들이 삶의 어려운 상황가운데 처할 때 새의 날개가 되신다는 그의 표현이 마음에 다가온다. 어미새의 날개 그늘 아래 놓여 있는 아기새는 비바람과 폭풍우가 칠 때에도 보호함을 받는다. 어미새의 날개는 새끼새에게는 안전망이요, 피할 바위와 같다. 이처럼 우리 그리스도인들은 주의 날개 아래서 위로를 받고 쉼을 얻고 하나님의 능력을 경험하게 된다. 주님은 오늘도 날개를 펴시고 우리들을 기다리고 계신다.

윌리엄 커싱이라는 유명한 목사님이 계셨다. 그는 설교를 은혜롭게 전해서 많은 성도들에게 사랑을 받았다. 그런데 어느 날 갑자기 성대가 나빠지기 시작했다. 이 일로 인해 결국에는 목회사역을 그만두게 되는 지경에 이르렀다. 그는 눈물의 세월을 보내다가 절망 속에서, "내가 이렇게 살아서는 안되겠다"고 결단하고는 기도하기 시작했다. 1896년 어느 날… 간절한 기도 가운데 그는 하나님의 위로를 경험하면서 음성을 듣게 된다. 그 음성을 듣고 찬양을 부르게 되고 그것을 시로 쓰게 되었다. 바로 찬송가 419장이다.

> "주 날개 밑 내가 편안히 쉬네. 밤 깊고 비바람 몰아쳐도
> 아버지께서 날 지키시리니 거기서 편안히 쉬리로다.
> 주 날개 밑 즐거워라 그 사랑 끊을 자 뉘뇨?
> 주 날개 밑 내 쉬는 영혼 영원히 거기서 살리.
> 주 날개 밑 나의 피난처 되니 거기서 쉬기를 원하노라.
> 세상이 나를 위로치 못하나 거기서 평화를 누리리라.
> 주 날개 밑 즐거워라 그 사랑 끊을 자 뉘뇨?

주 날개 밑 내 쉬는 영혼 영원히 거기서 살리.

주 날개 밑 참된 기쁨이 있네. 고달픈 세상 길 가는 동안

나 거기 숨어 돌보심을 받고 영원한 안식을 얻으리라.

주 날개 밑 즐거워라 그 사랑 끊을 자 뉘뇨?

주 날개 밑 내 쉬는 영혼 영원히 거기서 살리." 아멘.

비록 그의 목소리는 다시 소생하지는 않았지만 커싱 목사님은 아름다운 찬양시를 쏟아 내면서 하나님 앞에 특별하게 쓰임 받게 되었다. 그는 주님의 날개 그늘 아래서 새로운 쉼과 치유를 받았고 그리고 남은 인생을 새롭게 살 수 있는 은혜를 경험하게 된 것이다. William Cusing 목사님이 경험하셨던 주님의 날개가 오늘 우리들을 기다리고 있다. 인생이 곤고하고 삶이 고통스러울 때 주님의 날개 아래로 달려가는 우리가 되어야 하겠다.

● 오늘의 말씀에 대한 나의 묵상 ●

오늘의 본문 성경을 읽으시고 깨달은 점이나 기억하고 싶은 점 혹은 기도문을 기록합니다.

6월 9일

1년 1독 365 일 성경통독, 꿀송이 보약큐티

시 66편~68편

○ 묵상 자료 ○

1. 시편 68편 분석하기

1) 이 시를 노래하는 사람들에게 하나님은 어떤 분이신가?

- 날마다 우리 짐을 지시는 주(19절): 주인이 종을 위하여 짐을 져주는 법이 있는가? 절대로 없다. 하나님만 그렇다. 이게 얼마나 놀라운 일인가?

2) 하나님 앞에 선 인간을 두 종류로 구분해 보자(1~6).

- 망해야 할 인간(1~4절)과 형통케 될 인간(5~6절): 하나님의 백성이 되느냐 마느냐의 결단이 필요한 것이 우리 인생이다. 어중간한 상태는 없다. 연옥도 없다. 양다리도 불가하다. 오직 하나님의 백성이 되는 길만이 살 길이다.

3) 악인의 모습과 의인의 모습이 어떻게 다른가?

- 악인은 연기나 불 앞의 밀 같고(2절), 의인은 기뻐하고 즐거워함(3~4절): 연기나 밀(초)은 위세를 발할 때는 대단한 존재 같아 보이지만 사라질 때는 흔적도 없이 사라지는 것이다. 반면에 성도의 본질은 기뻐하고 즐거워하는 것이다. 힘든 세상에서도 기뻐할 수 있는 것이 성도의 삶이다. 사망의 음침한 골짜기에서도 해를 두려워하지 않는다.

4) 이스라엘이 시내산에서 1년간 머무르면서 행진을 위한 준비를 끝내고 가

나안 땅으로 출발했다. 하나님의 궤가 사흘 길을 앞서 가면서 길을 찾았다. 궤가 떠날 때 모세가 부른 찬송이 1절이다(민 10:35). 그렇다면 1절에는 성도의 어떤 고백이 담겨있는가?

- 하나님만 따라 가겠다는 고백이다: 광야에서 이스라엘은 가시적인 하나님을 따라 길을 나섰다. 이제는 자신의 시야에 하나님이 보이던 보이지 않던간에 하나님께서 자신들을 이끌고 계시다는 것을 믿고 대적과 싸우겠다는 고백을 하는 셈이다.

5) 하나님은 이상한 분이시다. 하늘을 타시는 분이 왜 광야에 행하시며 대로가 필요한가(4절)?

- 하늘을 타신다는 표현은 천지만물을 주관하시는 분이란 의미다: 이런 분이 광야의 자기 백성들을 위하여 광야로 오셔서 길을 인도하셨다. 예수님은 하늘 보좌를 버리고 인생을 위하여 이 땅에 오신 분이시다. 그래서 고아의 아버지가 되시고 과부의 재판장이 되셨다(5절을 '거룩한 처소로부터'로 번역할 수 있음).

6) 하나님은 천지만물을 창조하신 다음 자연법칙을 따라 운행하도록 버려두셨다고 믿는 사람도 많다. 그래서 자연은 위대하다고 외친다. 하나님은 없다고 생각하면서 그렇게 말하기도 한다. 하나님은 하늘에도 계시지만 또 어디에 계시는가?

- 고아와 과부의 처소에도 계시고(5절), 고독한 자들과 갇힌 자들의 처소에도(6절) 계신다: 하나님은 인간의 범죄로 말미암아 인간에게 직접 나타나실 수 없어서 숨어 계실 뿐(사 45:15), 결코 멀리 계시는 분은 아니다. 하나님의 이런 마음을 아는 성도가 되어야 한다(약 1:27).

7) 전쟁에서 탈취물(전리품)은 군인들이 전쟁터에서 나누는 법이다. 그런데 왜 집에 있던 여자들이 탈취물을 나누는가(12절)?

- 그만큼 많았다는 의미다. 큰 승리를 거뒀다는 표현이다.

8) 힘 없이 사라지는 것을 가리켜 바람에 나는 겨와 같다고 하는데 여기서는 하나님께서 물리치신 대적이 무엇과 같은가?

- 살몬에 날리는 눈과 같다(14절): 높은 살몬산에 쌓인 눈이 바람에 날리는 장면을 상상해보자. 바람이 조금만 불어도 흩날리다가 때로는 눈사태가 되어 쏟아지기도 한다.

9) 하나님은 어느 산에 계시는가?

- 산(15절)? 성경에 그런 말씀은 없었는데 이상하다? 하나님은 산에 계시지 않는다: 굳이 그렇게 말하라면 시온산이겠지만(16절의 '하나님이 계시려 하는 산') 그것도 산이라는 의미가 아니라 성전이라는 의미다. 로마 그리스 신화에는 신들의 처소가 주로 산이다. 높은 산의 웅장한 모습이 신의 성품과 닮았다고 생각한 탓일까? 바산의 산을 하나님의 산이라고 하는 것은(15절) 하나님께서 거하시는 곳이라는 의미가 아니라 하나님의 산이라고 불릴만큼 높은(장엄한) 산이라는 의미다. 참고로 바산은 요단 동편의 산악지대에 있다. 북쪽은 헤르몬 산, 서쪽은 갈릴리 바다와 요단 강 상류, 남쪽은 야르묵 강, 동쪽은 야울란 산으로 경계되는 광대한 지역을 가리킨다. 남부는 비옥한 평원으로서 목초가 풍부하고, 물도 넉넉하여 가축을 치는데 아주 좋은 목초지였다.

10) 16절의 '높은 산들'이란 바산의 높은 봉우리들을 가리킨다. 이 산들이 어느 산을 질투하는가?

- 하나님께서 계시려 하는 산은 시온 산을 가리킨다: 그래서 15절의 바산의 산은 하나님의 산이 아니라 하나님의 산이라 불릴만한 산이라는 의미로 해석해야 하는 것이다. 실제로 시온 산은 그리 높은 산이 아니다. 주변에 더 높은 봉우리가 많다. 그렇게 장엄한 것도 아니다. 그럼에도 하나님께서 계시기에 더 높은

산들이 시기한다고 하는 것이다. 잘 나가는 이방의 왕들보다 평범하더라도 하나님을 모시고 있는 유다의 왕이 부러움의 대상이라는 것이다.

11) 18절은 일종의 개선행진이다.

● 오늘의 말씀에 대한 나의 묵상 ●

오늘의 본문 성경을 읽으시고 깨달은 점이나 기억하고 싶은 점 혹은 기도문을 기록합니다.

....

....

....

....

....

....

....

....

....

....

....

....

....

....

....

....

....

....

1년 1독 365일 성경통독, 꿀송이 보약큐티
시 69편~71편

1. 미움 받은 자의 절규(시 69편)

시편 69편에는 미움 받고 버림받는 한 사람의 모습이 등장하고 있다. 그는 죽기 직전의 자리에까지 내몰렸다. 그리고 자기 가족에게마저 낯선 존재가 되었다.

1) 죽기 직전의 자리에까지 내몰린 시인

오늘 시편은 시작부터 긴급하게 하나님의 도움을 요청하고 있다. 1절에 보니 '물들이 내 영혼에까지 흘러 들어왔나이다'라고 부르짖고 있다. 영혼에까지 물이 들어온 것은 막다른 곳까지 물이 찬 것이다. 물이 서서히 차서 목을 지나 코에까지 들어찼다는 뜻이다. 코에까지 물이 차면 어떻게 되는가? 우리가 수영을 해 보면 알지만 입에까지 물이 차는 것은 괜찮다. 그러나 코에 물이 들어오면 더 이상 버티기 힘들다. 2절에 보면 이렇게 자신의 온 몸을 향해 물이 차고 들어온 상황이 더 진전된다. "나는 설 곳이 없는 깊은 수렁에 빠지며 깊은 물에 들어가니 큰 물이 내게 넘치나이다."

이제 깊은 물에 서서히 빠져 들어가는 모습을 그리고 있다. 열심히 허우적대지만 힘이 빠져 더 이상 버티기 힘들다. 그 물이 얼마나 깊은지 바닥을 헤아릴 길이 없다. 아마도 이 상황은 물 속에 빠져들어가는 모습과 더불어 수렁, 즉, 진흙 밭에 빠져들어가는 모습을 연상시키기도 한다. 빠져 나오려고 움직일수록 더 깊이 수렁으로 빠져들어가는 경우 말이다. 그렇다고 가만히 있는다고 해서 그 수렁에서 빠져나올 수 있는 것은 아니다.

시인이 왜 이렇게까지 막다른 골목으로 몰렸을까? 4절에 보니 이유가 없다고 말하고 있다. 자기는 이유를 모르겠다고 말한다. "까닭없이 나를 미워하는 자가 나의 머리털보다 많고 부당하게 나의 원수가 되어 나를 끊으려 하는 자가 강하였으니 내가 빼앗지 아니한 것도 물어주게 되었나이다."

아무런 이유 없이 자기를 미워하는 자가 머리카락보다 많다고 한다. 성경에서 머리카락은 하나님께서 자기 백성을 세밀하게 돌보신다는 것을 표현할 때 사용되는데 여기서는 자기를 미워하는 사람이 셀 수 없이 많다고 할 때에 사용되었다. 자기를 끊어버리려고 하는 원수가 많을 뿐만 아니라 그들이 너무 강하다고 표현하고 있다. 이 시편을 처음에 다윗이 지어 불렀다면 그가 사울 왕으로부터 미움을 받아 끔찍한 일을 겪은 것을 떠올릴 수 있다. 다윗은 이스라엘 내에 발붙일 곳이 없었다. 이방 땅을 떠돌아다녀야 했다. 나중에 왕이 되었지만 그의 말년에는 한 때 아들 압살롬의 반역으로 인해 또다시 발붙일 곳이 없이 쫓겨 다녀야 했다.

그런데 놀랍게도 시인은 그렇게 대적들에 의해 수장되는 그 아득한 순간에서도 하나님께 기도한다. 3절을 보라. "내가 부르짖음으로 피곤하여 나의 목이 마르며 나의 하나님을 바라서 나의 눈이 쇠하였나이다" 계속되는 고난 가운데서 시인은 계속해서 하나님을 찾았다. 자신의 목이 쉴 정도로 부르짖었다. 시인은 목이 쉰 것뿐만 아니라 눈도 쇠하였다. 뭔가를 뚫어지게 쳐다보면 눈이 아프다. 눈이 침침해진다. 믿음은 이렇게 고난을 피해가는 것이 아니라 고난 속에서 하나님을 처절하게 바라보고 찾는 것이다.

2) 가족에게서도 낯선 존재가 된 시인

이제 시인이 겪은 더 끔찍한 고통, 그의 마음에 새겨졌을 법한 트라우마를 살펴보자. 시인은 내적으로 더 큰 상처를 입었는데 그것은 그의 가족으로 인한 것이었다. 시편 69:8을 보자. "내가 나의 형제에게는 객이 되고 나의 어머니의 자녀에게는 낯선 사람이 되었나이다."

한 배에서 태어난 형제들이 자기를 향해 이방인 취급을 했다. 사실 예수님도 이 땅에서 이렇게 가족에게마저 낯선 존재가 되었었다. 이상한 사람 취급을 받았다. 예수님이 소위 말해서 출가를 하고는 집도 절도 없이 떠돌아다닌다. 가족들이 대책회의를 열고 친척들까지 동원된다. 저 예수가 정신이 나갔다고 그래서 집에 데려와야 된다고 말이다. 그래서 친척들이 몰려왔다. 자기 형제들이 자기를 찾는다는 말에 예수님이 대답하셨다. "누가 내 형제요, 자매요, 모친이냐? 하나님의 말씀을 듣는 사람이 형제요, 자매요, 모친이라"고 하셨다. 다윗의 고통에서 우리는 예수님의 고통을 보게 된다.

3) 자신의 우매함을 고백하는 시인

이제 시인이 자신의 우매함을 고백하는 모습을 살펴보자. 사람들이 다 원수가 되어 자신의 목숨을 위협할 뿐만 아니라 가족들도 그것을 나 몰라라 하는 상황에서 시인이 할 수 있는 것이 무엇이겠는가? 하나님께 부르짖는 것뿐이다. 하나님께 무엇이라고 부르짖을까? 도와달라는 것이요, 건져달라는 것이 아니겠는가? 그런데 시인은 다소 엉뚱한 고백을 한다. 5절 말씀이다. "하나님이여 주는 나의 우매함을 아시오니 나의 죄가 주 앞에서 숨김이 없나이다."

시인은 자신이 까닭 없이 미움을 받고 있고, 부당하게 수장 당하고 있다고 말했다. 그런데 다음 순간에 하나님을 향해 자신은 참으로 어리석다고, 자신은 참으로 죄가 많다고 말하고 있는 것이다.

이 5절은 성경을 묵상하는 많은 하나님의 백성들을 당황하게 만든다. '도대체 이 시인이 하나님께 기도하는 내용이 무엇이냐?' 하는 문제이다. 고난 가운데 처한 시인은 겸손하게 자신을 돌아본다. 자신은 우매하고 죄 많은 인생일 뿐이라고 고백한다. 어쩌면 이런 다윗의 모습이 보통의 우리들의 수준을 뛰어 넘는 탁월한 영성의 대가의 모습이 아닐까 싶다. 우리는 남에게 미움을 당하고 가족들에게까지 배척을 당하면 자기 연민과 남에 대한 원망의 마음으로 가득 차게 된다. 그 순간에 자기의 허물을 고백하기란 여간 어려운 일이 아니다. 그러나 우리도 이제 다윗의 이런 영성을 본받아 고난 속에서 자신의 허물과 죄를 고백하는 수준으로 나아가야 하겠다. 아멘.

오늘의 본문 성경을 읽으시고 깨달은 점이나 기억하고 싶은 점 혹은 기도문을 기록합니다.

1. 영적침체와 회복(시 73편)

우리가 교회를 다니면서 가장 흔하게 고민하는 문제를 이야기해주는 시편 73편을 살펴보자. 이 시편은 아삽이 지은 시이다. 아삽은 다윗과 솔로몬 시대의 찬양 봉사자이자 합창단의 지휘자였다. 또한 그는 언약궤 앞에서 '놋 제금(놋 심벌즈)'을 켜는 사람으로 시편을 열두 편이나 작시한 인물이다. 성경에서는 그를 '선견자'라 호칭하기도 한다. 그의 후손들이 성전에서 찬송을 부르는 직무를 맡았으며 특히 바벨론 포로에서 귀환한 그의 자손들은 성전 기공식 때 찬송을 부르기도 했다.

우리가 교회를 다니면서 처음에 만나는 시편은 보통 1편에 나오는 것처럼 '복 있는 사람은 악인들의 꾀를 따르지 아니하며 죄인들의 길에 서지 아니하며 오만한 자들의 자리에 앉지 아니하고'라는 시편을 접하며 우리는 복 있는 사람이 되려고 노력한다. 그런데 시간이 지나가면서 살다 보면 이 세상은 선한 사람이 힘들게 살고 악인은 잘 사는 것이 보이면서 의문이 생기게 된다. 나는 교통사고가 난 뒤에, '나보다 선하게 살고 있지 않은 수많은 사람들은 아무 문제없이 잘 살고 있는데, 나는 왜 이런 고통을 당하고 있을까?' 하는 생각을 하곤 하였다. 그 사람들도 나처럼 고통을 겪고 있었다면, 나는 "이 정도는 다행이다" 하면서 감사했을지도 모른다. 그런데 세상은 그렇지 않았다. 그러면서 사람들은 나에게 인과응보적인 생각을 강요하였다. 이런 일이 벌어진 데에는 무언가 이유가 있다는 것이었다. 물론 이유가 있겠지…. 그런데 그 당시는 너무 힘들었다. 그런 순간에 '까닭 없이' 고난을 받았던 욥의 이야기는 나에게 희망이었다.

그때 시편 73편을 다시 접하게 되었다.

"참으로 하나님은 이스라엘을 선하게 대하시며, 마음이 깨끗한 자들에게는 더욱
그리 하십니다. 그러나 이제 나는 그 사실을 믿을 수 없게 되었습니다. 내 믿음을
다 잃어버린 것 같습니다. 왜냐하면 악한 사람들이 잘 사는 것을 보고 나는 그런
교만한 사람들에게 질투를 느꼈기 때문입니다. 그들은 마음에 갈등도 없고, 몸은
건강하고 강합니다. 그들에게는 우리가 겪는 어려움들이 없고 다른 사람들처럼
불행한 일들도 일어나지 않습니다." (시편 73:1~5)

세상에 성경에 이런 말씀도 있구나…. 어떻게 내 마음하고 똑같은 내용을 기
록해 놓았지. 그러면서 또 욥기의 말씀을 생각케 되었다. 욥기 21장의 내용이다.

"어째서 악인은 죽지도 않고 오래 살며 그 세력이 점점 강해지는가? 그들은
자녀들이 성숙하게 자라가는 것을 보고 그 손자들까지 무럭무럭 자라는 것을
보며 살고 있다. 그들의 집은 평안하며 두려워해야 할 일이 없다. 하나님도 그
들을 벌하시지 않으며 그들의 소는 새끼도 잘 낳는다. 그들의 자녀들은 양떼처
럼 뛰어 놀고 마냥 즐거워 세월을 노래와 춤으로 보내며 아무것도 부족한 것 없
이 편안하게 수명대로 살다가 죽을 때도 고통 없이 죽는다. 그런데도 그들은 하
나님께 '우리를 내버려 두시오. 우리는 당신의 도리를 알고 싶지 않습니다. 전
능하신 자가 누군데 우리가 그를 섬기며 우리가 그에게 기도한들 무슨 유익이
있겠는가?' 하는구나. 그러나 그들의 번영이 그들의 손에 달려 있는 것이 아니
므로 악인의 계획은 나와 거리가 멀다. 악인의 등불이 꺼진 적이 몇 번이나 되
며 그들 중에 재앙을 만난 사람이 몇이나 되는가? 하나님이 노하셔서 악인들을
벌하시며 그들을 바람 앞의 지푸라기나 태풍에 불려가는 겨처럼 되게 하신 적
이 몇 번이나 있었는가?" (욥 21:7~18)

욥은 악인이 이 세상에서 하나님의 심판을 받지 않는 경우가 많다고 말한다.
그것은 바로 시편 73편의 말씀과 비슷하다.

"그들이 일평생 아무런 고통도 없이 건강하게 지내며 다른 사람들과 같이 어려움을 당하거나 병으로 고생하는 일도 없으니 교만을 목걸이로 삼고 폭력을 옷으로 삼는구나. 그들의 마음은 악을 토하고 그들의 탐욕은 하늘 높은 줄 모른다." 시편 73:4~7

'하나님께서는 하나님 백성에게 참으로 선하시다'는 것이 아삽이 확신하는 진리였는데 자기가 실제로 겪은 경험은 그렇지 않았던 것 같다. '진리'와 '경험'이 충돌하는 현장을 만나게 된다. 많은 사람들이 가난과 질병으로 고통, 고난을 당하지만 악인들에게는 그런 고통마저 없어 보인다. 그들은 교만하기 짝이 없다. 우리가 살아가면서 느끼는 것과 비슷한 경험을 아삽이 한 것이다.

그래서 그 답이 무엇인가 궁금하였다. 아삽은 이렇게 말한다. 새번역 성경은 이렇게 기술한다.

"내가 이 얽힌 문제를 풀어 보려고 깊이 생각해 보았으나, 그것은 내가 풀기에는 너무나 어려운 문제였습니다. 그러나 마침내 하나님의 성소에 들어가서야, 악한 자들의 종말이 어떻게 되리라는 것을 깨닫게 되었습니다" 시편 73:16~17

고통 중이던 아삽이 '하나님의 성소'로 들어갔다. 그는 늘 성소에서 일하던 자였다. 어느 날 성소에서 기도하고 찬양하다가 성령의 감동으로 큰 깨달음을 얻게 되었다. 악인들이 지금 있는 그곳이 보기에는 평안하고 아름다워 보이지만 그곳은 미끄러운 곳임을 알게 되었다. 종말의 때에 그들이 높은 그곳에서 미끄러져 파멸에 이를 것임도 알았다. "아, 그렇구나. 악인들의 번성과 번영은 한여름 밤의 꿈과 같구나. 꿈에서 깨어나면 그들의 멸망이 얼마나 무서운 것인지를 알게 되는구나." 마침내 그는 이렇게 고백한다.

"하나님께 가까이함이 내게 복이라" 시편 73:28

그리고 자신이 바보처럼 어리석은 생각을 잠시나마 했던 것을 가슴 치며 회개하였다. 우리의 영적 상태가 약해지면 시험에 들고 시험에 들면 진실을 꿰뚫어 보는 통찰력이 약해진다. 그 때 시편 73편에 나오는 마귀가 주는 속삭임이

들린다. 불평과 의심이 물밀듯이 다가온다. 시험 든 심령으로 사물을 보면 사실을 왜곡 과장해서 보게 된다. 마귀는 왜곡, 과장, 거짓뉴스의 달인이다. 세상이 부러워 보이거나 남이 부러워 보이기 시작하거든 우리는 얼른 마귀가 문 앞에 이른 줄 알아 차려야 한다. "사탄아 물러가라!!!" 우리는 즉시 외쳐야 한다. 그리고 감사와 기쁨을 얼른 회복해야 한다. 시편 73편의 아삽의 솔직한 간증은 이처럼 우리에게 큰 교훈을 준다. 아멘.

기 도

"주님,
지금 벼랑 끝에 선 사람들이 많습니다. 힘들어 한숨 짓는 당신의 백성들을 돌아보아 주소서. 마귀에게 속아 세상을 부러운 눈으로 쳐다보는 자들도 있습니다. 다윗의 하나님, 아삽의 하나님, 우리의 하나님도 되시오니 우리를 긍휼히 여겨 주옵소서. 성령의 도우심을 받아 시험에서 벗어나 부러움과 질투보다는 감사와 만족의 마음을 회복케 하소서. 예수님의 이름으로 기도합니다." 아멘.

● 오늘의 말씀에 대한 나의 묵상 ●

오늘의 본문 성경을 읽으시고 깨달은 점이나 기억하고 싶은 점 혹은 기도문을 기록합니다.

....

....

....

....

....

....

....

6월 12일

1년 1독 365일 성경통독, 꿀송이 보약큐티

시 76편~78편

● 묵상 자료 ●

1. 이스라엘의 민족사(시 78편)

시편 78편은 역사 속에 계시된 하나님의 구원과 심판을 노래함으로써 이스라엘 백성에 대한 교훈을 목적으로 한 지혜시이다. 특히 시인은 단순히 이스라엘의 역사적 사실에 대한 회고에서 그치지 않고 일종의 역사 철학을 제공함으로써 앞으로 이스라엘 백성이 마땅히 가져야 할 하나님과의 바른 관계를 제시하고 있다. 아울러 구약 전체를 포괄하는 이스라엘의 민족사를 함축적으로 요약함으로써 하나님의 구원 사역을 선명하게 드러내고 있다. 시편 78편을 내용별로 구분하면 역사 전승의 목적(1~8절), 망각의 죄(9~16절), 그리고 하나님을 시험 한 죄(17~31절), 거짓 회개의 죄(32~39절), 감사치 않은 죄(40~53절), 우상 숭배의 죄(54~64), 마지막으로 하나님의 회복의 은총(65~72절)이 기록되어 있다. 이 시를 통하여 시인은 하나님의 분명한 개입에도 불구하고 끊임없이 반역하는 이스라엘 백성들의 현저한 불순종을 분명히 지적하고 있다. 아울러 그럼에도 불구하고 하나님의 자비와 은혜는 여전히 계속되며 철저한 하나님의 경륜에 의해 진행됨을 밝혀 주고 있다.

1) 열조의 행위를 기억하고 교훈을 들으라

시인은 이스라엘 백성에게 자신의 말에 귀를 기울여 교훈을 받으라고 명하였다. 시인이 이스라엘 백성을 내 백성이라고 부른 것은 하나님의 대리자로서 교훈을 선포하고 있음을 보여준다. 하나님의 교훈은 전혀 새로운 것이 아니라 이미 이스라엘 백성들이 들었던 것이며 알았던 것일 뿐만 아니라 열조가 전해주었던 것이다. 이는 하나님께서 이미 주셨던 교훈을 그들이 받아들이지 않고 따르지 않았다는 사실을 암시한다. 우리는 시인의 이같은 고백에서 기독교 교육의 중요성과 필요성을 발견하게 된다.

2) 범죄한 열조
하나님께서 이스라엘 백성들에게 율법을 주신 목적은 '저희로 그 소망을 하나님께 두며 하나님의 행사를 잊지 아니하고 오직 그 계명을 지키게'하려는 데 있다. 그러나 이스라엘 백성들은 하나님께 범죄하였다. 하나님께서 이스라엘 백성에게 보여주신 구원의 능력과 기사가 그렇게 많고 놀라움에도 불구하고 그들은 계속해서 범죄하여 지존자를 배반했다. 그들은 근본적으로 불신앙의 악한 마음을 가지고 있었으므로 광야에서 하나님의 은혜를 체험했음에도 불구하고 하나님을 배반하고 불평하였던 것이다.

3) 광야에서 식물을 공급하심
하나님께서는 이스라엘 백성들을 향하여 대단히 분노하셨다. 이는 그들이 하나님을 믿지 아니하며 그 구원을 의지하지 아니한 연고였다. 그럼에도 불구하고 하나님은 여전히 자기 백성에게 은혜를 베푸셔서 만나와 메추라기를 넘치도록 내려 주셨다. 왜냐하면 하나님께서는 죄악을 미워하셨을 뿐이지 그들을 미워하신 것이 아니기 때문이다. 오히려 이 세상의 어느 민족들보다도 그들을 사랑하셨다. 또한 시인은 하나님께서 이스라엘 백성을 애굽에서 해방시키실 때 행하셨던 놀라운 기사들을 증거하고 있다. 하나님께서 행하신 이적과 기사는 단순히 애굽을 벌주어 이스라엘 백성을 해방시키기 위한 목적만 있었던 것은 아니었다. 하나님께서 열 가지 재앙을 내리신 것은 그 재앙을 통해 여호와만이 참 하나님임을 만방에 증거하려 하신 것이다.

4) 우상으로 진노케 한 이스라엘
이스라엘은 하나님께로부터 구원을 받아 가나안 땅을 기업으로 받는 기적의 역사를 체험했음에도 불구하고 하나님의 명령을 거역함으로 하나님을 시험하는 죄를 범했다. 가나안 땅에 정착한 이스라엘 백성은 그곳에 거하던 이방 족속들을 진멸하라는 하나님의 말씀을 순종치 아니하므로 그들이 섬기던 우상 숭배의 죄에 빠지게 되었다. 하나님께서 언약의 계명을 주실 때 가장 핵심 되는 것이 하나님 이외의 어떠한 신도 만들지 말고 우상을 숭배하지 말라는 것이었다. 시인은 하나님께서 이스라엘의 우상 숭배에 분노하사 그들을 미워하고 실로의 장막에서 떠나시고 대적의 손에 붙이셨다고 했다.

5) 유다 지파를 선택하심

이스라엘 민족은 야곱의 열두 아들을 중심으로 열두 지파로 형성되어져 있었다. 초기 이스라엘 지파 중의 지도적 위치는 에브라임 지파였다. 초기에 하나님의 은혜로 이스라엘 민족의 지도자적 역할을 감당했던 에브라임 지파 대신에 하나님이 택하시고 사랑하신 지파는 유다 지파였다. 다윗 왕으로부터 시작된 유다 지파의 두드러진 역할은 가시적으로는 바벨론의 침략으로 인한 유다 왕국의 멸망 때까지 계속되었다. 영적으로는 그 지파에서 예수 그리스도가 탄생하셨고 지금도 통치하고 계심으로 현재까지 계속되고 있다.

우리는 시편 78편을 통해 과거의 역사가 주는 교훈을 되새기는 것이 얼마나 중요한가를 알 수 있다. 많은 사람들이 역사의 교훈을 철저히 인식하지 못했기 때문에 악한 길로 가는 경우가 허다하다. 그러므로 우리는 과거의 이스라엘 백성들의 역사를 거울로 삼아 우상을 경계하고 의의 길로 걸어 가기를 힘써야겠다. 아멘.

● 오늘의 말씀에 대한 나의 묵상 ●

오늘의 본문 성경을 읽으시고 깨달은 점이나 기억하고 싶은 점 혹은 기도문을 기록합니다.

....

....

....

....

....

....

....

6월 13일

1년 1독 365일 성경통독, 꿀송이 보약큐티

시 79편~82편

● 묵상 자료 ●

1. 시편 81:15의 아리송한 한국어 번역

보통의 우리 교인들이 다 보고 있는 한글 개역 성경을 읽다가 시편 81:15을 만나 아리송하여 읽고 또 읽어도 이게 뭔 말을 하는 건지 한국 사람인데도 한국 말을 알아듣기가 힘들다.

여호와를 미워하는 자는 그에게 복종하는 체 할지라도 그들의 시대는 영원히 계 속되리라 시 81:15

아니 여호와를 미워하는 자들의 시대가 영원히 계속된다고? 이게 말이나 되 는 소린가? 세상에 성경을 이렇게 번역해 놓고 아무 설명이나 각주도 없이 독 자에게 알아서 이해하라는 한국어 성경 번역 위원들의 배짱이 놀랍기만 하다. 자신들이 번역을 해 놓고 한국말로 분명 읽어 보고 검토했을 텐데 자신들은 이 한국 문장이 이해가 되었단 말인가? 참으로 답답하고 안타까운 생각이 든다. 여호와를 미워하는 자는 그에게 복종하는 체 하여도 그들의 시대는 영원히 계 속 된다니 이게 무슨 말인가? 할 수 없이 NIV 영어 번역을 찾아본다.

"Those who hate the Lord would cringe before him, and their punishment would last forever."(NIV)
(주를 미워하는 자들은 그 앞에 움츠려 들게 되고 그들을 향한 심판은 영원히 계속될 것이다)

너무나 명료하고 아무런 혼동도 없다. 그러면 도대체 한국어 번역은 왜 그렇게 한 것이고 그 의미는 무엇일까? 물론 쉬운 성경에는 영어 성경처럼 번역되어 있다.

"하나님을 미워하는 자들이 모두 그 앞에서 고개를 숙일 것이다. 그들은 영원히 형벌을 받게 될 것이다" 쉬운 성경

대한성서공회 부총무이셨던 민영진 목사님은 이 구절을 영어 번역이 옳다는 것으로 해석 했다. 민영진 목사님의 의견을 들어 보자.

"하나님을 미워하는 자들이 하나님께 진정으로 순종하지 않고 순종하는 체만 하여도 복을 받고 오래오래 산다는 메시지를 시편 81:15에서는 "절대로!" 읽어내서는 안 된다. '하나님을 미워하는 자들' 곧 '하나님의 원수(怨讐)들'이, 아무리 하나님께 거짓으로 복종하는 체 하더라도, 그러한 자들이 하나님께 영원한 복을 받는다는 것은 여기 시편 81편에서뿐만 아니라 성경전서 어디에도 그 유사한 사상이 없다 (비록 악인이 잠시 낙과 부를 누리며 사는 현실을 본다 하더라도). 하나님을 미워하는 자들이 하나님께 복종을 가장하여, 곧 하나님을 속여서 하나님으로부터 복을 받아낸다는 것은 그것도 영원한 복을 받아낸다는 것은, 성경 안에서는 도대체가 있을 수가 없는 사상이다. 히브리어 원문 "메사네 아도나이 예캇하슈로 비히 이탐 레올람"을 문자 그대로 직역을 하면 대체적으로 다음과 같다.
"주님을 미워하는 자들은 주님께 복종하는 체 한다. 그리고 그들의 시대는 영원까지 이를 것이다."

이것을 루터는 다음과 같이 번역하였다.
"그리고 주님을 미워하는 자들은 그에게 굴복했어야만 했다. 그리고 이스라엘의 시대는 영원히 지속되었을 것이다."

독일어 공동번역은 약간 달리 번역하였다.
"주님을 미워하는 자들은 모두 이스라엘에게 아첨을 할 것이고 그러한 상태

는 영원히 지속될 것이다."

문제의 난해구가 아무리 이렇게 여러 가지로 번역이 될 수는 있어도, 이 여러 번역들 중에 어느 한 번역도 결코 "하나님을 미워하는 자들이 하나님을 속여 순종을 가장하여 하나님으로부터 영원한 복을 받는다"고 하는 해석을 합당하다고 지지해 주는 번역은 없다고 할 것이다."

이처럼 때로는 하나님의 말씀은 아무리 많이 읽어도 늘 난해하고 어렵다. 수많은 학자들의 원어적, 문법적, 문화적, 역사적 지식을 참고해야 할 때가 많다. 그래서 신학교가 필요하고 그래서 신학자가 필요하고 성경 교사가 필요한 것이다. 신천지나 하나님의 어머니를 따르는 하나님의 교회 같은 이단들도 다 성경공부에 열심이다. 아니 자기들이 성경을 제일 잘 아는 것처럼 착각하고 살고 있다. 그런 어처구니없는 영적인 교만이 이단을 만드는 것이다. 우리는 시편 81:15같은 말씀을 대하면서 겸손한 마음으로 우리가 성경에 대해 얼마나 무식한 자들인지를 자각하고 더욱 말씀을 배우고 연구하는데 노력을 경주해야 하겠다. 우리가 1년에 성경을 한 번 읽고 평생 수백 번을 읽는다 할지라도 여전히 우리는 성경 앞에 서면 어린아이 같다. 하나님의 도우심과 우리의 겸손, 성령의 감화와 좋은 성경교사가 우리에게는 항상 절대적으로 필요하다.

● 오늘의 말씀에 대한 나의 묵상 ●

오늘의 본문 성경을 읽으시고 깨달은 점이나 기억하고 싶은 점 혹은 기도문을 기록합니다.

● 묵상 자료 ●

1. 내 마음에 시온의 대로가 있는가?

시편 84편은 시편 중에서도 진주와 같이 빛나는 시편이다. 성전 봉사자로 평생을 살던 고라 자손들이 지은 주옥 같은 시이다.

이 시에서 시인은 그 마음에 시온의 대로가 있는 자는 복이 있다(시 84:5)고 노래한다. 고속도로는 빠른 시간의 연결을 보장한다. 마음에 시온의 대로가 깔린 사람은 항상 지상에 살아도 하늘에 그 마음이 빠르게 닿아 있다. 우리의 마음에는 늘상 품고 사는 생각들이 자리하고 있다. 내가 제일 많이 마음에 품고 사는 것은 무엇일까? 시인 류시화는 "그대가 내 곁에 있어도 나는 항상 그대가 그립다"고 했다.

내 마음에는 항상 아프리카 선교의 비전이 자리잡고 있다. 언젠가 하나님이 기회를 주시면 남아공 케이프타운 같은 세계적인 관광 도시에 선교사 마을을 꾸미고 3300명의 아프리카 56개 국가에서 고생하는 한국 선교사님들의 쉼터를 마련하여 그분들이 수시로 와서 힘을 얻고 다시 선교지로 복귀하게 하고 싶다. 그리고 남부 아프리카의 현지인 목사님들에게 성경 통독 운동을 일으켜 아프리카에 말씀 운동을 통한 건강한 교회 부흥의 날이 오게 하는데 여생을 모두 드리다가 아프리카에 뼈를 묻는 것이 내 마음에 가득한 생각들이다.

시편 84편의 기자는 마음에 시온의 대로가 있는 사람은 시온성에 있는 예루살렘 성전을 사모하여 상사병이 들어 몸이 쇠약해지도록 연모하는 자라고 하였다. 주의 장막이 얼마나 사랑스러운지 세상에서 천 날 보다 주의 성전에서의 한 날이 더 좋아서 주의 제단에 문지기로 있는 것이 너무 행복하다고 노래한다. 고라 자손들은 실제적으로 대를 이어 성전의 문지기로 봉사하고 살았다.

우리가 은혜받으면 나타나는 현상 가운데 하나가 그 마음에 시온의 대로가 뚫리는 것이다. 항상 교회가 그립고 교회가 가고 싶고 예배가 귀하게 느껴진다. 세상에서의 재미있는 오락 보다도 교회에 나가 기도하고 예배하고 성도들과 교제하는 것이 최고의 복된 시간으로 여겨지는 것이다. 그러나 은혜가 메마르고 사탄의 시험에 내 영혼이 노출되면 반대 현상이 일어나 교회가 싫어지고 교회와 멀어진다. 시편 78편의 기자는 주의 집에서 참새도 제비도 안식을 얻는다고 노래한다. 그 말의 뜻은 모든 피조물은 하나님의 집에 있을 때 가장 행복하고 안전하다는 것이다. 그때나 지금이나 건강한 신앙은 하나님 중심, 성경 중심, 교회 중심의 신앙이다. 아멘.

● 오늘의 말씀에 대한 나의 묵상 ●

오늘의 본문 성경을 읽으시고 깨달은 점이나 기억하고 싶은 점 혹은 기도문을 기록합니다.

시 86편~88편

묵상 자료

1. 시편으로 기도하기

시편 86편은 하나님이 몹시도 사랑했던 다윗의 기도문이다. 요즘 나는 기도할 때 시편을 펼쳐놓고 그 시편의 인도를 따라 기도하기를 좋아한다. 탁월한 영성의 소유자들이 기도했던 기도의 내용들을 하나하나 따라 하다 보면 나도 그들의 기도 영성에 물들어 더욱 기도에 힘을 얻고 기도의 문이 활짝 열리는 것을 종종 체험한다.

여호와여 나는 곤고하고 궁핍하오니 귀를 기울여 내게 응답하소서 시 86:1

다윗의 기도는 심플하다. 복잡하거나 미사여구를 사용하지도 않는다. 그저 하나님을 한 번 부르고는 바로 단도직입적으로 자신의 형편을 아뢴다. 우리도 그렇게 기도해 보자.

"아버지~. 내가 목마르오니 귀를 내게 귀울여 나의 기도를 응답해 주소서…."

나는 경건하오니 내 영혼을 보존하소서 내 주 하나님이여 주를 의지하는 종을 구원하소서 시 86:2

다윗은 하나님과 친밀하기에 자신에 대해 경건하다는 말을 스스럼없이 한다. 여기서 경건하다는 말의 의미는 자기를 자랑하는 교만이 아니라 자신은 하나님의 은총을 입은 자라는 뜻이다. 내가 주의 은총을 입은 자이니 내 영혼을 보존해 달라고 요구한다. 그리고 주를 의지하는 자신을 구원해 달라고 한다. 여기서의 구원은 영생을 의미한다기 보다는 어려움에서 건져내 달라는 뜻이다.

우리도 이렇게 기도해 보자.

"아버지, 나는 주의 은총으로 주의 백성이 된 자가 아닙니까? 내 아버지여, 주만을 바라보는 이 종의 형편을 살펴주셔서 어려움에서 건져 주소서."

주여 나를 긍휼히 여기소서 내가 종일 주께 부르짖나이다 시 86:3

당신은 하루 종일 주께 기도해 본 적이 있는가? 다윗은 종일 주께 부르짖었다. 하루 종일 슬픈 새처럼 부르짖으며 주의 긍휼을 요청했다.

주여 내 영혼이 주를 우러러 보오니 주여 내 영혼을 기쁘게 하소서 시 86:4

우리가 기도할 때 단 한 번이라도 내 영혼을 기쁘게 해 달라고 기도해 본 적이 있을까? 없다면 우리도 다윗에게 배워 그렇게 기도해 보자.

주는 선하사 사유하기를 즐기시며 주께 부르짖는 자에게 인자함이 후하심이니이다 여호와여 나의 기도에 귀를 기울이시고 나의 간구하는 소리를 들으소서 나의 환난 날에 내가 주께 부르짖으리니 주께서 내게 응답하시리이다 시 86:5~7

주님은 선하셔서 죄를 용서해 주시기를 즐기신다. 그리고 그에게 간구하는 자에게 인자하심으로 역사하신다. 그러한 하나님의 성품을 알기에 담대하게 나의 간구를 응답해 달라고 부르짖는다.

은총의 표징을 내게 보이소서 그러면 나를 미워하는 저희가 보고 부끄러워하오리니 여호와여 주는 나를 돕고 위로하심이니이다 시 86:17

전에 사사 기드온도 주 되시는 표징을 보여 달라고 기도한 적이 있다. 오늘 본문에 다윗도 동일한 기도를 하고 있다. 우리도 이렇게 기도해 보자.

기도

"아버지, 나에게 주님이 날 사랑하시고 내 기도를 들으신다는 싸인을 하나 보여주세요. 주님은 나의 영원한 위로자이십니다." 아멘.

● 오늘의 말씀에 대한 나의 묵상 ●

오늘의 본문 성경을 읽으시고 깨달은 점이나 기억하고 싶은 점 혹은 기도문을 기록합니다.

시 | 89편~92편

● 묵상 자료 ●

1. 하나님의 사람 모세의 기도

시편 90편은 지상 최고의 하나님의 종으로 일컬어지는 모세의 기도가 실려 있다. 참으로 소중한 말씀이다. 성경은 모세 이후에 인간들 중에는 다시는 모세와 같은 선지자가 일어나지 못하였다고 한다(신 34:10). 그는 얼굴에 광채가 나서 사람들이 제대로 쳐다보기가 힘들어 수건을 사용하여 얼굴을 가려야 했을 정도로 신령했으며 하나님과 친밀했다. 하나님을 친구처럼 대면하여 보았던 그 위대한 하나님의 사람은 기도를 할 때 무슨 내용으로 어떻게 했을까? 그의 기도의 내용이 궁금하지 않은가? 우리의 기도와 어떻게 다를까? 연구해 볼만하지 않은가?

나는 수십 번도 더되게 모세의 기도를 따라 해 보았다. 모세가 하나님께 기도하던 모습을 연상하며 그의 기도를 반복했다. 이제는 달달 외우게 되었다. 모세의 기도를 분석해 보니 그의 기도의 핵심은 하나님의 위대하심과 인생의 유한함을 고백하면서 은총을 베푸셔서 자신의 손으로 하는 일이 견고하게 설 수 있도록 해 달라는 요지의 기도였다.

확실히 똑같은 인생을 살아도 어떤 사람은 하는 일이 견고하고 흔들리지 않고 레바논의 백향목처럼 푸른 감람나무처럼 청청하게 뻗어 가지만 어떤 사람은 하는 일이 늘 흔들리고 불안하다. 기초가 모래 위에 세워져 있는 집 같다.
그래서 하나님의 사람의 기도의 결론은 하나님의 은총을 구하는 것이었다. "내게 은혜 주셔서 내 손의 일을 견고케 하소서." 확실히 신앙의 고수일수록 기도가 단순하고 심플하다. 복잡하지 않다. 겸손하게 자신의 한계를 직시하고 오직 여호와의 얼굴을 구하며 그 은총의 손길을 열망하는 것이다. 우리도 모세의 기도를 본받아 주님의 은총을 구하며 오늘을 살아야겠다.

● 오늘의 말씀에 대한 나의 묵상 ●

오늘의 본문 성경을 읽으시고 깨달은 점이나 기억하고 싶은 점 혹은 기도문을 기록합니다.

1년 1독 365일 성경통독, 꿀송이 보약큐티

시 93편~100편

● 묵상 자료 ●

1. 온 땅이여 여호와를 찬양하라!!!

시편 100편은 감사의 노래이다. 기쁨으로 여호와를 섬기며 노래하면서 그 앞에 나가 경배하는 찬송시다. 감사함으로 그 문에 들어가며 찬송함으로 그 궁정에 들어가서 그에게 감사하며 그의 이름을 송축하라고 외치고 있다. 그리고 온 땅과 만물들에게 여호와를 찬양하라고 명령하고 있다.

하나님이 우리를 구원하신 목적은 그를 예배하며 그를 찬송케 하기 위함이다. 감사와 찬송은 성도의 마땅한 의무다. 내가 찬송하지 않으면 돌들이 소리지를 것이다. 여호와는 이스라엘의 찬송 중에 거하고 계신다. 지금도 하늘 보좌에서는 천군 천사들의 찬송이 계속되고 있다. 우리가 찬송할 때 천사도 가담한다. 이와 같이 구원받은 우리는 어떤 상황에서든지 감사와 찬양을 드리느라 바쁜데 주를 알지 못하는 세상 사람들은 기쁨과 감사를 하나님께 드릴줄 모르고 사망에 종 노릇 하며 살고 있다. 사랑에 목말라 외로움과 우울증 그리고 세상에 대한 환멸 속에 살아 가는 사람들이 너무 많다. 하나님은 사랑이신데 하나님을 모르니 사랑이 메마르고 고독과 비교의식, 피해의식 속에 기쁨을 잃어버리고 사는 것이다. 많은 사람들에게 애송되는 "청파동을 기억하는가"라는 시를 쓴 최승자 시인도 안타깝게도 그 마음에 하나님이 없으니 절망의 시를 많이 지었다. 그녀의 절규를 들어 보라.

일찍이 나는

－최승자－

일찍이 나는 아무 것도 아니었다. 마른 빵에 핀 곰팡이
벽에다 누고 또 눈, 지린 오줌 자국
아직도 구더기에 뒤덮인 천년 전에 죽은 시체.
아무 부모도 나를 키워 주지 않았다
쥐구멍에서 잠들고 벼룩의 간을 내먹고
아무 데서나 하염없이 죽어 가면서
일찍이 나는 아무 것도 아니었다
떨어지는 유성처럼 우리가 잠시 스쳐갈 때 그러므로,
나를 안다고 말하지 말라.
나는 너를 모른다. 나는 너를 모른다. 너, 당신, 그대, 행복 너, 당신, 그대, 사랑
내가 살아 있다는 것, 그것은 영원한 루머에 지나지 않는다.

1980년대 대표적인 여성시인의 한 사람인 최승자. 그녀의 시는 송곳의 언어
로 위선적인 세계와 정면으로 맞선 하나의 살의(殺意)였다. 이 시에는 폐광과
같은 유폐와 자기 방기가 있다. 시인은 '곰팡이'와 '오줌 자국'과 '죽은 시체'에
자기 존재의 흔적을 견준다. '나'라는 존재는 세상의 귓가를 정처 없이 떠돌다
사라지고 마는 '영원한 루머'일 뿐이라고 말한다. 자신의 삶을 저주받은 운명이
라고 감히 말하며 아예 내 존재의 근거를 박탈해 버리려는 이런 듣기 거북한 발
언은 그녀의 다른 시편에서도 흔하게 발견할 수 있다. 그녀에게 목숨은 처음부
터 오물이었다(미망(未忘) 혹은 비망(備忘).

그러나 이 세상에 존재하는 것 자체가 아주 보잘것없는 일이라고 치부해 버
리는 이런 발언에는 위선의 세계에 대한 강한 혐오와 저주가 끈질기게 숨어 있
다. 그녀는 이 세계가 치유 불가능할 정도로 깊이 병들어 있다고 보았다. 세계
가 비명으로 가득 차 있고, 탐욕의 넝마이며, 치명적인 질환을 앓고 있는데 누
군들 그곳서 생존을 구걸하겠는가. 그러므로 내 존재를 루머도 없게 치워달라

고 할밖에. 세월은 길고 긴 함정일 뿐이며 오직 슬퍼하기 위해 이 세상에 태어났다고 서슴없이 말하던 시인… '허무의 사제' 최승자 시인은 세상을 혹독하게 앓고 시를 혹독하게 앓았다. "나는 아무의 제자도 아니며/ 누구의 친구도 못 된다/ 잡초나 늪 속에서 나쁜 꿈을 꾸는/ 어둠의 자손, 암시에 걸린 육신// 어머니 나는 어둠이에요/ 그 옛날 아담과 이브가/ 풀섶에서 일어난 어느 아침부터/ 긴 몸뚱어리의 슬픔 이예요."〈자화상〉라고 그녀는 읊었다.

시편 100편의 감사의 시를 읽으면 대낮에 있는 기분인데 최승자의 이런 절망에 찬 신음소리를 들으면 캄캄한 밤에 있는 것 같다. 혹 누가 나를 혼낼지도 모르겠다. 왜 목사라는 분이 그런 불신자의 시를 인용 하냐고…. 하지만 우리가 누리는 이 믿음 안에서의 구원이 얼마나 크고 위대한지는 가끔 불신자들의 의식세계와 비교해 볼 때 더 확연히 드러나는 것이 아니겠는가?

그리스도인은 바울이 로마서에서 말했던 것처럼 낮에 속한 자들이다(롬 13:13). 그래서 낮에 속한 우리에게는 빛 가운데 거하며 새처럼 감사의 노래를 부른다. 감사의 찬송을 잊어버리면 우리는 존재 가치가 없는 한갓 루머에 불과한 교인으로 전락하기 쉽다. 세상은 어둠 속에서 사랑 없어 절망하는데 우리 성도들은 항상 시편 100편의 정원에서 살아야 한다. 아멘.

● 오늘의 말씀에 대한 나의 묵상 ●

오늘의 본문 성경을 읽으시고 깨달은 점이나 기억하고 싶은 점 혹은 기도문을 기록합니다.

....

....

....

....

....

시 101편~103편

● 묵상 자료 ●

1. 지붕 위의 외로운 참새(시 102편)

시편 102편은 고난 당한 자가 마음이 상하여 그의 근심을 여호와 앞에 토로하는 기도라고 표제어에 적혀 있다. 누구나 인생을 살다 보면 고난의 파도가 밀려올 때가 있다. 그리스도인에게는 그러한 시기에 기도와 말씀이 우리의 피난처가 된다는 사실이 감사하다. 힘들 때마다 시편 102편을 나즈막이 읊조리며 하나님께 기도하자. 2절에서 시인은 이렇게 부르짖는다.

"나의 괴로운 날에 주의 얼굴을 내게서 숨기지 마소서. 주의 귀를 내게 기울이사 내가 부르짖는 날에 속히 내게 응답하소서" 시 102:2

그는 계속해서 자기의 괴로움을 토로하기를 자신은 너무 슬퍼서 음식이 목에 넘어가지 않고 마음이 풀같이 시들고 말라 버렸으며 탄식으로 신음하고 살이 뼈에 붙어 해골처럼 되었다고 하소연한다. 그리고 너무 힘든 자신의 모습이 광야의 올빼미 같고 황폐한 곳의 부엉이 같다고도 하며 밤에 잠을 못 자고 뒤척이며 지붕 위의 외로운 참새 같은 자신의 고독을 하나님 앞에 주절주절 아뢰고 있다. 욥이 당한 고난 같은 아픔을 이 시인이 겪고 있는 듯하다. 심지어 9절에서는 물을 한 모금 마시려는데 눈물이 그치지 않아 물인지 눈물인지 모를 액체를 마시는 자신의 처량한 신세를 한탄하기도 한다. 이 시편 102편을 읽노라니 이생진의 시 "외로울 때"가 생각 난다.

"외로울 때
이 세상 모두 섬인 것을

천만이 모여 살아도
외로우면 섬인 것을

욕심에서
질투에서
시기에서
폭력에서
멀어지다 보면
나도 모르게 떠있는 섬

이럴 때 천만이 모여 살아도
천만이 모두 혼자인 것을

어찌 물에 뜬 솔밭만이 섬이냐
나도 외로우면 섬인 것을"

내 주변에 천 만 명의 서울 인구가 같이 살아도 이 시인은 자신은 섬처럼 혼자 외롭다고 한다. 친구들과 어울려 욕심부리고 시기, 질투하고 싸움질하고 산다면 외롭지는 않을 지 모르지만 자신은 그런 것들에게서 돌아서니 섬이 되어 군중 속의 고독을 느낀다는 것이다. 이생진 시인의 고백처럼 외로움은 극히 주관적인 감정이다. 천만 명이 같이 살아도 내가 외로우면 나는 섬처럼 고립된다. 반대로 홀로 있어도 내 마음에 희락이 있으면 나는 온 세상을 얻은 것처럼 살수 있다.

시편 102편의 기자는 지금 지붕 위의 외로운 새처럼 외딴 섬의 고독 속에 갇혀 있다. 주변의 사람들이 많지만 그들은 다 원수가 되어 시인을 해하려고 미칠

듯이 날뛰고 있다(8절)고 말한다. 고통이 너무 심해 시편 기자는 마침내 병이 들었다. 23절에 "그가 내 힘을 중도에 쇠약하게 하시며 내 날을 짧게 하셨도다"라고 하는 것을 보면 그는 자신의 생명이 곧 끝날 것 같은 예감이 들었던 것 같다.

그래서 그는 최후의 희망인 여호와를 붙들고 눈물로 애원한다.

"나의 하나님이여 나의 중년에 나를 데려가지 마옵소서…" 시 102:24

그는 아직 팔팔한 중년의 나이였다. 세상을 등지기에는 너무나 젊었다. 이대로 죽기에는 너무나 억울하고 서글퍼서 그는 하나님께 '나를 중년에 데려가지 말아 달라고' 애원했다. 죽음의 문턱에서 극도의 외로움 속에서 지붕 위의 외로운 참새처럼 쩍쩍거리는 이 시편 기자의 한숨 소리가 들리는 듯하다. 시인 정호승은 그의 시 "수선화"에서 외로운 자들을 향해 이렇게 충고했다.

"울지 마라
외로우니까 사람이다.
살아간다는 것은 외로움을 견디는 일이다.
공연히 오지 않는 전화를 기다리지 마라.
눈이 오면 눈길을 걸어가고 비가 오면 빗길을 걸어 가라.
갈대 숲에서 가슴 검은 도요새도 너를 보고 있다. 가끔은 예수님도 외로워서
눈물을 흘리신다.
새들이 나뭇가지에 앉아 있는 것도 외로움 때문이고 네가 물가에 앉아 있는 것
도 외로움 때문이다.
산 그림자도 외로워서 하루에 한 번씩 마을로 내려온다.
종소리도 외로워서 울려 퍼진다."

이 시인이 그리스도인인지 아닌지는 잘 모르지만 참 좋은 위로의 시를 쓴 것 같다. 그는 공연히 오지 않는 전화를 기다리지 말고(부질없는 인간들의 정에 메달리지 말고) 눈이 오면 눈 길을 걸어가고 비가 오면 빗길을 걸어 가야 한다고 한다. 비와 눈은 우리가 당하는 시련을 말한다. 시인은 더 나아가 고독을 보편적으로

확대하여 존재하는 모든 것에는 근원적인 고독이 있다고 말하며 갈대 숲의 도요새도, 산 그림자도, 울려 퍼지는 종소리도, 심지어 예수님도 때로는 울기도 하셨다는 것이다. 원문에는 하나님이라 적혀 있지만 예수님의 눈물을 기억하는 내가 삼위일체의 교리를 적용하여 예수님으로 치환하였다.

이 시의 제목은 "수선화"인데 그리스 신화에 이 꽃에 대한 이야기가 나온다. 나르시스라는 미소년이 물속을 들여다보다가 물 속에 비친 자기 모습의 아름다움에 홀려 그 곳을 떠나지 못하다가 결국 물에 빠져 죽어서 수선화로 피어났다는 이야기다. 이런 나르시시즘(narcissism)에서 모티브를 얻어 응답 없는 사랑의 쓸쓸함과 외로움을 인간존재의 숙명으로까지 확대하고 있는 작품이 바로 이 정호승의 "수선화"다. 우리가 자기애(自己愛)에 빠지는 순간 절망의 늪을 빠져 나오지 못한다. 그러나 시편 102편을 쓴 기자는 다행히도 나르시시즘에서 눈을 돌려 하나님에게로 그의 시선을 향한다.

"천지는 없어지려니와 주는 영존하시겠고 그것들은 다 옷같이 낡으리니 의복같이 바꾸시면 바뀌려니와 주는 한결같으시고 주의 연대는 무궁하리이다" 시 102:26~27 아멘.

결국 광야의 올빼미처럼 슬퍼하던 시인은 하나님을 바라보고 하나님의 영원한 존재하심으로 인해 위안을 받는다. 그리고 그의 마지막 고백은 희망으로 끝을 맺는다.

"주의 종들의 자손은 항상 안전히 거주하고 그의 후손은 주 앞에 굳게 서리이다 하였도다" 시 102:27

비록 자신의 세대에는 힘듦과 아픔이 있지만 전능하신 하나님의 은혜로 자신의 후대가 견고하게 설 것을 감사하면서 끝을 맺는다. 기독교는 이렇게 항상 해피앤딩이다. 처음에는 미약하나 나중은 심히 창대하다. 지붕 위의 참새 같은 그대여, 외로운 수선화 같은 그대여, 섬처럼 고립되지 말고 자신에게서 눈을 돌려 하나님을 바라보고 힘을 얻으라. 아멘.

오늘의 본문 성경을 읽으시고 깨달은 점이나 기억하고 싶은 점 혹은 기도문을 기록합니다.

시 104편~106편

1. 온 땅에 가득한 하나님의 부요함(시 104편)

전체 150편의 시편들 가운데서 시편 제104편은 특히 위대하고 아름다운 시이다. 이 시편 104편은 우리에게 하나님의 창조세계를 구석구석 살피고 있는 한 시인을 발견하게 한다. 이 시인의 관찰 속에는 온갖 피조물이 들어있다. 그는 하늘과 땅과 산과 골짜기와 바위와 샘과 바다를 바라보는가 하면, 그 안의 구름과 바람과 우렛소리와 불꽃과 물을 관찰한다. 그는 또 해와 달을 응시하며 빛과 흑암과 밤을 묵상한다. 그의 눈에는 사자, 들나귀, 산양, 너구리 같은 산야의 각종 짐승들이 보이는가 하면, 학을 위시한 공중의 새들과 바다 속의 크고 작은 동물들도 보인다. 시인의 눈은 레바논 백향목이나 잣나무 같은 나무들에서부터 풀과 채소에까지 닿으며 그 식물들이 내는 포도주, 기름 등 온갖 양식에까지 이른다.

그러나 이 시편 104편 속에서의 시인의 눈은 그 어떤 피조물이 아니라 그 모든 것을 지으신 창조주 하나님을 향한다. 그는 자연의 거대함을 노래하는 것이 아니라, 하나님의 위대하심을 찬양하고 있다. 1절에서 시인은 이렇게 입을 연다. "내 영혼아 여호와를 송축하라 여호와 나의 하나님이여 주는 심히 위대하시며 존귀와 권위로 옷 입으셨나이다" 그는 만물을 조화롭게 하시는 하나님의 지혜와 사랑, 그리고 하나님께서 주인이신 하나님의 나라의 아름다움에 경탄하고 있다.

2~4절은 그것을 이렇게 시적으로 표현하고 있다. "주께서 옷을 입음 같이 빛을 입으시며 하늘을 휘장 같이 치시며 물에 자기 누각의 들보를 얹으시며 구름으로 자기 수레를 삼으시고 바람 날개로 다니시며 바람을 자기 사신으로 삼

으시고 불꽃으로 자기 사역자를 삼으시며" 빛도 하늘도 물도 구름도 바람도 불꽃도 마치 당신의 옷처럼 휘장처럼 날개처럼 수레처럼 사신처럼 사역자처럼 다 마음대로 사용하시는 하나님을 찬미하고 있는 것이다.

6~9절을 보자. "옷으로 덮음 같이 주께서 땅을 깊은 바다로 덮으시매 물이 산들 위로 솟아올랐으나 주께서 꾸짖으시니 물은 도망하며 주의 우렛소리로 말미암아 빨리 가며 주께서 그들을 위하여 정하여 주신 곳으로 흘러갔고 산은 오르고 골짜기는 내려갔나이다 주께서 물의 경계를 정하여 넘치지 못하게 하시며 다시 돌아와 땅을 덮지 못하게 하셨나이다" 노아 홍수 심판때에 물들이 산 위에 까지 차 올랐으나 하나님이 명하시매 다시 제 위치로 돌아갔다. 깊은 바다의 물도 하나님의 뜻대로 흐른다는 것이다. 그뿐 아니다. 모든 생명체가 살고 죽는 것이 다 하나님의 손에 달렸음을 본문 28~29절은 이렇게 노래한다. "주께서 주신즉 그들이 받으며 주께서 손을 펴신즉 그들이 좋은 것으로 만족하다가 주께서 낯을 숨기신즉 그들이 떨고 주께서 그들의 호흡을 거두신즉 그들은 죽어 먼지로 돌아가나이다" 32절도 이렇게 말한다. "그가 땅을 보신즉 땅이 진동하며 산들을 만지신즉 연기가 나는도다" 땅도 산들도 하나님 앞에서 떨며 복종한다는 것이다.

시인은 또 그냥 다스리시는 하나님이 아니라 주권과 능력과 지혜와 공의로 다스리시는 하나님을 말한다. 5절에서는 "땅에 기초를 놓으사 영원히 흔들리지 아니하게 하셨나이다" 했고, 19절에서는 "여호와께서 달로 절기를 정하심이여 해는 그 지는 때를 알도다" 했으며, 24절에서는 "여호와여 주께서 하신 일이 어찌 그리 많은지요 주께서 지혜로 그들을 다 지으셨으니 주께서 지으신 것들이 땅에 가득하니이다" 했으며, 35절에서는 "죄인들을 땅에서 소멸하시며 악인들을 다시 있지 못하게 하시리로다"고 말한다.

그러면서 시인은 "여호와여 주께서 하신 일이 어찌 그리 많은지요 주께서 지혜로 그들을 다 지으셨으니 주께서 지으신 것들이 땅에 가득하니이다… 내가 평생토록 여호와께 노래하며 내가 살아 있는 동안 내 하나님을 찬양하리로다" 라고 주께 영광을 돌린다.

오늘날 우리 주위에 온통 답답하고 짜증나는 일뿐이고 하나님은 계시는지 안 계시는지 모르겠고 도무지 감사할 일이 없는 것 같이 여겨지는 상황이라 할지라도, 우리 주변의 모든 일들, 모든 사물, 모든 현상들 속에 살아계시고 크고 놀랍게 역사하시는 사랑과 능력의 하나님을 우리는 발견해야 한다. 믿음의 눈을 가진 사람에게는 감사의 찬양을 돌릴 일이 너무나 많다. 우리 모두 시편 104편의 저자가 가졌던 시각처럼 하나님의 창조세계를 구석구석 살필 줄 아는 시인의 마음을 지녀야 하겠다. 우리도 그처럼 우리를 둘러싼 하늘과 땅과 산과 골짜기와 바위와 샘과 바다를 바라보며 그 안의 구름과 바람과 우렛소리와 불꽃과 물을 보며 창조주를 생각해야 한다. 또 해와 달을 응시하며 빛과 흑암과 밤을 묵상할 수 있어야 하겠다. 공기와 물을 주셔서 호흡하고 마시며 살게 하시고 낮을 주셔서 일하게 하시고 밤을 주셔서 잠자며 쉬게 하시는 하나님의 놀라운 손길을 볼 줄 알아야 하겠다. 아멘.

● 오늘의 말씀에 대한 나의 묵상 ●

오늘의 본문 성경을 읽으시고 깨달은 점이나 기억하고 싶은 점 혹은 기도문을 기록합니다.

1년 1독 365일 성경통독, 꿀송이 보약큐티

시 107편~109편

● 묵상 자료 ●

1. 오 주여, 감사 드리나이다!!!(시 107편)

어느 교회에서 예수님의 12제자에 대해 성경공부를 하고 있었다. 어떤 집사님이 갑자기 이렇게 질문을 했다.

"목사님, 어째서 주님께서는 가룟 유다와 같은 못된 사람도 제자로 택하셨습니까? 전 도무지 이해할 수가 없는데요?"

이 말을 들은 목사님은 빙그레 웃으시더니 다음과 같이 대답하셨다고 한다.

"나는 그것보다 더 이상한 것이 한 가지 있습니다. 그것은 바로 주께서 왜 나 같은 사람을 택하셨는지 하는 것입니다."

이 말에 그 집사님은 크게 깨닫고 고개를 끄덕이며 감사의 눈물을 흘렸다고 한다. 참으로 창조주 하나님께서 죄악으로 더럽혀진 인생을 특히 나를 구원해 주시고 사랑해 주시니 이 얼마나 감사한 일인가?

시편 107편은 시편의 제5권 첫 번째 시이다. 1권과 2권은 비탄시가 많은데 5권은 환희에 찬 감격으로 하나님에 대해 감사와 찬양을 드리는 것이 많이 있다. 본시도 하나님을 향한 감사, 찬양시이다. 본시는 바벨론 포로에서 귀환한 것을 배경으로 하고 있다. 그리고 자신들을 구원해 주신 하나님의 크신 사랑과 은총을 살펴 보면서 하나님의 주권적 구원 섭리에 감사하고 찬양하라고 권면하고 있다. 왜 포로로 잡혀 갔었던가? 백성들이 말씀에 불순종하고 우상 숭배함으로 하나님을 격노케 했기 때문이었다. 그러한 못된 그들을 하나님은 이제 회복케 하시는 은총을 베푸셨다.

여호와께 감사하라 그는 선하시며 그 인자하심이 영원함이로다 여호와께 구속함을 받은 자는 이같이 말할지어다 여호와께서 대적의 손에서 저희를 구속하사…
시 107:1~2

이것은 이스라엘 백성들이 바벨론 포로생활에서 귀환한 사실을 가리키고 , 나아가 구원받은 성도들의 죄로부터의 구속을 예표한다.

저희가 광야 사막길에서 방황하며 거할 성을 찾지 못하고 주리고 목마름으로 그 영혼이 속에서 피곤하였도다 시 107:4~5

이스라엘의 포로생활에서의 고달픔을 출애굽 후 광야에서 겪었던 일들에 비교하여 말하고 있다.

"이에 저희가 그 근심 중에 여호와께 부르짖으매 그 고통에서 건지시고" 시 107:6

하나님은 이스라엘 백성들이 바벨론 포로 생활을 하고 있을 때 자기들의 죄와 잘못을 회개하고 구해 달라고 울부짖으며 기도할 때 외면하지 않으시고 구원하셨다.

"여호와의 인자하심과 인생에게 행하신 기이한 일을 인하여 그를 찬송 할지로다" 시 107:8

아멘. 우리네 구원받은 인생은 우리를 위해 기이한 일을 행하신 하나님을 찬양하는 것이 영원토록 우리들의 할 일이다. 주님의 십자가는 천국에 가서도 영영히 부를 우리의 찬송 제목이다.

시편 107편을 반복해서 크게 읽으며 날 구원하신 구세주를 크게 찬송해 보자.

오늘의 본문 성경을 읽으시고 깨달은 점이나 기억하고 싶은 점 혹은 기도문을 기록합니다.

시 110편~112편

1. 복 받을 자와 악인의 차이

시편 112편은 여호와를 경외하는 사람과 그의 교훈에 정직하게 순종하는 사람의 성품을 묘사한다. 하나님을 참으로 사랑하고 예배하는 사람은 그와 같이 닮게 된다. 시편 111~112편은 여러 면에서 짝을 이루는데 시의 길이가 같고, 히브리어 알파벳순으로 시작되는 각 절을 22줄로 갖고 있는 것도 같다. 111편은 여호와의 전능하심, 영광, 의를 정직한 자의 모임과 회중에서 찬양했고, 112편은 정직한 자의 의, 선함, 복이 크게 묘사되어 있다. 우리가 하나님을 경건한 마음으로 바라볼 때 하나님의 영광이 보일 것이고 그 영광은 우리에게서 다른 사람에게 반사될 것이다.

1) 복 받을 자의 특징
본 시는 복에 대한 것으로 시작한다. 여호와를 경외하며 그의 계명을 크게 즐거워하는 자는 복이 있다고 한다(1절). 그리고 경건한 자의 특별한 복이 2~9절에서 묘사되고 있다. 그러나 우리가 이런 복을 받기 전 경건한 사람이 어떻게 해야 하는지를 말씀한다. 그의 경건은 3가지를 포함한다.

① 그는 하나님을 경외한다.
하나님을 경외한다는 것은 하나님께 깊은 존경심, 우러러 공경하는 마음으로 두려워하는 것이다.

② 그는 하나님께 복종 한다.

크시고 전능하신 하나님께 대한 경건한 성도의 가장 중요한 것은 모든 경우에 하나님께 복종하는 것이다. 경건한 사람은 하나님께 복종하는 것을 기뻐한다.

③ 그는 하나님의 계명을 즐거워한다.

경건한 성도는 하나님이 말씀하신 것을 행할 뿐 아니라 하나님의 계명을 또한 즐거워한다.

2) 경건한 자에게 주시는 복

2~9절에서는 하나님을 두려워하고 기쁘게 복종하는 사람에게 특별히 주시는 복이 설명되어 있다.

① 정직한 자가 강성해짐.
② 의로운 자가 부해짐.
③ 자비로운 자가 빛을 발함(4절).
④ 관용과 정의로 행하는 자는 잘됨(5절).
⑤ 믿음을 가진 자는 흔들리지 아니함(6~8절).
⑥ 구제하는 자는 영광을 받음(9절).

3) 악한 자의 삶

9절이 경건한 자의 삶을 종합한 말씀이라면, 10절은 악한 자의 삶을 말하고 있다. 시편 111편은 하나님께 인간의 응답을 요청하는 것으로 끝을 맺는다. 그러나 112편은 하나님을 대적한 악인의 말로가 얼마나 비통한지를 보여준다. 악인은 의인의 번영을 보고 이를 간다. 그러나 세상에서 이런 일이 항상 있는 것은 아니다. 악인이 세상에서 자기만족을 누리며 의인을 무시하고 사는 일도 얼마든지 있다. 그러나 악인에게는 자신의 비참한 심판 때문에 이를 갈 날이 반드시 올 것이다.

성경은 지옥을 울며 이를 가는 곳(마 8:12)으로 설명한다. 의인을 해치고, 의인을 제거하려는 악인이 소멸되는 역사의 심판날은 반드시 올 것이다. 우리는 그 날을 바라보면서 하나님을 더욱 경외하는 하나님의 신실한 백성들이 되어야겠다.

● 오늘의 말씀에 대한 나의 묵상 ●

오늘의 본문 성경을 읽으시고 깨달은 점이나 기억하고 싶은 점 혹은 기도문을 기록합니다.

◆ 묵상 자료 ◆

1. 우상이 아니라 하나님께 영광을 돌려야 한다(시 115편)

시편 115편은 기록자를 알 수가 없다. 이 시의 배경은 이스라엘이 극한 위기에 처해 있을 때에 하나님께 부르짖어 구원을 받은 후 모든 영광을 하나님께 돌리는 감격스러운 찬양시이다. 민족적 위기이기에 어떤 이들은 히스기야 왕 시절 앗수르의 침공때 기도하여 십팔만 오천 명의 앗수르 군대가 전멸당하고 난 후 부른 노래라고 하지만 확실하지는 않다. 시편 115편에서 주시는 하나님의 음성을 들어보자.

첫째 모든 영광을 여호와께 돌리라고 말씀하시고 계신다.(시 115:1~3)

사람은 타락해서 하나님의 은총을 입지 않고서는 생명이 유지될 수도 선한 일을 할 수 있는 능력도 원초적으로 없다. 그래서 모든 일의 열매의 결과를 하나님께 돌리는 것, 이것이 하나님께 영광을 돌리는 일이다. 이와 같은 생각, 이와 같은 언어, 이와 같은 행동이 습관화되고 생활화되어 있는 사람이 행복한 사람이다. 계속해서 하나님의 은총을 받을 수 있는 복있는 사람이다. 나의 나 된 것은 하나님의 은혜라고 고백한 바울의 삶이 바로 이런 삶이다.

둘째 하나님과 대조해서 이 세상의 신인 우상의 무능을 알라고 말씀하시고 계신다. (시 11:4~8)

우상은 생명이 없는 사람의 수공물이다. 입이 있어도 말하지 못하고 눈이 있어도 보지 못하고 귀가 있어도 듣지 못하고 코가 있어도 맡지 못하고 손이 있어도 만지지 못하고 발이 있어도 걷지 못하고 목구멍으로 소리도 못 내는 것이 우상이다. 이같이 무능한 수공물을 의지하는 자 또한 아무것도 얻을 수 없다. 이렇게 무지하고 불쌍한 사람들이 지구촌에 가득 차 있는데 그 중에 우리를 선택하시고 구원시켜주시고 아버지라 하나님을 부르게 하신 주님께 우리는 모든 영광을 돌려야 한다.

셋째 "여호와를 의지하는 자에게 복이 임한다"라는 것을 말씀하고 계신다.(시 115:9~18)

사람이 짧은 생애를 살아가면서 위기에 처할 때가 많이 있다. 건강의 위기가 올 때도 있고 경제적 위기가 올 때도 있다. 가정의 위기가 올 때도 있고 신앙의 위기가 올 때도 있다. 국가적 위기가 올 때도 있고 교회의 위기가 올 때도 있다. 그때 여호와를 의지하라는 것이다.

히스기야는 건강의 위기, 생명의 위기 때 여호와를 의지하여 통곡하며 눈물로 기도했다. 그리하여 15년 생명의 연장을 받았다. 엘가나와 한나는 가정의 위기가 왔을 때 여호와를 찾아 부르짖고 의지함으로 위기를 극복하고 행복한 가정을 회복하였다.

초기 예루살렘교회가 박해로 인하여 위축되고 흔들릴 때 신앙의 위기 교회의 위기를 극복하기 위해 함께 모여 여호와를 전적으로 신뢰하여 부르짖어 기도할 때 성령 충만이 임하고 담대함이 생겨 재생산을 위한 전도에 힘을 쏟았다.

여호와를 의지하면 영생의 복뿐만 아니라 이 세상에서도 평강의 복 찬송의 복이 임한다. 할렐루야!! 아멘.

● 오늘의 말씀에 대한 나의 묵상 ●

오늘의 본문 성경을 읽으시고 깨달은 점이나 기억하고 싶은 점 혹은 기도문을 기록합니다.

....

....

....

....

....

....

시 118편~119편

묵상 자료

1. 의인의 장막에서 흘러나오는 소리

시편 118:15에는 의인의 장막에서 새어 나오는 소리가 있다고 한다. 나는 어려서 전라도 벌교 시골 마을에 살면서 이웃 집에서 나오는 여러 소리들을 듣고 자랐다. 뒷집은 항상 조용했다. 앞 집은 항상 라디오에서 흘러나오는 노래 가락이 흥겨웠다. 옆집은 자주 싸우는 소리가 진동했다. 죽여라, 살려라, 난리였다. 오른 쪽 옆 집은 깔깔 거리는 아이들 웃음소리가 자주 들렸다. 동네에 예수 믿는 사람들이 거의 없어 찬송 소리나 기도 소리는 듣지 못했다. 시편 118:15에 보면 예수 믿는 의인의 장막에서는 첫째로 기쁜 소리가 들린다고 한다. 만일 당신이 아파트에 사는데 윗집에서 늘 기쁨의 소리, 웃음 소리, 즐거운 소리가 끊이지 않는다면 그 집은 예수 믿는 집일 가능성이 많다고 봐야 한다. 성경은 항상 기뻐하라, 범사에 감사하라고 가르치기 때문에 성도의 집에서는 기쁨의 소리가 나올 수밖에 없다.

언젠가 한국에 안식년으로 있을 때 나는 웃음치료라는 묘한 모임에 우연히 참석해 본 적이 있다. 같은 교회의 남녀 집사님들이 30여 명쯤 모였는데 웃음치료 강사를 초청하여 강의를 듣다가 강사가 요청하니 갑자기 배를 잡고 미친 사람들처럼 낄낄거리고 웃기 시작했다. 서로 얼굴을 쳐다보며 손뼉을 치고 우습지도 않는데 괜히 하하하~ 웃느라고 정신없었다. 웃으면 우울증이 떠나가고 질병이 치료된다고 하니까 억지로 배를 잡고 웃는 모습이 참으로 가관이었다. 나는 억지로 웃는 그들의 모습이 너무 웃겨서 웃었다. 얼마나 현대인들이 스트레스를 받고 웃음을 잃어버렸으면 웃음치료사가 등장하여 억지로 웃게 만들까? 우울증 환자들에게는 일부러 겁나게 웃기는 코미디 프로를 보게 하여 실컷 웃게 하는 치료법이 있다고 한다. 그러나 성경은 성령에 취하면 술 취한 사람들이 기분 좋은 것처럼 기쁨이 넘친다고 가르친다.

예수님은 성령으로 기뻐하시는 모습을 자주 보여주셨다. 사람들이 주님의 기적과 표적을 보고서도 마음이 강퍅하여 주를 영접하지 않을 때 하늘을 우러러 하나님께 오히려 감사하며 옳소이다, 이렇게 된 것이 아버지의 뜻이니이다 하시며 하나님을 아는 것이 모든 사람에게 다 허락된 것이 아니고 어린아이 같이 겸손한 자들에게만 허락된 것임을 말씀하셨다. 그리고는 수고하고 무거운 짐 진 자들을 자신에게 나아오라고 초청하셨다(마 11:25~29). 예수님처럼 성령에 충만하고 모든 것을 하나님의 뜻에 맡기며 사는 그리스도인들은 항상 기뻐하는 삶을 살아가게 되어 있다. 그래서 의인의 장막은 항상 분위기가 밝고 활기차고 즐겁다. 나는 가끔 잠을 잘 때도 아내를 겁나게 웃기는 바람에 아내가 깔깔거리며 침대에서 웃을 때가 많다. 짧은 인생 웃고 살아도 금방 지나간다. 짜증내고 불평하며 사는 것은 어리석은 인생이다. 마더 테레사 여사는 자기 방 입구에다 다음과 같은 글귀를 적어 놓고 들어가며 나오며 보았다고 한다. "I WILL CHOOSE JOY EVERY MOMENT!!!. 난 항상 기쁨을 선택할 거야!!!" 인생은 선택의 연속이다. 우리는 기뻐하기로 아예 작심을 하고 오늘도 살아 가야 한다. 그것이 우리를 향하신 하나님의 뜻이다. 내가 주안에서 한번 크게 웃을 때에 마귀는 한걸음 물러 간다. 내가 우울할 때에 마귀는 틈을 탄다. 의인의 장막에는 항상 웃음소리가 나와야 한다. 아멘.

두 번째는 시편 118:15에서 의인의 장막에서 나오는 소리가 구원의 소리라고 하였다. 의인의 장막에서는 예배하는 소리, 찬송 소리, 기도 소리가 흘러나온다는 것이다. 말씀을 읽는 소리가 구원받은 사람의 집에서는 흘러나온다. 영적인 소리가 나오는 것이다. 그런 의인의 장막은 행복이 가득하다. 향기로운 집이다. 소망이 넘치는 집이다. 예수를 구주로 삼고 사는 집은 확실히 나오는 소리가 이렇게 다르다. 오늘 우리 집에서는 어떤 소리가 흘러 나가는가?

2. 시편 119편 - 말씀에서 힘을 얻다!

성경 중에서 제일 짧은 장은? 시편 117편이다. 제일 긴 장은? 시편 119편이다. 전자는 단 2절 뿐이지만 시편 119편은 무려 176절까지 있다. 이 긴 성경은 한결같이 하나님의 말씀을 주제로 하고 있다. 개인적으로 시편 119편은 에스라의 작품이 아닐까 생각하고 있다. 그는 말씀을 사모하고 평생을 말씀 연구에 바쳤으며 말씀의 사람이었다. 시편 119편을 읽으면 저자의 말씀 사랑이 절절이 배여 있음을 알게 된다. 그는 마음이 상하도록 말씀을 사모한다고 했다.

"주의 규례들을 항상 사모함으로 내 마음이 상하나이다" 시 119:20

이 말씀의 뜻은 너무 말씀을 사모함으로 자신의 마음과 영혼의 에너지가 소진될 정도라는 것이다. 말씀에 혹 빠져서 에너지를 너무 소모함으로 기진맥진할 정도의 지경까지 가 본 경험이 당신에게는 한 번이라도 있는가? 어떤 사람은 너무 심하게 노느라고 기진맥진하기도 하지만 말씀을 사모하여 그로기 상태까지 가는 경우는 매우 희귀한 경우일 것이다. 그리고 그는 돈을 좋아하는 것보다 더 말씀을 좋아한다고 했다.

"주의 입의 법이 내게는 천천 금은 보다 좋으니이다" 시 119:72

그는 하나님의 말씀의 맛이 어찌 그리 단지 자기 입에 꿀보다 더 달다고 하였다(시 119:103). 그래서 그 말씀을 사랑하므로 하루 종일 그 말씀을 읊조린다고 하였다(시 119:99). 여기서 읊조린다는 뜻은 하루 종일 그 말씀을 생각하고 묵상한다는 뜻이다. 어떤 날은 그 말씀을 읽고 싶어서 새벽에 깨어 말씀을 본다고 하였다(시 119:148~149). 그래서 그는 환란 날에 자신을 살려 달라고 기도하면서 그 이유로 자신이 하나님의 말씀을 사랑한 것을 언급했다.

"내가 주의 법도들을 사랑함을 보옵소서 여호와여 주의 인자하심을 따라 나를 살리소서" 시 119:159

그가 얼마나 말씀을 좋아하고 사랑했는지를 나타내 주는 결정적인 진술은 또 있다.

"나의 나그네 집에서 주의 말씀이 내 노래가 되었나이다" 시 119:54

그는 평생을 살면서 말씀이 그 입에 노래가 되어 흘러나왔다. 그의 평생은 말씀과 함께 흘러 갔다. 말씀을 연인 삼고 살았다. 말씀을 기억하고 말씀을 연구하고 말씀을 지키는 것이 그의 낙이었다. 말씀을 더 깨닫는 것이 그의 평생 소원이었다(시 119:34). 그가 이토록 사랑한 말씀은 그에게 어떤 유익을 주었을 까? 우선 하나님의 말씀이 그를 위로하고 살렸다고 그는 고백한다.

"이 말씀은 나의 고난중의 위로라 주의 말씀이 나를 살리셨나이다" 시 119:50

그리고 말씀은 그를 죄에서 보호했으며 자신의 영혼을 깨끗하게 했다고 했다.

"청년이 무엇으로 그 행실을 깨끗하게 하리이까? 주의 말씀을 따라 삼갈것이니이 다… 내가 범죄하지 아니하려 하여 주의 말씀을 내 마음에 두었나이다" 시 119:9, 11

그는 말씀의 힘이 아니었다면 자신이 고난 중에 망하였을 거라고 고백했다.

"주의 법이 나의 즐거움이 되지 아니하였더면 내가 내 고난 중에 멸망 하였으리이 다" 시 119:92

전 세계에서 지금도 이 성경 통독 운동에 참여하는 많은 분들도 시편 기자와 동일한 말씀에 대한 사모함과 열정이 있음을 나는 느끼고 있다. 이 말세에 우리 의 영혼을 지키는 길은 말씀밖에 없다. 이 운동은 주님 오실 때까지 계속 해 나 갈 것이다.

오늘의 본문 성경을 읽으시고 깨달은 점이나 기억하고 싶은 점 혹은 기도문을 기록합니다.

시 120편~125편

묵상 자료

1. 나를 지키시는 하나님(시 121:1~8)

시편 121편은 바벨론 포로생활 끝에 예루살렘으로 귀환하는 여행길에 무명의 시인이 지은 '여행자의 노래'로 알려지고 있다. 또한 이스라엘 백성들이 유대인의 명절에 예루살렘 성전을 향하던 길에 불렀던 '순례의 노래'이기도 하다. 이 시편 121편을 읽으며 우리는 다음과 같은 교훈을 받는다.

1) 위를 바라보는 눈이 열려야 한다.

시편 기자는 "내가 산을 향하여 눈을 들리라 나의 도움이 어디서 올꼬"라고 스스로에게 묻는다. 그리고 스스로에게 대답한다. "나의 도움이 천지를 지으신 여호와 에게서로다" 인생의 순례길에서 우리는 부득불 우리를 막아서는 산을 직면하게 된다. 높은 산을 직면할 때 성도는 그 산보다 더 높이 계시는 하나님께로 눈이 열려야 한다. 성도가 위를 바라볼 때 우리는 나의 문제들을 하나님의 관점으로 새롭게 볼 수 있게 된다. 문제에 직면하였을 때 제일 먼저 누구에게로 달려가는가?

2) 우리를 지키시는 하나님

시편 121편에 하나님께서 우리를 지키신다는 말이 여섯 번이나 등장한다. 시편 기자는 하나님만이 우리를 보호하실 수 있다는 것을 거듭거듭 강조하고자 하였던 것이다. 사도 바울은 로마서 8:38~39의 말씀을 통해 어떠한 장소와 시간을 불문하고 그 무엇도, 그 누구도 우리를 우리 주 그리스도 예수 안에 있는 하나님의 사랑에서 끊을 수 없음을 선포하였다. 존 스토트 목사님은 "나로 하여금 더 이상 당신을 붙잡은 내 연약한 손길에서 위안을 찾지 않게 하소서. 당신이 나를 붙잡으신 강한 손길 그 안에서만 나는 경외하며 기뻐합니다"라고 고백하였다. 나의 약함으로 인해 나의 손은 하나님을 종종 놓치지만 하나님의 손은 절대 나를 놓치지 않으신다. 전능하시고 사랑이 많으신 하나님께서는 택하신 백성을 어떤 상황에서도 보호하시고 궁극적으로 이기게 하시는 하나님이시다.

3) 환난 가운데 이기게 하시는 하나님

하나님께서는 하나님의 자녀들에게 쉴만한 그늘을 만들어 주실 수 있을 만큼 가까이 계신다. 하나님께서는 예수 그리스도의 십자가를 통하여 하나님의 자녀들을 위하여 가장 구체적인 그늘을 만들어주셨다. 이 그늘로 피하는 자는 낮의 해와 밤의 달의 위험으로부터 온전히 보호받게 될 것이다. 하나님의 함께 하심을 가장 분명하게 맛보는 시간은 푸른 초장과 쉴만한 물가의 시간이 아니라 사망의 음침한 골짜기일 때라는 것은 실로 역설적이다. 인생에서 하나님께서 가장 함께 하시지 않을 것 같은 시간에 하나님께서는 가장 선명하게 우리와 함께 하신다. 가혹한 삶의 고난으로 신음할 때 하나님께서 부어주신 과분한 은혜를 보는 눈이 열리곤 하는 것은 신앙의 신비이다.

이 세상의 누가 나의 영혼을 귀히 여기고, 나의 영혼의 아픔을 알며, 나의 영혼을 건지시고, 나의 영혼을 소성시키시고, 나의 영혼을 받아 줄까? 하나님께서는 우리의 영혼을 영원토록 지키시는 하나님이시다. 아멘.

● 오늘의 말씀에 대한 나의 묵상 ●

오늘의 본문 성경을 읽으시고 깨달은 점이나 기억하고 싶은 점 혹은 기도문을 기록합니다.

....

....

....

....

● 묵상 자료 ●

1. 복있는 가정의 특징-시편 127편

세상에 어떤 대단한 가정이나 가문도 전능하신 하나님께서 세워주시고 지켜주시지 않으면 소용없다. 그러나 인간적으로 볼 때 보잘것 없고 가진 것 많지 않아도 하나님께서 세워주시고 지켜주시는 가정이나 가문은 모든 일이 형통하는 복을 받는다. 사무엘하 3:1에, "다윗의 집은 점점 강하여 가고 사울의 집은 점점 약하여 가니라"고 한 말씀에서도 분명하게 증명하고 있다.

본문 시편 127편은 지혜의 왕 솔로몬의 작품으로 "성전에 올라가는 노래" 중의 하나로 많은 사람들에게 사랑을 받는 명시이다. 솔로몬이 아마도 나이 든 노년에 이 시를 쓴 것 같다. 그는 부인들을 너무 많이 두어 가정적으로 불행하고 낭패를 본 사람이다. 그가 많은 실패 후 깨달은 진리가 이 시에 나타난 것이라고 학자들은 추측한다. 그가 이 진리를 좀더 일찍 붙들었었더라면 얼마나 좋았을까?

1) 하나님께서 기초를 세워주시는 가정이 복된 가정이다.

1절에 "여호와께서 집을 세우지 아니하시면 세우는 자의 수고가 헛되며"라고 말씀했다. 여기서 집은 건물이 아니라 가문을 말씀하는 것이다. 하나님께서 그 집안을 세워주지 않으시면 세우느라 수고하는 모든 일들이 헛수고에 불과하다는 것이다. 사람이 아무리 노력을 하고 힘을 써도 그 일을 성취하게 하시는 분은 여호와 하나님이시기 때문에 하나님께서 세워주지 않으시면 땀 흘려 수고하는 것이 헛것이 되고 만다. 세상 사람들은 돈 많고 힘이 있으면 무엇이든지 할 수 있고 자기 집안을 번성시킬 수 있다고 생각한다. 그러나 한 나라의 흥망

성쇠와 가문과 개인의 생사화복은 하나님의 손에 전적으로 달려 있다.

구약시대에 장남은 모든 특권을 가지고 태어나 다른 아들들보다 특별한 혜택을 받았다. 그러나 장남도 하나님께서 세워주시지 않으면 헛된 것임을 우리는 이미 많이 보았다. 아담의 장남 가인도 하나님께서 세워주지 않으시니까 소용이 없었다. 또 에서와 야곱을 보라. 에서는 쌍둥이 중에서 장남으로 외모도 훤칠하게 남자답게 잘 생겼고 사냥 기술도 월등하여 부친의 사랑을 많이 받았다. 그러나 하나님은 장남이 아니라 차남 야곱을 세워 그 가문을 번성시키셨다.

창세기 11장에서 인간들은 자신의 업적을 자랑하고 서로 흩어짐을 막기 위해 바벨탑을 쌓기 시작하며 "자, 성과 대(臺)를 쌓아 꼭대기를 하늘에 닿게 하여 우리 이름을 내고 온 지면에 흩어짐을 면하자"(창 11:4)고 하였으나 여호와 하나님께서 그들이 사용하는 언어를 혼잡하게 하시니 바벨탑 세우는 일이 헛되게 되었다. 하나님의 뜻은 인류가 온 지면에 흩어져 이 지구에 충만한 것이었다. 그런데 당시의 사람들은 하나님께 정면으로 도전을 하였고 하나님께서 세우지 않으시면 모든 것이 헛되다는 진리를 몰랐다.

세상 역사에서도 하나님이 세우지 않는 집이나 나라는 망하였다. 세계 어디를 가 보아도 힘을 가진 왕들은 야심 찬 계획을 세웠고 궁전이나 화려한 신전을 지었다. 그렇지만 대부분의 왕조는 화려하였던 과거는 흔적만 남고 그 가문은 다 망하여 역사에서 사라지고 없다.

주님이 나의 가정을 세워주셔야 한다. 모세의 기도처럼(시 90:17) 여호와 하나님이 은총을 베푸셔서 내 손의 하는 일에 견고함을 주셔야 성공하고 내 가정도 번창할 수 있다. 이것은 만고불변의 진리이다.

2) 하나님께서 보호하시고 지켜 주시는 가정이 복된 가정이다.

1절 하반절에 "여호와께서 성을 지키지 아니하시면 파수군의 경성함이 허사로다"라고 하였다. 아무리 건물을 화려하고 웅장하게 짓고 보초를 세우고 철옹성과 같은 벽을 세웠어도 하나님께서 지켜 주시지 않으면 그들의 수고가 다 헛되다는 말씀이다. 세계 여러 곳의 성의 성주는 건물을 짓고 주변을 돌아가면서 강을 만들어 누구도 접근하지 못하게 하였지만 결국 내란으로 망하게 되는 경우가 많았다. 악명 높은 독재자 히틀러도 결국은 스스로의 권총으로 생을 마감하지 않았는가? 하나님께서 지켜 주시는 개인이나 가정은 두려워할 것이 없다.

시편 121편을 읽어 보면 "너를 지키시는 여호와 하나님은 졸지도 아니하시고 주무시지도 아니하시기에 낮의 해가 너를 해치 못하며 밤의 달도 너를 상하게 하지 못하리라"고 기록되어 있다. 시편 91편에서는, "지존자의 은밀한 곳에 거하는 자는 전능하신 자의 그늘 아래 거하게 되고 주님은 우리의 피난처요 요새요 의뢰하는 하나님이시니 저가 우리를 새 사냥군의 올무에서와 극한 염병에서 건지실 것이기에 천인이 내 곁에서 만인이 내 우편에서 엎드러지나 이 재앙이 내게 가까이 못하리로다"라고 약속하셨다. 하나님께서 지켜주신다는 말씀의 핵심은 하나님께서 우리와 친히 함께 해 주신다는 것이다. 임마누엘의 복이다. 주께서 낮에는 구름 기둥으로 밤에는 불기둥으로 지켜 주시고 늘 함께 해 주신다면 우리 가정은 염려할 것이 없다. 그렇지 않으면 땀 흘려 수고하는 모든 수고가 헛되다. 본문 2절에 "너희가 일찍이 일어나고 늦게 누우며 수고의 떡을 먹음이 헛되도다"라고 하였다.

3) 하나님이 단잠을 주시는 가정이 복된 가정이다.

그러므로 여호와께서 사랑하시는 자에게는 잠을 주시는도다 시 127:2

하나님은 자기가 사랑하는 자에게 단잠을 허락하시는 분이시다. 사람은 잠을 제대로 못 자면 다음날 활동을 제대로 할 수 없다. 잠 잘 자는 사람은 복받은 사람이다. 인간의 일생을 살펴보면 인생의 3분의 1은 잠으로 보내는데 밥 먹는 시간, 공부하는 시간, 일하는 시간보다 더 많은 시간을 잠자는 시간으로 보내는 것이다. 잠은 지친 자에게 휴식을 주며 원기를 회복시켜 준다. 예레미야 31:25~26절에 보면 "이는 내가 피곤한 심령을 상쾌하게 하며 모든 연약한 심령을 만족하게 하였음이라 하시기로 내가 깨어보니 내 잠이 달았더라"라는 말씀이 있다. 하나님은 피곤한 예레미야에게 꿀 같은 단잠을 주신 적이 있으시다. 세상에서 크게 출세하지 못하고 큰돈을 모으지 못하였다 하여도 집에서 가족과 함께 단잠을 잘 수 있는 사람은 행복하고 복된 사람이다. 가정은 가족들이 쉬는 안식처이다. 잠을 주시는 하나님은 그 가정에 단순히 신체적인 수면뿐만 아니라 평강을 주신다는 뜻이다. 대궐 같은 집에 살면서 서로 싸우고 불화하는 것보다 초가 집에 살아도 화목하고 평강이 넘치는 가정이 복받은 가정이다.

4) 하나님께서 자손의 복을 주시는 가정이 복된 가정이다.

본문 3~5절에, "보라 자식들은 여호와의 기업이요 태의 열매는 그의 상급이로다. 젊은 자의 자식은 장사의 수중의 화살 같으니 이것이 그의 화살통에 가득한 자는 복 되도다. 그들이 성문에서 그들의 원수와 담판할 때에 수치를 당하지 아니하리로다"라고 말씀했다. "자식은 여호와의 주신 기업이요"라고 하신 말씀에서 기업이란 히브리어로 "나할"인데 하나님께서 조상들에게 선물로 물려주신 땅과 삶의 터전을 가리킨다. 그 땅과 삶의 터전을 보존하고 가문을 이어나갈 사람이 바로 자식이므로 자식을 하나의 기업이라고 한 것이다. 그래서 영어로는 "헤리티지"(heritage)라고 번역하였는데 "상속 재산", "유산"이라는 뜻이다. 즉, 자녀는 한 가문의 가장 중요한 유산이요 상속 재산이다. 아무리 번성한 가문이라도 자식이 없으면 그 재산과 유산은 물려질 수가 없다. 그래서 한국 사람들은 옛날부터 자식농사가 최고의 중요한 농사라고 했다.

또한 태의 열매인 자식은 하나님이 주시는 가장 소중하고 큰 상급이라고도 했다. 상급이라는 말의 히브리어는 "사카르"인데 종이나 군사들 그리고 목자들이 받는 임금을 뜻한다. 즉, 수고의 대가로 받는 보상이다. 자식은 여호와 하나님께서 가정에 주시는 가장 큰 보상이요 축복이요 상급이라는 말씀으로 해석된다. 젊은 자의 자식은 장사의 수중의 화살과 같다고 했다. 화살은 적을 공격할 때 사용하는 가장 중요한 무기로 자녀는 부모의 자랑이요 나이든 부모를 지켜주는 병기와도 같은 것이다. 자녀를 많이 둔 것은 힘이 강한 장사의 화살 통에 화살이 가득한 것과 같다고 성경은 말한다.

그래서 옛날부터 자식이 잘 되면 부모들이 큰 소리를 쳤다. 성문에서 원수와 담판할 때 수치를 당하지 않는다는 것이다. 구약시대에 "성문"은 재판이 시행되는 곳으로 적이나 원수와 충돌이 일어나는 곳을 말하는데 자식을 잘 둔 부모는 원수와 다투거나 담판을 할 때에 수치를 당하거나 무시당하지 않는다. 누구도 함부로 할 수 없다. 함께 보약통독에 참여하는 모든 분들의 가정이 이와 같이 복된 가정이 되기를 예수님의 이름으로 축복한다. 아멘.

"주여! 내 원대로 마옵시고 아버지의 뜻대로 하옵소서." 아멘.

● 오늘의 말씀에 대한 나의 묵상 ●

오늘의 본문 성경을 읽으시고 깨달은 점이나 기억하고 싶은 점 혹은 기도문을 기록합니다.

....

....

....

....

....

....

....

....

....

....

....

....

....

....

....

....

....

....

....

● 묵상 자료 ●

1. 다윗의 맹세 하나님의 맹세(시 132편)

이 시는 크게 두 연으로 편집되어 있다. 첫째 연(1~10절)은 다윗의 맹세이고, 둘째 연(11~18절)은 하나님의 맹세이다. 다윗과 하나님이 각자의 맹세를 통해 서로에 대한 신실한 헌신과 사랑을 다짐하고 있다. 그러나 오늘 여기서는 "그가 여호와께 맹세하며 야곱의 전능자에 서원하기를"(2절)하며 시작되는 다윗의 맹세보다 "여호와께서 다윗에게 성실히 맹세하셨으니 변하지 아니하실지라"(11절)며 시작되는 하나님의 맹세를 확인해 보자.

1) 자식의 축복

…이르시기를 네 몸의 소생을 네 왕위에 둘지라 시 132:11

하나님이 당신의 성실한 맹세로 다윗의 소생에 대한 왕위를 보장하고 계신다. 반드시 다윗의 자식으로 하여금 왕위를 계승하게 하시겠다는 약속이다. 무엇보다도 "내 몸의 소생"을 책임져 주신다. 반드시 왕위에 오르게 하신다. 그것도 당대뿐 아니라… "그들의 후손도 영원히 네 왕위에 앉으리라"(12절)고 하셨다.

2) 양식의 축복

내가 이 성의 식료품에 풍족히 복을 주고 떡으로 그 빈민을 만족하게 하리로다

시 132:15

팔레스틴은 원래 땅이 메마르고 물이 부족한 곳이다. 특히 예루살렘은 시온 산 꼭대기에 건설한 성이다. 그러나 거기에도 하나님이 거하시면 축복의 샘이 터진다. 하나님의 축복이 그의 보좌로부터 흘러 넘쳐 모든 사람이 풍족하고 만족해할 것이라고 하셨다. 이러한 축복의 약속이 있기전 다윗은 평생 "그의 계신 곳으로 들어가 그의 발등상 앞에서 엎드려 예배하리라"(7절)고 서원했다. 날아가는 미물의 새 한 마리도 먹이시고, 저 들판의 이름없는 풀 한 포기도 다 입히시는 분이 그의 계신 성막에 들어가 발등상 앞에 엎드려 자주 예배하기를 즐겨하는 자의 평생에 일용할 양식을 풍족히 보장해 주시지 않겠는가?

3) 구원의 축복

내가 그 제사장들에게 구원을 옷 입히리니 그 성도들은 즐거이 외치리로다
시 132:16

구원의 즐거움을 풍성히 누리게 하시겠다는 약속이다. 이것은 곧 제사장들이 "구원"을 선포하면 백성들이 즐거움으로, 감사로 화답케 하시겠다는 뜻이다. 이는 결국 성전에서 선포되는 말씀에 늘 은혜 받게 하시겠다는 약속인 것이다. 교회를 드나들며 강단에서 선포되는 말씀을 듣는다고 누구나 다 감동을 느끼며 은혜를 받는 것은 아니다. 설교를 들을 때마다 구원의 즐거움을 체험하며 감사함으로 화답하는 축복을 누리자. 그래서 마침내는 모두가 빛나는 면류관을 쓰는 복된 성도들이 되어 보자.

내가 그의 원수에게는 수치를 옷 입히고 그에게는 왕관이 빛나게 하리라 시 132:18
아멘!

오늘의 본문 성경을 읽으시고 깨달은 점이나 기억하고 싶은 점 혹은 기도문을 기록합니다.

1년 1독 365일 성경통독, 꿀송이 보약큐티

시 136편~138편

● 묵상 자료 ●

1. 나를 지으심이 신묘막측 함이라!

　시편139편은 시편 중의 왕관이란 별명을 갖고 있을 정도로 유명한 말씀이다. 이 시편을 보면 다윗의 신앙적인 깊이나 하나님께 대한 탁월한 지식이나 아름다운 표현력이 독자를 압도한다. 또 모든 시가 그렇듯이 시인의 삶의 자리, 그의 생애가 녹아 있는 신앙간증이 시 전체에 흐르고 있다.

　시편 139편은 그 주제가 세 부분으로 잘 나뉘어져 있다. 1절부터 6절까지는 다윗의 모든 것을 아시는 하나님에 대해서 쓰고 있다. 사람들은 남들이 날 이해하지 못해 속상하다고 한다. 정치가의 인생을 살았던 다윗은 더욱더 그랬을 것이다. 정치판에서는 오늘 나와 대사를 모의했던 사람이 언제 적이 돼서 그걸 약점으로 쥐고 위협할지 모른다. 다윗의 최 측근이었던 요압 장군이 나중에 그런 관계가 되었다. 다윗은 누구에게도 자신을 다 알릴 수 없었다. 그러나 오늘 다윗은 자신의 모든 것을 알고 계신 한 분 하나님을 발견하고 놀라워하고 있다. 자기의 현실과 치부를 속속들이 알고 계시지만 항상 곁을 지켜주시는 하나님의 신비를 경험하고 기이하다고 하는 것이다. 결코 드러내고 싶지 않은 나를 이미 아시고, 나도 감당하기 힘든 나를 완벽하게 이끄시는 하나님을 진짜 경험한 사람들은 더 이상 고독하지 않게 된다.

　1절을 보면 "주께서 나를 살펴 보셨으므로 나를 아신다"고 했다. 2절에서는 "나의 앉고 일어섬을 아신다"고 했다. 4절에서도 "내 혀의 말을 알지 못하시는 것이 하나도 없다"고 한다. 원어를 직역하면 "아직 혀에 말이 있기도 전에" 벌써 아셨다는 뜻이다. 입에서 우물거리고 아직 꺼내 놓지 않은 말도 주님은 아신다는 것이다. 하나님은 이렇게 완전하게 우리의 안과 밖을 감찰하고 알고 계신다. 다윗처럼 하나님이 나를 끊임없이 주목하신다는 것이 매 순간 믿어지는 신앙이 우리에게도 반드시 필요하다. 5절에서 다윗은 확신에 차서 말하고 있다. "주께서 나의 앞뒤를 둘러싸시고 내게 안수하셨나이다" 이것은 단지 하나님이 나와 함께 하신다는 상징적인 표현이 아니라 실제 위기에서 그의 목숨을 건져주신 사실을 고백하는 것이다. 사울 왕이 다윗 한 사람을 잡아 죽이지 못한 것은 기적 중의 기적이다. 어떻게 수천 명을 동원해서도 그렇게 번번이 다윗을 놓칠 수가 있는가? 하나님께서 다윗을 앞뒤로 둘러싸고 죽음에 넘겨주지 않으신 것이었다. 우리의 앞뒤에도 하나님이 에워싸고 계신다. 모든 상황을 이겨나갈 지혜를 주시고 환경을 매만지시는 하나님의 손이 우리 위에 역사하고 있다는 사실을 잊지 말자.

7절에 보면 "내가 주의 영을 떠나 어디로 가며 주의 앞에서 어디로 피하리이까"라고 고백한다. 이 고백 속에서 우리는 다윗에게도 하나님을 떠나고 하나님 앞을 피하고 싶은 때가 있었다는 것을 알 수 있다. 성도들의 삶에는 하나님께 가까이 가고자 하는 거룩한 소원과 하나님 앞을 피하고자 하는 본성과의 미묘한 갈등의 싸움이 있다. 범죄 한 아담이 하나님의 눈을 피해 숨었던 본성은 그의 후손인 모든 사람들 속에 강하게 전염되어 있는 것이다. 하나님의 보호와 인도 안에 평강과 영혼의 만족을 누리는 것도 좋지만 우리의 육체는 거룩하신 하나님의 눈을 벗어나 친근한 죄악 속에 적당히 살고자 하는 마음도 있다는 것이다. 다윗의 생애에도 밧세바를 연모해서 불륜을 저지르고, 남편인 우리야를 전쟁터에 보내 고립시켜 죽게 했던 범죄의 순간들이 있었다. 그 순간 다윗은 하나님의 눈을 피하고자 했을 것이다. 탐욕과 갈망이 우리 안에 비누거품처럼 부글거릴 때 하나님의 눈을 피하고 싶다. 그러나 결코 하나님을 피할 수는 없다. 하나님께는 모른다는 것이 불가능하시다.

8절에 "내가 하늘에 올라갈지라도 거기 계시고, 스올에 내 자리를 펼지라도 거기 계시다"고 한다. 나를 둘러싼 환경과 나 자신으로부터, 또한 하나님도 잊어버리고 도주하고 싶었던 마음을 9절에서 다윗이 토로한다. "내가 새벽 날개를 치며 바다 끝에 가서 거주할지라도…" 모든 것을 벗어나 저 바다 끝에 가서 거주하고 싶은 마음을 다윗은 수도 없이 경험했다. 사방을 에워싸며 점점 다가오는 사울 왕의 추격 속에서 죽음의 공포를 날마다 느낄 때 얼마나 그 상황을 벗어나고 싶었겠는가? 두려움에 잠을 못 이루고 뜬 눈으로 지샌 날, 새벽이 밝아오고 그 빛이 순식간에 바다 저 멀리까지 닿는 것을 볼 때, 다윗이 얼마나 그곳을 동경했겠는가? 내게 날개가 있다면, 아무도 없고 아무 일도 없는 저 바다 끝에 가서 무심하게 거주할 수만 있다면 달아나고 싶지만 거기서도 주의 손이 나를 인도하시며 주의 오른 손이 나를 붙드신다.

끝으로 14절부터 21절은 하나님의 기묘하신 창조에 대해서 말하고 있다. 다윗은 하나님이 자기의 삶을 추적하며 돌보시고 인도하시는 이유를 창조에서 발견한다. 하나님이 나를 창조하셨다는 사실은 하나님의 보호와 인도를 더욱 확신하게 하는 것이다. "주께서 내 내장을 지으시며 나의 모태에서 나를 만들었나이다" 하나님이 왜 나를 만드셨겠는가? 다 목적이 있으셨기 때문에 만든 것이고 그래서 나를 그 목적대로 인도해 가신다는 것이다.

인체의 신비를 생각하면 하나님의 지혜가 얼마나 상상을 초월하는 지를 인정하지 않을 수가 없다. 러시아의 과학자인 쳄버스란 무신론자는 한 사건을 계기로 기독교 신자가 되었다고 한다. 어느 날 그는 의자에서 음식을 먹고 있는 딸을 보았는데 그의 눈은 딸의 정교하고도 복잡한 귀의 형태에 집중되었다. 그런데 그 귀는 공산주의자들이 말하는 것 같이, 원자들의 충돌에 의해 우연히 진화되어 만들어졌다고 볼 수가 없었다. 저건 분명히 설계의 산물임이 틀림없다는 생각이 들어오자 그렇다면 설계자가 있을 거라는 생각이 들었다. 그 생각에 그는 당황했지만 아무리 생각해도 그 사실을 부인할 수 없었던 그는 결국 독실한 기독교 신자가 되기에 이른다. 귀가 얼마나 정교하게 설계되고 제작된 것인지 생각해 보라. 귀는 음파를 수집해서 고막에 전달한다. 음파는 고막을 진동시키는데, 고막은 10억분의 1센티미터 정도로 흔드는 미세한 진동을 감지할 수 있다고 한다. 그 진동이 귀 속에 있는 체액으로 흘러 들어간다. 그리고 신경자

극으로 전환되어 뇌로 전달하고 뇌는 다양한 음파를 구분해서 사람 소리, 음악 소리, 동물소리를 구분해서 인식해 내는 것이다. 얼마나 신비한가?

심장은 어떤가? 심장은 하루 10만 번 작동하며 5.8톤의 피를 끊임없이 퍼 올린다. 핏줄의 총길이는 12만km이다. 지구둘레가 4만km이니 지구의 세 바퀴 길이의 핏줄이 우리 안에 있는 셈이다. 아무리 생각해도 신묘막측 하기만 하다. 사람의 몸에는 완벽한 방어체계가 있어서 외부로부터 들어오는 침입자로부터 보호한다. 우리 피부에는 펩티드라는 항체가 있어서 살갗에 붙은 모든 세균들을 퇴치한다. 입속에 들어온 균은 입에서 생산되는 점액이 죽이고 그래도 넘어간 놈은 위장에서 생산되는 강산이 죽인다. 놀라운 것은 인체 내 모든 세포는 1NHC라는 주민등록증이 있어서 병균이 들어오면 검문 검색하여 순식간에 침입자임이 밝혀지게 된다. 그러면 수지상 세포는 T임파구와 B임파구에 출동 명령을 내려 병균을 죽이기 위해 싸운다. 이와 같은 인체의 한 부분 부분마다의 정교함과 기막힌 구조는 그것을 설계하신 분의 측량할 수 없는 지혜를 말해 주고 있다.

그런데 시편 기자는 또 하나의 경이로운 사실을 기록하고 있다. 하나님은 단지 우리의 육체만 신비하게 만든 것이 아니라는 것이다. "내 형질이 이루어지기 전에 벌써 주의 눈이 보셨고 나를 위해 정한 날이 하루도 되기 전에 주의 책에 다 기록되었다"는 것이다. 우리의 몸만 우주처럼 기묘하게 조직하고 짜맞추신 게 아니다. 우리 일생 전체도 하나님께서 설계해 놓으셨다는 것이다. 우리가 태아로 잉태되어 아직 한 날도 되기 전에 하나님의 전지하신 직관으로 장차 우리가 어떤 삶을 살지를 다 책에 기록해 놓았다는 것이다. 하나님의 직관은 사실을 보고 분석하고 판단해서 결론을 내리는 게 아니다. 모든 것을 순간적으로 꿰뚫어 아시는 전지하신 직관력은 하나님만 갖고 계신 능력이다. 예수님께서도 사람의 마음을 아셨다. 베드로가 주님을 부인할 것과 또다시 회개하고 교회를 세울 인물이 될 것을 아셨던 것이 바로 하나님의 직관이다. 사실 우리 인간은 내 일이라 해도, 내가 어떤 것을 선택할지조차도 잘 모른다. 베드로도 자기 입으로 예수님을 부인할지 스스로는 꿈에도 몰랐다. 하나님의 직관은 장차 우리가 몇 살에 무슨 일을 하고, 어떤 결혼상대를 선택하고, 어떤 직장을 갖고, 아이를 몇 명이나 낳을 것이고, 언제 어떤 병에 걸릴 것이고, 이것을 다 아신다는 것이다. 그리고 그것을 하나님의 책에 다 기록하셨다는 것이다. 우리가 멋대로 생각하고 내 자유의지로 선택하며 살아가는 모습을 단순하게 예견해서 그것만 적어 놓은 것이 아니다. 거기엔 우리의 자유로운 선택에 어떻게 하나님께서 개입하셔서 우리를 선하게 인도하실지 꼼꼼한 수들을 계획 해 놓으셨다는 것이다. 17절에서 다윗은 "주의 생각이 내게 어찌 그리 보배로운지, 그 수가 어찌 그리 많은지"에 대해 감탄을 쏟아 내고 있다.

우리의 지난 날을 돌이켜 보면 정말 우리도 그런 고백이 절로 나온다. 절망적인 상황 때마다 하나님이 내놓으신 기가 막힌 카드로 위기를 벗어난 적이 얼마나 많았던가? 매일 매 순간 우리가 자유롭게 선택하는 것에 맞춰 기묘하게 움직이는 하나님의 계획은 모래보다 많아 셀 수가 없다. 우리가 하나님이 주신 자유 안에서 마음껏 헤엄치고, 어떤 잘못된 선택을 하던 하나님은 복구프로그램을 다 준비해 두셨다. 다만 우리의 선택에 죄가 개입할 경우, 그 복구의 과정에 피할 수 없는 고통이 있게 된다. 우리의 장래가 불확실하고, 어두워 보여도 주님의 완벽한 수가 다 계획되어 있다는 것을 믿고 예수님의 말씀을 따라 밝고 큰 걸음으로 담대하게 걸어가는 우리가 되었으면 좋겠다. 하나님은 우리를 창조하셨고 우리의 모든 일을 주님의 책에 기록하시고 우리를 인도하신다. 때로 하나님을 벗어나고도 싶고 하나님을 믿는데 왜 이렇게 여전히 힘든지 원망스러울 때도 있다. 그러나 우리의 어둠이 하나님께는 어둠이 아니며 우리가 더 연단되고 성숙되는 순간일 뿐이다. 다만 우리가 덜 고통을 받으려면 이 모든 것을 선하게 인도하시는 하나님께 대한 우리 믿음이 더 강해져야 한다. 믿음이 허약한 만큼 삶은 더 고통스러워진다. 믿음의 성장과 성숙을 위해 오늘 다윗의 믿음을 질투심을 느끼면서까지 더 연구하고 배워야 한다. 아멘.

오늘의 본문 성경을 읽으시고 깨달은 점이나 기억하고 싶은 점 혹은 기도문을 기록합니다.

● 묵상 자료 ●

1. 왕의 기도 시 (시 144편)

이 시는 왕의 기도이다.

"여호와여 사람이 무엇이기에 주께서 그를 알아주시며 인생이 무엇이기에 그를
생각 하시나이까" 시 144:3

다윗은 이렇듯 겸손한 고백과 함께 하나님을 찬양한다.

"나의 반석이신 여호와를 찬송하리로다 그가 내 손을 가르쳐 싸우게 하시며 손가
락을 가르쳐 전쟁하게 하시는도다" 시 144:1

그렇다. 주님은 우리 인생의 반석이요 우리 가정의 반석이시며 우리의 삶을
구체적으로 손잡고 인도하시는 분이다. 주님은 "반석 위에 세운 집은 비가
내리고 창수가 나고 바람이 불어도 무너지지 않지만 모래 위에 세운 집은 비가
내리고 창수가 나고 바람이 불면 무너진다"(마 7:25~27)고 하셨다. 세계 최강
의 내진 설계를 자랑해 온 일본의 가옥, 건물, 심지어 원자력 발전소까지도 규
모 9.0의 지진과 10m 높이의 쓰나미 앞에서는 무력했다. 주님을 우리의 인생
과 가정의 반석으로 삼아야 한다. 그래야 흔들리거나 무너지지 않는다. 그리고
다윗은 "여호와는 나의 사랑이시요…"(2) 하며 그의 사랑을 고백한다.

우리도 다윗처럼 이런 고백을 할 수 있는가? 요한일서 4:19은 "우리가 사랑
함은 그가 먼저 우리를 사랑하셨음이라"고 했다. 또한 "하나님이 우리를 사랑

하시는 사랑을 우리가 알고 믿었노니 하나님은 사랑이시라"(요일 4:16)고도 했다. 바울 사도는 "하나님을 사랑하는 자 곧 그의 뜻대로 부르심을 입은 자들에게는 모든 것이 합력하여 선을 이루느니라"(롬 8:28)고 했다. 하나님이 우리를 먼저 사랑하셨다니 이 얼마나 황송한 말씀인가? 벌레 같은 우리가 뭐 잘난 존재고, 하나님은 또 뭐가 아쉬우셔서 우리를 사랑하시되 독생자를 주시기까지 사랑하셨다는 걸까?

하나나님이여 내가 주께 새 노래로 노래하며 열 줄 비파로 주를 찬양하리이다
시 144:9

새 노래로 열 줄 비파로 악기를 동원하여 주를 찬양하는 다윗의 모습을 본다. 다윗은 평생을 노래하며 주를 찬양한 사람이다. 그는 대대로 주를 찬양하겠다(시 145:4)고 맹세한 사람이다. 요한계시록에 소개되는 천상의 예배 실황을 보면, 4장에는 보좌 주위 네 생물의 찬양, 5장에는 이십사 장로들의 찬양, 7장에는 인치심을 받은 십사만 사천명의 찬양이 이어진다. 찬양은 영원한 것이다. 찬양은 지상에서 끝나지 않는다. 이 땅에 있을 때 찬양을 많이 하는 사람이 천국문화에 잘 적응할 것이다. 아멘.

● 오늘의 말씀에 대한 나의 묵상 ●

오늘의 본문 성경을 읽으시고 깨달은 점이나 기억하고 싶은 점 혹은 기도문을 기록합니다.

....

....

....

....

....

● 묵상 자료 ●

1. 호흡이 있는 자마다

시편의 제일 마지막 장인 150편은 전체가 6절에 불과한 짧은 시지만 "찬양" 이라는 어휘가 무려 11회나 등장하는 찬양의 시이다.

성소에서 찬양, 궁창에서 찬양, 능하신 행동을 찬양, 위대하심을 찬양, 나팔 소리로 찬양, 비파와 수금으로 찬양, 소고 치며 찬양, 현악과 퉁소로 찬양, 큰 소리 제금으로 찬양, 높은 소리 제금으로 찬양, 호흡이 있는 자마다 찬양 하라고 한다.

더구나 "하나님을 찬양하라"는 뜻인 할렐루야로 시작해서 할렐루야로 끝나는 시이기도 하다.

존 번연은 "지옥에는 비명이 가득하고 천국에는 찬양이 가득하다"고 했다. 왜 그럴까? 세상 노래가 세상 사람들을 즐겁게 한다면 찬양은 하나님을 기쁘시게 하는 노래기 때문이다. 팝 가수들의 열창이 젊은이들을 열광하게 하듯 성도들의 찬양은 하나님을 가장 영화롭게 한다. 그래서 시인은 "그의 성소에서 하나님을 찬양하며 그의 권능의 궁창에서 그를 찬양 할지어다"(1절)라고 했다. 찬양은 단순히 입으로 부르는 노래가 아니다. 영혼으로 부르는 신앙고백이요, 감사의 고백이요, 사랑의 고백이요, 곡조에 담아서 바치는 기도요, 하나님을 경배하는 행위이다.

요한계시록 4, 5장에 소개되는 천상의 예배 실황을 보라! 이 시편 150편처럼 그야말로 찬양으로 시작해서 찬양으로 끝난다. 설교는 없어도 "거룩하다 거룩하다 거룩하다"며 부르는 네 생물, 24장로, 천군천사, 흰옷 입은 성도들의 찬양이 압권이다.

찬양은 예배의 한 순서가 아니라 그 자체가 이미 필요충분조건의 예배임을 기억하자.

"호흡이 있는 자마다 여호와를 찬양 할지어다 할렐루야"(시 150:6) 이것은 누구나 하나님을 찬양해야 한다는 '당위'를 가리키지만 그렇다고 '호흡이 있는 자'면 누구나 다 하나님을 찬양할 수 있다는 뜻은 아니다.

에베소서 5:18이다. "술 취하지 말라 이는 방탕한 것이니 오직 성령으로 충만함을 받으라" 그리고 나서 이어지는 19절이다. "시와 찬송과 신령한 노래들로 서로 화답하며 너희의 마음으로 주께 노래하며 찬송하며." "시와 찬송과 신령한 노래"로 하나님을 찬양하는 일은 결코 거저 되지 않고 성령 충만해야 가능하다. 하나님을 찬양하는 일은 음악적인 자질보다도 성령 충만의 결과이다.

어째서 그럴까? 찬양이란 단순한 노래가 아니라 신앙고백이며 하나님 경배며 은혜에 대한 응답이며 기도이기에 그렇다. 하나님은 노래 잘 부르는 사람의 찬양보다 성령 충만한 사람의 찬양을 통해 더 큰 영광을 받으신다. 우리의 삶이 늘 성령으로 충만하여 무엇보다 찬양이 풍성하길 소망한다.

● 오늘의 말씀에 대한 나의 묵상 ●

오늘의 본문 성경을 읽으시고 깨달은 점이나 기억하고 싶은 점 혹은 기도문을 기록합니다.

....

....

....

....

....

....

....

....

1년 1독 365일 성경통독, 꿀송이 보약큐티

잠 1장~3장

● 묵상 자료 ●

1. 잠언은 어떤 책인가?

잠언은 지혜의 왕 솔로몬이 지었고 다만 끝부분의 30장은 아굴이, 31장은 르무엘 왕의 어머니가 지은 것으로 이미 구원받은 하나님의 백성들이 어떻게 이 세상을 지혜롭게 살아야 하는지를 보여 주는 책이다. 어떤 학자들은 솔로몬이 청년기에 아가서를, 중년기에 잠언을, 노년기에 전도서를 썼을 거라고 짐작한다. 당시에 많은 나라의 원근 각처에서 수많은 사람들이 솔로몬을 만나 그의 지혜의 말을 들으려 했다. 스바 여왕은 먼 나라에서 그를 만나려고 긴 여행을 하기도 하였다. 일천 번제로 하나님을 기쁘게 하여 제사드릴 때에 하나님은 솔로몬에게 나타나 그가 구한 지혜와 지식을 선물하셨다. 이제 우리도 스바 여왕처럼 명성이 자자한 솔로몬 왕을 찾아가 잠언에서 그의 지혜의 말을 직접 들어 보자.

2. 성경이 강조하는 지혜의 정체

잠언은 지혜를 유독 강조하고 있다. 지혜가 길거리에서 부르며 광장에서 사람들을 소리쳐 모아 지혜를 얻지 못하면 재앙을 면치 못할 것이라 외친다(잠 1:20~33). 지혜는 생명나무와 같아서 지혜를 얻는 자는 영원한 영생을 얻고 또한 땅에서도 장수와 부귀를 누리며 정금이나 진주보다 귀한 복된 삶을 살게 된다고 강조한다(잠 3:13~18). 이토록 귀중한 지혜는 도대체 무엇을 말하는 것인가? 보통 사전에는 지혜란 남보다 나은 지식과 판단력을 가지고 더 좋은 것을 선택하는 힘이라고 적혀 있다. 그러나 성경에서 말하는 지혜는 이런 상식적인 정의를 초월하는 특별한 것이며 생활 속의 지혜뿐만 아니라 영적인 깊은 의미도 포함하고 있다. 지혜는 구약 언어인 히브리어로는 '호크마'이고 신약 언어인 헬라어로는 '소피아'라고 하는데 이번 기회에 성경적인 지혜에 대해서 확실하게 정리하고 넘어가 보자.

1) 성경에서 말하는 지혜는 삼위일체 하나님을 지칭한다.

골로새서 2:3에는 이렇게 적혀 있다.

"그(예수) 안에는 지혜와 지식의 모든 보화가 감추어져 있느니라" 골 2:3 아멘.

하나님의 비밀인 예수 그리스도 안에는 구원과 복된 삶을 위한 지혜와 지식의 보화가 석류알처럼 감추어져 있다. 모든 지혜의 원천은 하나님이시다. 하나님은 그의 무한한 지혜로 이 세상을 창조하셨다. 성령은 지혜의 영으로서 사람들을 감동시켜 성경을 기록하게 하셨고 그 말씀을 깨닫는 지혜를 주신다. 예수님도 직접 잠언 8장의 지혜와 명철을 자신과 연관시키셔서 마태복음 11:19에 "지혜는 그 행한 일로 인하여 옳다 함을 얻느니라"고 하셨다. 그 당시 사람들이 예수님을 먹기를 탐하고 포도주를 즐기는 사람이요 세리와 죄인들의 친구라고 비방하였다. 그렇다면 그 전에 와서 활동하던 세례 요한이 음식도 절제하고 포도주도 멀리 하면서 세상 죄를 멀리 떠나 광야에서 살면서 하나님의 뜻을 전했을 때 그들은 세례 요한을 뭐라고 평가했던가? 세례 요한을 귀신들렸다고 몰아붙였다. 그들은 피리를 불어도 춤추지 않았고 슬피 울어도 함께 애곡하지 않던 것이다. 지혜는 그 행한 일(=열매)을 인하여 평가받는다. 주님의 행하신 십자가와 부활의 삶으로 말미암아 주님은 인류의 메시아로 증명되었다. 하나님의 구원의 지혜의 총체가 예수님이란 사실이 증명되었다. 그래서 바울도 고린도전서 1:30에서 예수님은 하나님으로부터 나와서 우리에게 구원의 지혜가 되셨다고 선포했다. 다시 말하거니와 지혜는 삼위일체 하나님을 일컫는 말이다. 하나님은 지혜로 세상을 창조셨고, 예수님은 십자가와 부활의 삶으로 우리에게 구원에 이르는 지혜가 되셨으며, 성령은 우리에게 하나님과 예수 그리스도를 아는 지혜를 공급하신다.

2) 여호와를 경외하는 것이 지혜의 근본이요, 거룩하신 자를 아는 것이 명철이다

시편 14:1에 "어리석은 자는 그 마음에 이르기를 하나님이 없다 하도다"라고 하였다. 세상에서 가장 어리석고 무지한 것이 창조주 하나님을 모르는 것이다. 이는 부모를 부인하는 불효자식처럼 그 근본을 부인하는 자들이니 얼마나 무식한가? 자신의 생명이 하나님께로부터 왔고 그 하나님 때문에 숨을 쉬고 공기를 마시고 물과 음식을 먹으며 살고 있는데 그 하나님을 무시하면서 다른 학문을 추구한다면 아예 처음 기초공사부터 잘못된 것이다. 내가 이 세상에서 제일 처음 성경 말씀을 내 눈으로 본 구절이 잠언 1:7이었다. 중학교 1학년 때 전라도 벌교에서 삼광중학교에 들어가 복도에 걸려있던 교장 선생님 집무실 앞 액자의 글귀에서였다.

"여호와를 경외하는 것이 지식의 근본이거늘 미련한 자는 지혜와 훈계를 멸시하느니라" 잠 1:7

나는 그때에는 여호와가 누구신줄 몰랐지만 지식은 여호와를 경외하는데서부터 시작된다는 그 말씀이 평생에 가슴에 남았다. 우주 물리학자 스티븐 호킹 박사는 저 광활한 우주를 연구하면서도 그는 하나님을 인정치 않는 무신론자였다. 우주가 빅뱅으로 스스로 폭발하여 생겼고 수억 년의 세월을 거치면서 점점 진화하여 오늘의 형태를 이루었다고 그는 믿는다. 아니 우주가 뻥튀기도 아니고 어떻게 스스로 대폭발을 통해서 생성된다는 말인가? 도대체 하나님이 아니시면 누가 우주를 폭발시켰단 말인가? 나중 스티븐 호킹 같은 무신론자들은 하나님 앞에 설 때에 자신들의 무지함에 치를 떨 것이다. 나는 우리 아이들 15명을 키울 때에 말을 배우기 시작할 때부터 기독교 교리를 가르쳤다. 하나님, 예수님, 성령님… 우리 아이들은 말을 아예 기독교 교리로 배웠다. 아직 발음도 불분명한 어린 아이에게 나는 반복해서 가르쳤다. 예수님은 누구신가? 왜 예수님은 십자가에서 죽으셨는가? 누가 세상을 지으셨는가? 어떻게 해야 구원을 받는가? 하루는 이웃 교회의 선배 목사님이 우리 집에 방문하셨는데 두 살짜리 우리 하영이에게 별생각 없이 "누가 세상을 만드셨지?"라고 물으셨다. 어린아이가 "하나님" 하고 대답하니 깜짝 놀라시면서 또 물으셨다. "예수님은 누구시지?" "하나님의 아들이요." "아이구 잘 아네. 그럼 예수님이 어디에서 죽으셨지?" "십자가에서요." "왜?" "내 죄 때문에요." 그 날 선배 목사님은 엄청 충격을 받으셨던 것 같다. 병아리 같은 조그만 아이가 꼬박꼬박 구원의 도리를 대답하니 놀라셨던 것이다. 우리 모든 그리스도인 부모들은 확실히 알아야 한다. 여호와를 경외하는 것이 지식의 시작이요, 여호와를 아는 것이 명철이다. 아무리 세상에서 아이큐가 좋고 박사 학위를 받아도 하나님을 경외하지 않는 자식은 참으로 어리석은 자인 것이다. 영어, 수학 과외는 못 시켜도 성경 과외는 시켜야 한다. 고3이라도 무조건 여름 수련회에 보내야 한다. 학교에서 보충 수업 한다고 방해하면 부모가 나서서 선생님을 설득하여 수련회에 보내 은혜받게 해야 한다. 한국 교회 주일학교와 중고등부가 약해져 가고 있다. 위기다. 선교지가 멀리만 있는 것이 아니고 한국 교회의 중·고등부가 선교의 현장이다. 부산에 거주하는 중·고등학생들 겨우 4%가 교회를 나간다고 하니 모슬렘 국가의 신자 비율과 별 차이가 나지 않는다. 우리는 경각심을 가지고 정신을 차려 한국 교회의 다음세대들 부흥 운동에 나서야 한다.

3) 하나님의 말씀을 가까이하고 그 말씀에 순종하는 것이 지혜다.

그렇다. 이것이 잠언의 핵심 가르침이다. 지혜의 원천이신 하나님의 말씀을 마음에 새기고 그 말씀대로 순종하며 사는 인생이 가장 지혜로운 삶을 사는 자이다. 교만함과 죄악들을 멀리하고 하나님의 말씀으로 무장하고 살아가는 자들은 번성하고 축복된 삶을 살게 되지만 음녀를 가까이 하고 악한 자들과 함께 하며 말씀과 훈계를 멸시하는 자들은 망한다는 것을 계속 강조하는 것이 잠언이다. 쉽게 화를 잘 내는 것을 말씀은 또한 경계하고 있다. 예수님은 온유하고 겸손하셨다. 그러므로 참된 지혜자는 주님의 겸손과 온유를 닮아 살아 간다. 신앙의 깊이가 더해 갈수록 나타나는 모습은 자기자아를 파쇄하는 것이다. 우리의 자아는 양파껍질 같다. 아무리 벗겨도 또 남아 있다. 끊임없이 죽을 때까지 자아의 양파껍질을 벗겨내야 한다. 가정에서 부부간에 이 훈련은 계속된다. 직장에서도 선교현장에서도 자아 죽이기 훈련은 필수 과목이다. 소금에 절은 배추라야 김장을 담글 수 있다. 나의 자아가 많이 파쇄 되야 주님이 나를 쓰실 수 있다. 모세의 강한 자아가 깨질 때까지 하나님은 80년을 기다리시다가 그를 쓰셨다. 그렇게 하셨어도 모세는 결정적인 순간에 화를 조절하지 못해 가나안에 못 들어 간 걸 생각하면 자아 죽이기가 얼마나 어려운 신앙의 경지인지 짐작할 것이다. 오죽했으면 사도 바울 같은 위대한 그리스도인도 "나는 날마다 죽노라"라고 했겠는가?(고전 15:31)

오늘의 본문 성경을 읽으시고 깨달은 점이나 기억하고 싶은 점 혹은 기도문을 기록합니다.

Memo

아프리카 노록수 선교사와 함께하는
1년 1독 365일 성경통독
꿀송이 보약큐티